KB039146

Platform Competition Law

플랫폼
경쟁법

...

법무법인[유] 지평

박영사

추천의 글

아마존 창업자 제프 베이조스(Jeff Bezos)가 올 3분기에 아마존 CEO에서 내려온다고 합니다. 그는 이 소식을 임직원들에게 편지로 알리면서 이렇게 회고했습니다. "27년 전 아마존을 처음 시작했을 때 많은 사람들이 제게 인터넷이 뭐냐고 물었습니다. 최근에는 그런 질문을 하는 사람이 없습니다. 오늘날 아마존은 수억 명의 고객과 소상공인들이 활용하는 플랫폼(platform)이 되었습니다. 핵심은 발명(invention)입니다. 발명은 성공의 뿌리입니다. 우리는 정신나간 것 같은 발명들도 했고 그것을 결국 평범한 일상의 것으로 바꾸었습니다. 아무리 깜짝 놀랄 발명을 해도 몇년이 지나면 그저 평범해집니다. 사람들은 하품을 하기 시작합니다. 그러나 그 하품이 발명가들에게는 더할 나위 없는 칭찬입니다."

유발 하라리에 의하면, 인류는 '인지혁명', '농업혁명', '과학혁명'의 역정을 이어왔다고 합니다. 과학기술의 발달에 따른 '산업혁명'은 지금의 제4차 산업혁명에 이르기까지 점점 더 빠르게 진행되고 있습니다. 신기술이 신사업을 이끕니다. 그 흐름을 미리 포착하고 창조적·혁신적인 경제활동을 주도하는 선구자들이 커다란 성공을 이룰 때, 그들은 시대의 지배자로 등장합니다. 곧이어 그 지배력을 지키고 더 키우려는 쪽과 이에 맞서거나 나누어 가지려는 쪽 사이에 이해를 둘러싼 긴장이나 경쟁이 생깁니다. 여기에 새 경제질서를 규율하는 신규범이 사회적으로 요청됩니다. 인터넷 검색을 해 보니 우리 법령만 해도 조문에 '플랫폼'이 들어간 게 40개가 넘습니다. 앞으로는 더욱 늘어날 것입니다. 그렇습니다. '플랫폼'은 벌써 굳이 정의하지 않아도 되는 일상의 평범한 법령용어가 되었습니다.

우리는 종종 '법이란 무엇인가', 좀 더 정확히는 '법이란 무엇이어야 하는가'를 생각하게 됩니다. 이는 '법적 판단의 정당성'을 묻는 질문으로 모아집니다. 이에 관한 담론이 여럿 있습니다. 법은 논리적 일관성이 생명이라는 생각, 법은 사회 정책의 도구라는 생각, 법은 사회가 적절하다고 평가하는 행위에 대한 기록이라는 생각, 법은 역사적 뿌리를 가지고 있지만 이후 사회적 상황의 변화에 대응하여 진화해야 한다는 생각들이 그것입니다. 많은 생각들 중에서 미국의 프래그머티즘(Pragmatism) 법사상에 개인적으로 가장 동의합니다. 하버드 로스쿨 교수를 거쳐 30년간 미국 연방대법관을 지내면서 이 법사상을 이끈 올리버 웬델 홈스(Oliver W. Holmes)는, 위의 생각들은 각자 법의 한 측면만을 가리켜 법적 판단의 본질로 간주하지만, 정당한 법적 판단은 하나의 시선에 고정된 일률적인 것이 아니라 사건 하나하나마다 다양한 요소가 고려되어 가장 유용한 해결책을 제시하는 것이어야 한다고 말합니다.

　　지평의 공정거래팀 맹장들이 나서 '플랫폼 경쟁법' 분야를 대표하는 4개의 사건을 다룬 역작을 하나의 책으로 엮었습니다. 논리가 경험을 갈음할 수 없고 경험이 논리를 이끌어야 한다는 저자들의 접근방식에 강하게 끌립니다. 프래그머티즘 법사상과도 맥을 같이 한다고 생각되었습니다. "법의 역사는 법률가의 역사 그 자체이다." 20년간 하버드 로스쿨의 학장을 지낸 정통 법학자이자 역시 프래그머티즘 법사상가의 한 사람인 로스코 파운드(Roscoe Pound)의 이 말이 이 책으로 확인될 일만 남아있습니다. 격정적인 박수를 보내 경의를 표하면서, 기꺼운 마음으로 추천의 말씀을 올립니다.

　　감사합니다.

2021.　3.　15.

법무법인(유) 지평 대표변호사(전 대법관)
김 지 형

추천의 글

인터넷과 ICT 기술의 발전으로 플랫폼 경제가 주류의 거래방식과 시장으로 등장하고 있습니다. 그러나 플랫폼은 아직도 많은 사람들에게 먼 옛날 시골 기차역 정거장에서 손님을 떠나보내기 위해 마주했던 기억으로 먼저 떠오릅니다.

그 시절 손님을 환송하기 위해 갔던 플랫폼에선 사람과 화물이 내려졌고 가끔은 우편물과 시멘트, 석탄을 실은 화물차가 정차해 있어 플랫폼은 사람, 물자등이 가고오는 장소로서 기억에 남아 있습니다.

인터넷 혁명과 정보통신기술의 발달은 드디어 사이버 공간에 거대한 플랫폼을 만들고 이곳에 시장과 영화관, 우체국과 대화방 등을 개인의 모바일과 태블릿, PC라는 손안에 구현해내는 엄청난 기술적 진보를 인류에게 가져왔습니다.

플랫폼 경제가 가져온 기술적 혁신은 경제주체별로 엄청난 기회를 가져오고 있습니다. 소비자와 입점업체는 거래비용을 획기적으로 절감하여 저렴한 가격, 다양한 거래기회를 통해 소비자와 입점기업의 후생을 획기적으로 높일 수 있습니다.

또한 이 플랫폼을 가진 테크기업들 중 1등기업은 엄청난 수익을 확보할 수도 있습니다("Winner takes it all", 승자독식). 그러나 새로운 기술의 출현으로 새로운 플랫폼이 등장하면 언제나 그 1등 자리를 놓칠 수 있기에 끊임없이 새로운 서비스와 상품시장을 연결하는 노력을 게을리 할 수가 없습니다.

과거 대량생산체제 하에서 '규모의 경제원리'가 기업의 성패를 결정했다면 유통혁명과 인터넷 혁명을 거치면서 플랫폼 경제 하에서 '범위의 경제원리'가 시장의 성패를 결정하는 패러다임으로 바뀌고 있습니다.

플랫폼 경제는 인류에게 기회와 혁신을 제공하지만 한편으로 플랫폼을 지배하는 기업이 엄청난 시장력으로 소비자와 입점업체에 돌아가야 할 후생을 독식할 가능성도 열려 있다 하겠습니다.

이에 대해서는 동태적 혁신이 가져온 일시적 독점으로 보아 또다른 기술적 혁신에 의해 독점력이 상쇄할 가능성을 염두에 두고 방임해도 된다는 슘페터식 내지 시카고학파의 자유주의 경제철학을 믿는 부류, 플랫폼을 지배하는 기업이 강고한 독점력으로 새로운 혁신을 방해하여 동태적 혁신을 막을 수도 있다는 우려에 기초한 규제적 사고를 가진 하버드스쿨의 철학을 신뢰하는 부류도 존재하고 있습니다.

플랫폼 경제가 등장하기 시작한 것이 불과 10~20년 전으로 이것이 가져올 혁명적 변화는 아직도 진행형이기 때문에 이의 발전 방향이나 경제적 공과에 대해 이를 이해하고 분석하는 경제이론들도 태동기에 있다고 할 수 있습니다.

최근 정부에서는 인터넷플랫폼법의 제정을 적극 추진하는 등 시장을 둘러싼 규제환경이 급변할 가능성이 커지고 있습니다. 이에 따라서 플랫폼 경제의 효율과 비용을 분석하고 판단해 보기 위해서는 이에 대한 미시적, 산업조직론적인 분석틀을 점검해 보는 것이 매우 의미 있는 일이 되고 있습니다.

이런 맥락에서 플랫폼 경제의 독점력을 판단하기 위한 전제인 시장획정이론으로 발달한 다면시장이론을 점검해 보면서 이 이론의 효용과 한계에 대해서도 이해할 필요가 있는바, 이 책이 길잡이가 되어 복잡한 수리, 계량적인 분석이 없이도 이론의 주요핵심을 이해하는데 큰 도움이 될 수 있으리라 생각됩니다.

한편 플랫폼 경제에서 검색과 광고를 연결하는 알고리즘은 플랫폼에 입점하려는 업체들과 소비자, 광고주들에게 결정적 영향을 미치고 있는바, 한편에서 플랫폼업체의 주장처럼 영업비밀로서 존중받을 필요가 있지만 하나의 플랫폼이 시장을 독점하는 상황에서의 알고리즘의 보호는 자칫 독점기업에게 시장의 결정권을 위임하게 되는 리스크도 발생할 가능성이 있는바, 영업비밀을 존중하면서도 소비자, 광고주, 입점업체에 최소한의 투명성을 확보하는 것도 소비자 주권의 회복을 위해서 필요해 보입니다. 이런 관점에서 알고리즘의 투명성 확보(자기우대의 원칙을 포함)에 대한 논란을 정리하고 있는 이 책이 큰 의의가 있습니다.

이외에도 플랫폼 경제의 등장으로 파생되고 있는 개인의 정보보호 문제나 노동 문제와의 연계성 등 앞으로 많은 추가적 이슈들이 제기될 수 있는바, 이번 책을 통해 현재까지 등장하고 있는 주요 이슈에 대해서도 생산적인 토론이 가능한 논의의 장을 마련하고 있다는 점에서 이 책의 의의는 매우 크다고 할 것입니다.

바쁜 와중에도 이 책자의 마련을 위해 노력하신 지평 공정거래팀의 노고에 경의를 표하며, 아무쪼록 현재까지 등장하고 있는 플랫폼 경제와 관련된 여러 경쟁법적 이슈들을 체계적으로 이해하는데 이 책이 충분히 길라잡이가 될 수 있다고 감히 말씀드립니다.

2021. 3. 15.

법무법인(유) 지평 고문(전 공정위 상임위원)

김 성 하

머리말

온라인플랫폼에 대한 규제가 전 세계에서 동시다발적으로 일어나고 있습니다. Big Tech 기업에 대한 정치적 규제 시도는 2019년 상반기에만 450차례 있었습니다. 온라인플랫폼이 현대 시장경제의 핵심이나, 기존의 법과 제도는 온라인플랫폼 규제에 부족하거나 맞지 않습니다.

온라인플랫폼 이전에도 서로 다른 이용자그룹을 연결하고 새로운 부가가치를 창출하는 사업모델은 존재하였습니다. 그러나 간접 네트워크 효과가 가치창출의 핵심으로 등장하고, 멀티호밍(multi-homing)이 원칙이 되고, 물리적 거리나 국경이 무의미해진 글로벌 디지털 시대에 온라인거래를 통해 수집되는 데이터의 양과 처리 속도 및 능력이 임계점을 넘어가면서, 종래의 경쟁법 이론과 원칙은 새로이 검토되지 않을 수 없게 되었습니다.

온갖 이론적 논의가 많지만, "미네르바의 부엉이는 황혼이 저물어야 그 날개를 편다"라고 결국은 구체적인 사례들에 관한 논쟁과 법률 판단을 통해서 정리될 것입니다. 지평 공정거래팀은 온라인플랫폼과 관련되어 격론이 벌어지고 있는 주요 쟁점들을 실제 문제가 되었던 사례들을 중심으로 함께 공부하고 정리해 보고자 하였습니다.

먼저 미국 연방대법원의 AMEX 판결을 중심으로 양면시장 혹은 다면시장 이론의 경쟁법적 적용 가능성에 대해 검토합니다. AMEX 판결은 '양면시장 이론' 혹은 '다면시장 이론'에 관하여 미국 연방대법원이 정면으로 다룬 최초의 판결입니다. 양면시장 이론은 온라인플랫폼과 관련하여 시장획정은 물론 지배력 판단, 경쟁제한성 판단 등에 대하여 새로운 이론적 시각을 제공하는데, 그 구체적 내용과 그에 대한 비판들, 이 이론이 한국 경쟁법 집행에 갖는 함의를 정리해 보고자 하였습니다.

다음으로 EU집행위원회의 Google 쇼핑 사건을 중심으로 온라인플랫폼 사업자의 자기우대 규제에 관한 논의를 정리해 보았습니다. EU집행위원회는 2017. 6. 미국기업 Google에 대하여 자사 비교쇼핑 서비스를 경쟁 비교쇼핑 서비스보다 우대하였다면서 시장지배적지위 남용으로 규제하였는데, 이 사건은 이른바 '자기우대(Self-Preferencing)'의 경쟁법적 취급에 관해 새로운 화두를 던졌습니다. 이 책에서는 EU집행위원회의 Google 쇼핑 결정의 구체적 내용과 그에 대한 비판들을 정리한 다음, '자기우대'에 관한 논의를 한국법상 어떻게 바라봐야 하는지 나름 의견을 제시해 보고자 하였습니다.

온라인플랫폼과 관련한 또 다른 화두는 빅데이터와 개인정보 보호입니다. 독일 연방카르텔청은 2019. 2. Facebook의 이용자 개인정보 보호 소홀 및 남용에 관하여 시장지배적지위 남용으로 제재함으로써, 과거 인권보호의 문제로 다뤄져 왔던 '개인정보 보호' 문제를 경쟁법 집행의 영역으로 가져왔습니다. 독일 연방카르텔청의 과감한 시도에 대하여 독일 뒤셀도르프 법원과 독일 연방대법원은 180도 다른 판단을 내렸는데, 이는 "개인정보 보호와 경쟁법 적용"이란 이슈가 얼마나 논쟁적인지 단적으로 보여줍니다. 이 책에서는 Facebook 사건에 대한 독일 경쟁당국과 법원의 판단을 살펴본 다음, 경쟁법 집행을 통한 개인정보 보호에 관한 적극론과 신중론, 각국의 입장과 선례들을 정리해 보았습니다. 나아가 한국의 현행 공정거래법상 적용가능성에 대해서도 나름 의견을 제시해 보고자 하였습니다.

마지막으로 미국 Uber 사례를 통해, 온라인플랫폼을 매개로 노무를 제공하는 사람들의 보호 문제를 들여다 보았습니다. '긱 근로자(Gig Workers)'라 불리는 이들을 독립된 '개인사업자'로 볼 것인지, 노동법 상 '근로자'로 볼 것인지, 아니면 새로운 개념과 보호를 필요로 하는 제3의 사업자로 볼 것인지 논의가 뜨겁습니다. 노동법과 공정거래법이 충돌·간섭하는 미지의 영역에 대하여 모바일 운송중개 서비스 Uber에 대한 미국의 판례와 입법적 시도들을 살펴보고 한국의 현행 법제상 적용 가능성에 대하여 살펴봅니다.

"위기를 기회로, 코로나 위기를 뜨거운 공부의 열기로 이겨보자"고

시작했던 공동연구 프로젝트가 이렇게 결실을 맺게 되어 정말로 기쁩니다. 선후배 변호사들 모두 과중한 업무와 코로나 시국에도 틈틈이 시간을 내어 연구에 매진한 덕분입니다. 한 뭉치의 원고가 깔끔한 책으로 나올 수 있도록 힘써주신 박영사 조성호 이사님과 편집 관계자 분들께도 진심으로 감사 말씀을 드립니다. 많이 부족하지만, 이 책이 온라인플랫폼에 대한 경쟁법의 적용과 집행에 조금이라도 도움이 될 수 있으면 좋겠습니다.

2021. 3. 15.

법무법인(유) 지평 공정거래팀 일동

차례

양면시장 이론의 경쟁법적 적용
- 미국 AMEX카드 판결을 중심으로

플랫폼 사업자의 자기우대 규제
- EU 구글쇼핑 사건을 중심으로

데이터와 개인정보 보호에 관한 경쟁법 적용 문제
- 독일 페이스북 사건을 중심으로

플랫폼 노동에 대한 법적 규제
- 미국 우버(Uber) 사례의 시사점

양면시장 이론의 경쟁법적 적용
- 미국 AMEX카드 판결을 중심으로

Platform Competition Law

양면시장 이론의 경쟁법적 적용
- 미국 AMEX카드 판결을 중심으로*

김지홍 · 김승현

Ⅰ. 서론

디지털 경제의 새로운 강자는 온라인 플랫폼이다. 일련의 상품과 판매자를 검색·평가하고, 이용자와 매칭해주는 '플랫폼'의 기능이 두드러지고 있다. 인터넷포털 이용자는 원하는 상품을 검색함으로써 다양한 판매자와 접촉하고, 판매자는 검색광고료를 지급함으로써 자신을 인터넷포털에 노출시킨다. 이때 플랫폼은 둘 이상의 이용자 집단을 매개한다. 그리고 서로 다른 이용자 집단의 존재에 의해 가치를 창출한다.[1] 따라서 플랫폼 사업자가 한쪽 이용자 집단에게 취한 반경쟁적 행위는 그 집단에 의존하는 다른 쪽 이용자 집단에게도 영향을 미친다. 그 효과는 다시 다른 쪽 집단에게 의존하고 있던 그 이용자 집단에게 돌아온다. 이를 보여주는 것이 플랫폼의 '양면성(혹은 다면성)'이다.

플랫폼 자체가 새로이 등장한 사업모델은 아니다. 다만, 온라인 플랫폼의 규모와 이용자의 범위가 급격히 증가함에 따라 플랫폼 시장의 경쟁법적 함의도 주목받기 시작했다. 기존의 접근법으로는 양면성을 지닌 플랫폼의 성격을 제대로 반영하지 못해, 과소집행 또는 과대집행의 오류가 발생할 수 있다는 것이다. 그래서 등장한 분석틀이 '양면시장 이론'이다. 그 이론을 경쟁법 집행에 어떻게 접목시켜야 하는지 문제된다. 플랫

---

* 이 논문은 경제법판례연구회(2018. 12. 26.)의 발표문 및 저스티스 제176호(2020)에 등재된 논문을 기초로 수정. 보완한 것이다.
1 OECD, Rethinking Antitrust Tools for Multi-Sided Platforms, 2018, p. 3.

폼 시장이 과연 전통적인 시장과 본질적으로 다른지, 무엇이 다른지, 그
것이 경쟁법 집행에 규범적으로 반영되어야 할 차이인지, 반영하는 방법
은 무엇인지, 격론이 활발하다.

미국 연방대법원이 2018년 6월 선고한 Ohio v. American Express
Co. 판결(이하 'AMEX카드 판결')은 이 물음에 법원이 정면으로 답한 최
초의 사건이다. 입장은 다수의견(5명) : 소수의견(4명)으로 갈렸다. 양면
시장 이론에 관한 극명한 견해 대립을 대변한다. 다수의견은 신용카드
사업자는 카드소지자와 카드가맹점을 연결하는 양면 플랫폼에 해당하므
로 전통적인 경쟁법상 접근과는 다른 접근법을 취해야 한다고 보고, 그
렇지 않으면 사업자에 대한 과대집행 문제가 발생한다고 보았다. 소수의
견은 양면시장의 특수성은 그처럼 전혀 다른 경쟁법적 접근을 요구하지
도, 정당화하지도 않는다고 보았다. 그러한 새로운 접근법이 현실적으로
규제의 공백을 낳을 수 있다는 우려가 담겨 있다.

AMEX카드 판결의 의미는 크다. 그간 양면시장에 관한 논의는 분
분했지만, 법원과 규제당국은 그 이론을 실무에 적용하는 데 소극적이었
다. 이를 잘 보여주는 것이 AMEX카드 사건에서 이목을 끌었던 미국 법
무부(이하 'DOJ')의 태도다. 아직 양면시장에 관한 법리를 세우기에는 시
기상조라는 이유로, 미국 DOJ는 연방대법원에 상고심 심리에 반대하는
의견서까지 제출해가면서 상고를 포기했다. AMEX카드 판결은 이러한
경향을 뒤집은 이정표라 할만 하다. 연방대법원은 양면 플랫폼 사업자
규제에 관한 새로운 접근 방법을 제시하면서 양면시장 논의를 선도하고
있다.

아래에서는 AMEX카드 사건의 개요(Ⅱ)와 연방대법원의 판결 내용
(Ⅲ)을 구체적으로 살펴본다. 양면시장의 개념과 특징을 소개하고, 경쟁
법적 쟁점에 따라 양면시장에 관한 논의를 분석한 뒤 각국 실무의 입장
을 살펴본다(Ⅳ). 이에 기초해 양면시장 이론의 경쟁법적 적용 문제,
AMEX카드 판결에 대한 평가와 한국에 던지는 함의에 관하여 본다(Ⅴ).

4

Ⅱ. AMEX카드 사건의 개요

미국의 일반 신용카드 시장[2]에서는 Visa, Mastercard, American Express Card(이하 'AMEX카드'), Discover 등 4개사가 경쟁하고 있다.[3] 1980년대 말 AMEX카드는 선발 사업자였던 Visa/Mastercard와 경쟁하기 위해 '멤버십 리워드 프로그램(Membership Reward Program)'이라는 새로운 비즈니스 모델을 도입했다. 이는 AMEX카드소지자들에게 카드 사용에 대한 리워드(예: 카드 포인트, 마일리지)를 제공하고, 대신 카드가맹점들로부터 경쟁사업자보다 높은 가맹점수수료를 징수하는 내용이었다.

'멤버십 리워드 프로그램' 도입으로 AMEX카드의 시장점유율이 현격히 증가하자, Visa/Mastercard는 AMEX카드 가맹점포 숫자가 상대적으로 적은 점에 착안하여 "우리는 어디서나 받아요(It's everywhere you want to be)", "우리는 Visa를 선호해요(We prefer Visa)"와 같은 광고를 통해 AMEX카드 고객들로 하여금 자신들의 카드를 사용하도록 유도(steering)하려 하였다. 그러자 AMEX카드는 "고객들에게 AMEX카드 이외의 다른 카드 이용을 권장해서는 안 된다"는 이른바 Anti-steering 의무를 가맹점들에게 부과하고(이하 'Anti-steering 조항'[4]), 이를 어기는 가맹점들에게 가맹점 계약해지 등의 불이익을 주었다.

---

2 소비자들이 현금 대체 결제수단으로서 사용하는 카드에는, 이들 4개사의 일반 신용카드(GPCC카드: General Purpose Credit and Charge Card) 외에 직불카드(debit card), 개별 사업자들이 자체적으로 발행한 카드(private card) 등이 있다[*U.S. v. Am. Exp. Co.*, 88 F.Supp.3d 143 (E.D.N.Y. 2015) at 153].

3 신용카드 4개사의 2013년 현재 미국시장점유율은 거래규모(transaction volume) 기준으로 Visa와 Mastercard가 각각 45%, 23.3%였고, AMEX카드는 26.4%, Discover는 5.3%였다[*Ohio v. Am. Express Co.*, 138 S. Ct. 2274, 201 L. Ed. 2d 678 (2018) at 5].

4 AMEX카드는 이를 '차별금지조항(Non-Discrimination Provision: NDP 조항)'이라 불렀다. 이러한 NDP 조항 혹은 Anti-Steering 조항은 1950년대 AMEX카드가 신용카드 시장에 처음 진출하였을 때부터 표준가맹점계약서에 포함되어 있었는데, 1990년대 중반 Visa/Mastercard와 경쟁이 심해지면서 이 내용을 좀 더 강화하고 적극적으로 집행하기 시작했다.

이후 Visa/Mastercard도 AMEX카드와 유사한 리워드 프로그램을 도입하였고, Anti-steering 의무도 Visa/Mastercard 가맹점에게 부과하였다.

미국 법무부와 11개 주 정부는 이 같은 가맹점에 대한 Anti-steering 의무 부과가 셔먼법 제1조[5]에 위반한 수직적 합의에 해당한다면서 2010년 10월경 AMEX카드, Visa, Mastercard를 상대로 소송을 제기하였다. Anti-steering 조항은 AMEX카드 가맹점들이 AMEX카드 회원에게 더 수수료율이 낮은 신용카드 사용을 권장하지 못하게 하여, 신용카드사 간 경쟁을 제한하고 결과적으로 카드가맹점 및 소비자들로 하여금 더 높은 가격을 부담하게 만들었다는 주장이었다.

Visa/Mastercard는 Anti-steering 조항을 가맹점 계약에서 삭제한다는 내용의 동의의결(consent decree)에 서명하였다. 반면, AMEX카드는 끝까지 소송으로 다투었고, 연방 뉴욕동부지구 지방법원은 미 법무부 등 원고 승소 판결을 내린 반면,[6] 연방 제2지구 항소법원은 AMEX카드의 손을 들어주었다.[7] 연방대법원은 5(청구기각) : 4(청구 인용)[8]의 근소한 차이로 의견이 갈려 AMEX카드가 승소한 항소심 판결이 그대로 확정되었다.[9]

---

5 15 U.S. Code § 1 [Trusts, etc., in restraint of trade illegal; penalty] Every contract, combination in the form of trust or otherwise, or conspiracy, in restraint of trade or commerce among the several States, or with foreign nations, is declared to be illegal.

6 *U.S. v. Am. Exp. Co.*, 88 F.Supp.3d 143 (E.D.N.Y. 2015), 이하 '제1심 판결'.

7 *U.S. v. Am. Exp. Co.*, 838 F.3d 179 (2d Cir. 2016), 이하 '제2심 판결'.

8 다수의견에는 John Roberts 대법원장 및 Clarence Thomas, Anthony Kennedy, Samuel Alito, Neil Gorsuch 대법관이 가담했고, 소수의견에는 Stephen Breyer, Ruth Bader Ginsburg, Sonia Sotomayor, Elena Kagan 대법관이 가담했다.

9 *Ohio v. Am. Express Co.*, 138 S. Ct. 2274, 201 L. Ed. 2d 678 (2018)(이하 '본건 판결'). 원고들 중 11개 주 정부는 연방대법원에 상고하였으나, 연방경쟁당국인 법무부는 상고를 포기하였고 나아가 상고심 심리를 반대하는 의견서까지 제출하였다 (DOJ, "Brief for the United States in opposition", On petition for a writ of Certiorari to the United States Court of Appeals for the Second Circuit, 2017. 8). 이러한 경위로 AMEX카드 사건의 사건명은 "U.S. v. American Express Company"였다가 상고심에서 "Ohio v. American Express Company"로 바뀌었다.

Ⅲ. 미국 연방대법원 AMEX카드 판결의 요지

1. 다수의견

　　다수의견은, Anti-steering 조항은 '수직적 제한'에 해당하므로 그 위법성은 '합리의 원칙(rule of reason)'에 따라 판단해야 하고, 합리의 원칙에 따르면 경쟁당국이 먼저 관련 시장에 실질적인 경쟁제한효과(substantial anticompetitive effect)가 발생했다는 점을 입증해야 하는데,[10] 경쟁당국이 Anti-steering 조항의 경쟁제한성에 관해 1차적 입증책임을 다하지 못하였다고 보았다. 신용카드 시장은 이른바 '양면거래시장(two-sided transaction market)'으로 카드소지자 쪽과 카드가맹점 쪽을 묶어서 하나의 단일시장(single market)으로 보아 시장지배력 및 경쟁제한성을 분석했어야 하는데, 법무부 등 경쟁당국들은 카드가맹점 쪽 시장만을 놓고 분석을 하는 우를 범했다는 것이다. 다수의견의 요지를 정리해 보면 다음과 같다.

- 2개의 서로 다른 상품·서비스를 2개의 서로 다른 집단에 제공하는 사업자를 '양면 플랫폼(two-sided platform)' 사업자라 부른다.
- 신용카드의 경우, 카드소지자 측면의 거래와 카드가맹점 측면의 거래는 반드시 동시에 일어나는데, 이러한 플랫폼을 특별히 '양면 거래 플랫폼(two-sided transaction platform)'이라 부른다.
- 양면시장은 '간접적 네트워크 효과(indirect network effect)'를 보인다는 점에서 전통적 시장과 차이가 있다. 즉, 한쪽 이용자 집단에 대한 플랫폼의 가치가 다른 쪽 이용자 집단의 규모가 얼마나 큰지

　　미국 법무부가 상고를 반대한 이유는 아래 V.1.항에서 상세히 살펴본다.

10 '합리의 원칙'에 따르면, ① 원고가 먼저 관련 시장에 실질적인 경쟁제한 효과가 발생했다는 점을 입증해야 하고 ② 그러면 입증책임이 전환되어 피고가 친경쟁적인 합리화 사유가 있었음을 증명해야 하며, ③ 이 경우 다시 입증책임이 원고에게 넘어와 피고가 주장하는 친경쟁적 효율성이 경쟁제한성이 덜한 다른 수단으로도 합리적으로 달성 가능하다는 점을 원고가 입증해야 한다(본건 판결 9~10면).

에 따라 달라지게 된다. 예컨대, AMEX카드소지자 입장에서는 AMEX카드를 사용할 수 있는 가맹점들이 많으면 많을수록 AMEX 카드서비스의 가치가 높아지며, 반대로 카드가맹점 입장에서도 AMEX카드를 소지한 소비자가 많으면 많을수록 AMEX카드 가맹의 효용이 높아지는 것이다.

- 간접적 네트워크 효과로 말미암아, 양면시장에서 한쪽 수요에 대한 가격(예: 가맹점수수료)을 인상하는 경우, 그쪽 수요(가맹점 수요)만 감소하는 데 그치지 않고 다시 반대편 수요(예: 카드소지자)도 감소 하게 된다. 카드가맹점 숫자가 줄어들게 되면, 카드소지자 입장에서 카드의 효용이 그만큼 줄어들기 때문이다. 이른바 '피드백 루프 (feedback loop)' 현상이 발생하는 것이다.

- 그 결과 양면 플랫폼 사업자는 양측에 대한 가격을 따로 따로 결정 하는 대신 사업자에게 가장 많은 이익을 주는 구조로 양측 가격을 결정하게 되며, 통상적으로 수요 탄력성이 높은 쪽에 원가보다 낮은 가격이나 음의 가격(negative price)을 부과하는 경우가 많다. 카드 소지자들은 복수의 신용카드를 가지고 있기 때문에 쉽게 다른 카드 로 넘어갈 수 있고, 이런 높은 수요탄력성은 카드소지자들에게 전혀 수수료를 받지 않거나 납부한 연회비보다 더 많은 혜택을 주게 만 든다. 이러한 높은 수요탄력성으로 인하여 카드회사 카드소지자들에 게 수수료를 받지 않거나 납부한 연회비보다 더 많은 혜택을 주려 고 한다.

- 신문구독/신문광고 시장은 간접적 네트워크 효과가 미미하거나 한쪽 방향으로만 작동하고,[11] 양쪽 거래가 각기 별개로 일어나기 때문에 2개의 시장으로 나누어 볼 수 있다. 반면, 신용카드와 같은 양면 거 래시장은 ① 간접적 네트워크 효과가 분명하고, ② 어느 한쪽과의 거래 없이는 다른 쪽 거래도 일어나지 않는다는 점에서 양쪽을 묶

---

11 신문에 광고를 게재하는 광고주들은 신문 구독자의 숫자에 민감하지만, 신문구독자들 은 신문에 게재된 광고의 숫자에 무관심하거나 광고가 많은 것을 선호하지 않는다.

어서 하나의 시장(single market)으로 보아야 한다.

- 따라서, 경쟁당국은 양면 신용카드 시장 전체를 놓고 보았을 때 AMEX카드가 시장지배력을 가지고 있다는 점과, 시장 전체의 거래 비용을 경쟁적 수준 이상으로 증가시키거나 경쟁적 수준 이하로 전체 거래량을 감소시켰다는 등의 경쟁제한효과를 입증했어야 한다.

- 그러나, 이 사건에서 경쟁당국은 양 측면을 동시에 고려한 신용카드 '거래'의 가격이나 이윤을 측정할 수 있는 방법조차 제시하지 못했다. AMEX카드가 Visa/Mastercard 등 경쟁사보다 높은 가맹점수수료를 부과한다는 사정만으로는 부족한데, 이는 AMEX카드가 경쟁사업자들보다 더 많은 비용을 쓰고 있거나 이를 통해 더 많은 효용 (예: 고객 리워드)을 창출하고 있다는 의미일 수 있기 때문이다.

- 경쟁당국은 AMEX카드가 가맹점수수료를 장기간 계속 인상하였음에도 인상한 금액을 전액 소비자들에게 리워드 방식으로 돌려주지 않았다는 점을 지적하나, 이것만 가지고 경쟁이 제한되었다고 할 수는 없다. 도리어 관련 기간 중 신용카드 시장이 급속히 확대되고, 가맹점수수료가 장기적으로 낮아진 점 등을 고려하면, AMEX카드의 Anti-steering 조항은 신용카드 사업자 간 경쟁을 촉진시키고 신용카드 거래서비스의 질과 양을 늘렸다고 할 수 있다.

- 그렇다면, 경쟁당국이 Anti-steering 조항의 경쟁제한성에 대한 1차적 입증책임을 다 하지 못한 이상 이를 위법하다고 할 수 없다.

2. 소수의견

Breyer 등 4명의 대법관은 다수의견과 정면으로 배치되는 소수의견을 내었는데 그 요지는 다음과 같다.

- Sherman법 제1조 위반 여부를 판단하기 위해서 복잡한 시장획정을 반드시 선행해야 하는 것은 아니며, 산출량 감소와 같이 실제 경쟁 제한 효과가 발생한 경우 이를 생략할 수 있는데, 제1심 판결에 의하면 다음과 같은 경쟁제한 효과가 실제 발생하였다.

① AMEX카드는 5년 동안 20차례에 걸쳐 가맹점수수료를 인상하였는데, 그럼에도 불구하고 AMEX카드의 시장점유율은 감소하지 않았다. 이는 AMEX카드가 시장지배력을 가지고 있다는 의미다.

② AMEX카드는 인상한 가맹점수수료만큼 카드소지자들에 대한 혜택을 늘리지도 않았다.

③ 후발주자인 Discover사는 "고객들에게 Discover카드를 사용하도록 권유(steer)해 주면 가맹점수수료를 추가로 깎아 주겠다"고 제안하는 사업모델을 시도했는데, Anti-steering 조항 때문에 실패로 돌아갔다.

• 결국, 시장을 어떻게 획정하든 AMEX카드는 일정한 시장지배력을 갖고 있다고 할 것이다. Anti-steering 조항은 신용카드 사업자 사이의 가격경쟁(가맹점수수료 인하 경쟁)을 원천적으로 봉쇄하는 것으로(인하해봐야 고객들에게 더 좋은 카드를 쓰라고 권할 수 없으므로), 실제 AMEX카드 등 카드사들은 사업이 위축될 우려 없이 가맹점수수료를 인상할 수 있었던바, 종국적으로 소비자들이 더 높은 가격을 지불하게 된 셈이다.

• 다수의견은 "양면 거래시장에는 몇 가지 특징이 있으므로 복수의 시장을 하나의 단일시장으로 보아야 한다"는 것인데, 그 특징이 왜 경쟁법적으로 양면 거래시장만 다르게 취급해야 할 이유가 되는지 설명하지 못한다.

• 한편, 다수의견과 같이 신용카드 시장을 하나의 시장으로 보더라도 경쟁제한효과는 일응 발생하였다. AMEX카드는 인상된 가맹점수수료만큼 카드소지자에게 리워드 등 혜택을 추가로 제공하지 않았다는 것인데, 그렇다면 카드소지자/카드가맹점 양측의 가격을 동시에 고려하더라도 그 순가격(net price)은 인상된 것이기 때문이다.

• 그렇다면, '합리의 원칙'에 따라 AMEX카드가 Anti-steering 조항의 친경쟁적 효과에 대한 2단계 입증을 통해 책임을 면할 수 있는지 여부는 별론으로 하더라도, 경쟁당국의 1단계 입증책임은 다 한 것이다.

Ⅳ. 양면시장에 관한 논의와 실무

1. 양면시장의 개념과 특징

Rochet & Tirole이 2003년 양면시장에 관한 효시적 논문을 발표한 이래,[12] 양면시장[13]은 경제학계와 공정거래법학계로부터 많은 관심을 받아 왔다. Rochet/Tirole(2003) 이후 양면시장을 정의하기 위해 다양한 시도가 있었지만, 아직까지도 통일된 정의는 마련되지 못한 것으로 보인다.[14] 그만큼 양면시장이 무엇인지, 이를 어떻게 보아야 하는지 논란이 많은 것이다. 다만 다음과 같은 3가지 특징을 갖는다는 점에 대해서는 대체로 의견이 수렴하고 있다.[15]

① **수요를 달리 하는 복수의 소비자 그룹의 존재:** 서로를 필요로 하는 복수의 다른 소비자그룹이 플랫폼[16]을 통해 상호작용하며, 양면 플랫폼 사업자는 이들 각 그룹에 서로 다른 상품 또는 서비스를 제공한다.

② **간접적 외부효과의 존재:** 한쪽 면의 이용자가 실현하는 가치가 다른 쪽 이용자의 규모가 증가함에 따라 함께 증가한다.

③ **가격 구조의 비중립성:** 양쪽 면에 부과되는 가격의 총합(price level)을 그대로 유지한 채, 그 구조(price structure)를 바꾸는 것만으로 (즉, 한쪽의 가격을 높이고 다른 쪽의 가격을 낮추는 것만으로) 거래량이 달라진다. 예컨대, 신용카드 사업자가 카드소지자 및 카드가맹점에 부과하는 수수료의 합계가 동일한 상황에서 카드소지자에게 부여하는 리워드

---

12 Jean-Charles Rochet & Jean Tirole, "Platform Competition in Two-Sided Markets", *The European Economic Association*, Vol. 1, Issue 4(2003. 6).

13 학자들에 따라 '양면시장(two-sided market) 이론' 혹은 '다면시장(multi-sided market) 이론'이라 부르는데, 본고에서는 구분 없이 '양면시장 이론'이라 부른다.

14 OECD, *Policy Roundtable: Two-Sided Markets*, DAF/COMP(2009)20, 2009. 12, p. 11.

15 Ibid., p. 11.

16 '플랫폼'이란 상호작용을 원활하게 할 수 있도록 제공된 물리적, 가상적, 제도적 환경을 말한다[변정욱·김정현, "온라인 양면 거래 플랫폼의 시장획정 및 시장지배력 판단", 경쟁법연구 제37권(2018. 5), 119면].

(음의 가격)를 늘리고 대신 그만큼 가맹점수수료를 인상하는 경우, 가격수준(price level)은 동일하지만 리워드에 대한 소비자들의 수요탄력성이 더 커 카드거래량이 증가할 수도 있다.

2. 양면시장의 구체적 사례와 분류

양면시장의 사례로는 신문(구독자/광고주), 방송(시청자/광고주), 인터넷포털(검색사용자/광고주), 오픈마켓(소비자/판매자), 중매서비스(남성/여성), 학술잡지(논문기고자/논문구독자), PC운영시스템(PC사용자/소프트웨어 개발자), 신용카드(카드소지자/카드가맹점), 부동산중개(판매자/구매자), 에어비앤비(건물주/숙박객) 등이 거론되는데,[17] 이를 어떻게 분류할지에 대해서도 여러 시도가 있다.

대표적으로 David S. Evans는 플랫폼 사업자의 역할과 기능에 따라 3가지 유형으로 분류한다. ① 부동산중개업, 오픈마켓 등과 같이 복수 집단 간의 거래가 형성되는 공간으로서 역할을 수행하는 '시장 조성자(Market Maker)' 유형, ② 신문, 방송, 인터넷포털과 같이 컨텐츠 제공을 통해 청중을 모집하고 이들을 광고주에게 광고대상으로 제공하는 '청중 조성자(Audience Maker)' 유형, ③ 신용카드사업이나 PC운영시스템과 같이 다수 집단 간의 수요를 결합하고 조정함으로써 간접적 네트워크 효과를 창출하는 재화나 서비스를 만들어 내는 '수요 조정자(Demand Coordinator)' 유형이 그것이다.[18]

반면, Eric Van Damme, Lapo Filistrucchi 등은 ① 양쪽 소비자 사이에 거래가 동시적으로 직접 이루어지는 '양면 거래시장'과 ② 그러한

---

17 Gönenç Gürkaynak, Öznur İnanılır, Sinan Diniz & Ayşe Gizem Yaşar, "Multisided markets and the challenge of incorporating multisided considerations into competition law analysis", *Journal of Antitrust Enforcement*, Volume 5, Issue 1(2017. 4), p. 101.

18 David S. Evans, "The Antitrust Economics of multi-Sided Platform Markets", Yale Journal on Regulation Vol 20(2003); 황창식, "다면적 플랫폼 사업자에 대한 공정거래규제", 정보법학 제13권 제2호(2009), 101-102면에서 재인용.

상호작용이 양쪽 소비자 그룹 사이에 존재하지 않는 '양면 비거래시장'으로 구분한다.[19] 이 견해에 의하면, Evans의 '수요 조정자' 유형은 그 작동 방식에 따라 양면 거래시장(예: 신용카드)과 양면 비거래시장(예: PC운영시스템)으로 다시 나뉠 수 있다. AMEX카드 판결의 다수의견은 이 같은 분류법에 입각하여 신용카드 시장을 '양면 거래시장'에 해당한다고 보았다.

3. 양면시장의 경쟁법적 함의와 새로운 분석 시도

양면시장의 특수성에 주목한 학자들은, '단면시장'을 전제로 개발된 전통적 경쟁법 원리들은 양면시장에 적용할 수 없거나 대폭 수정되어야 한다고 주장한다.[20] 전통적인 이론을 대체하는 새로운 분석틀을 제시하기 위해 다양한 시도가 이루어지고 있다.

가. 관련시장 획정과 SSNIP 테스트의 수정

먼저, 각 면을 별도의 시장으로 보지 말고 하나의 시장으로 보아야 한다는 견해다. 이것이 '양면시장'의 차별성을 주장하는 이론의 핵심이다. 다만 양면시장도 그 종류가 매우 다양한데, 어디까지 하나의 시장으로 보아야 하는지는 의견이 분분하다.

Filistrucchi 외 3인(2014)은 '양면 비거래시장'은 서로 밀접하게 연관된(interrelated) 두 개의 시장으로 보되, '양면 거래시장'은 하나의 시장으로 보아야 한다고 주장한다.[21] 양면 거래시장의 경우 양 측면의 거래(예: 카드소지자에 대한 신용서비스 제공과 카드가맹점에 대한 즉시지불서비스 제공)가 동시에 이루어지기 때문에 사업자 입장에서 양측에 대한 가격

---

19 Eric Van Damme, Lapo Filistrucchi, Damien Geradin, Simone Keunen, Tobias Klein, Thomas Michielsen & John Wileur, *Merger in Two-Sided Markets - A Report to the NMa*, 2010. 7.

20 Gürkaynak et al., *op.cit.*, p.108.

21 Lapo Filistrucchi, Damien Geradin, Eric van Damme & Paline Affeldt, "Market Definition in Two-Sided Markets: Theory and Practice", *Journal of Competition Law & Economics*, Vol. 10, No. 2(2014), pp. 300-319.

부과(price structure) 및 이윤극대화 전략은 동시에 추구되고 실현되는 바, 이를 하나의 시장으로 보는 것이 타당하다는 것이다. 이때 관련상품은 '해당 플랫폼을 통한 거래 가능성'이라고 본다. 이렇게 보면, 점주와 소비자 간 지불결제에 관한 거래라는 점에서 '신용카드 거래'와 '현금 거래'는 대체재 관계에 있게 되고, 이는 시장획정 및 시장지배력 판단에 고려되어야 한다. 반면, '양면 비거래시장'의 경우 양 측면의 거래가 별도로 존재하고 요금 부과 역시 별도로 이루어지므로 별개의 시장으로 획정하되, 그 '간접적 네트워크 효과'를 추가적으로 고려하면 된다고 한다. 한편, '간접적 네트워크 효과'는 반드시 쌍방향으로 양(+)의 효과를 낳는 것은 아니며 일방으로만 작용하거나 오히려 한쪽은 양(+), 한쪽은 음(-)의 효과를 낳기도 하는데,[22] 이 중 일방으로만 작용하는 경우에는 그러한 작용을 받지 않는 면의 시장에 대해서는 양면성을 고려할 필요가 없다고 한다.

이에 대하여 Filistrucchi가 '양면 비거래시장'으로 분류한 시장 중 이른바 '매칭 시장(matching market)'은 단일시장으로 보아야 한다는 견해도 있다.[23] '크레이그 리스트(Craig List)'[24]와 같이 온라인 플랫폼이 양쪽 수요를 매칭은 시켜주되, 실제 거래는 오프라인에서 하도록 하는 서비스가 있는데, 이 경우 양면 간 직접 거래가 플랫폼을 통해 이루어지지는 않더라도 "거래상대방을 찾는 기회 제공"이라는 단일한 서비스를 제공하는 하나의 시장으로 보아야 한다는 것이다.[25]

---

22 예컨대 신문광고주 입장에서는 구독자의 숫자가 많을수록 신문광고 서비스의 효용이 증대된다는 점에서 양(+)의 네트워크 효과가 발생하는 반면, 구독자 입장에서는 신문에 실린 광고의 숫자가 많고 적음은 중요하지 않다. 오히려 광고가 너무 많은 것을 싫어하는 경우도 있는데 이는 음(-)의 네트워크 효과가 발생하는 것이라 할 수 있다.
23 OECD, *supra* note 1, p. 13.
24 미국의 온라인 생활정보 사이트로, 본래 구인·구직이나 주택 임대정보 등을 공유하는 서비스로 출발했다. 현재 다양한 상품과 즉석만남까지 거래하고 있다.
25 이러한 '매칭 플랫폼 사업자'는 거래성사에 대하여 양측으로부터 대가를 받지 않고, 대신 그 플랫폼에 광고를 게재하고 광고주로부터 받은 광고료로 수익을 올리는 것이 보통이다. 이런 경우 매칭플랫폼은 T자형 다면 구조를 띠고 있다고 할 수 있다. 양측

이에 대하여 굳이 양면 거래시장만 단일시장으로 볼 이유가 없고, 모두 복수시장으로 획정하되 그 상호 연관성만 잘 감안하면 된다는 반론이 있다.[26] 양쪽 시장의 참여자들은 서로 이해관계가 다르고, 각각의 경쟁상황이나 경쟁자의 구성이 다른데 하나의 시장으로 보게 되면 이러한 차이가 사상되어 부적절하다는 지적이다.

Wismer/Rasek(2017)은 양면시장에서는 시장획정이 크게 중요치 않다는 견해를 제시하기도 한다. 양면의 상호관계를 정확하게 인식하고 반영할 수만 있다면, 시장을 하나로 획정하건 복수로 획정하건 크게 다를 바 없다는 것이다.[27]

보다 구체적으로, 시장을 획정할 때 어떤 방법을 사용해야 하는지도 여전히 논란이 계속되고 있다.

전통적인 시장획정 도구는 이른바 SSNIP(Small but Significant Non-Transitory Increase in Price) 테스트[28]인데, 기존 SSNIP 테스트는 양면시장의 획정 방법으로 적합하지 않다고 지적된다.[29] SSNIP 테스트는 단면시장을 전제로 특정 면의 가격인상이 특정 면의 수요에 미치는 영향만을 고려하도록 설계되어 있기 때문에, 양면의 상호연계성, 특히

을 매칭시켜 주는 하나의 양면시장("_")과 이들과 광고주를 연결하는 광고시장(" l ")이 복합적으로 존재하는 셈이다.

26 Michael Katz & Jonathan Sallet, "Multisided Platforms and Antitrust Enforcement", *The Yale Law Journal*, Vol. 127, No. 7(2018. 5), pp. 2144-2145; 이봉의, "ICT 분야 플랫폼의 개념과 경쟁법적 함의에 관한 연구", 2015년 법·경제분석 그룹(LEG) 연구보고서, 한국공정거래조정원(2015), 10면. 양면시장 이론에 대한 비판의 구체적 근거와 내용은 아래 IV.4.항에서 다시 살펴본다.

27 Sebastian Wismer & Arno Rasek, Market definition in multi-sided markets - Note by Sebastian Wismer & Arno Rasek, DAF/COMP/WD(2017)33/FINAL, 2017.

28 SSNIP 테스트를 실용적으로 발전시킨 임계매출감소분석(Critical Loss Analysis) 등도 마찬가지 비판을 받는다. 황창식, 앞의 논문, 109면.

29 Renata B. Hesse, "Two-Sided Platform Markets and the Application of the Traditional Antitrust Analytical Framework", *Competition Policy International*, Vol. 3, No. 1, Spring 2007, p. 191.

피드백 루프 효과를 제대로 반영하지 못한다는 것이다. 예컨대, AMEX 카드가 카드이용자에 대한 연회비를 인상하면, AMEX카드에 대한 카드소지자 수요가 줄어드는 것으로 끝나지 않는다. 그와 같은 카드소지자 감소는 다시 카드가맹점 이탈을 낳고, 다시 카드가맹점 감소에 따른 신용결제 효용 감소에 따라 카드소지자의 재차 감소라고 하는 연쇄적 파급 효과를 낳는다. 이 같은 연쇄 효과가 모두 간과된 결과, 기존 SSNIP 테스트는 실제보다 수요탄력성을 과소평가하기 쉽고, 이는 관련시장을 부당하게 좁게 해석하는 결과를 초래할 수 있다.[30]

보다 근본적으로 SSNIP 테스트의 전제 자체가 양면시장에서는 성립하지 않는다는 지적이 있다. SSNIP테스트는 "독점사업자가 SSNIP 인상의 방법으로 이윤을 극대화할 수 있는 최소 시장을 찾음으로써 그 지배력을 확인하겠다"는 것인데, 양면시장의 경우 어느 한쪽 면의 가격을 올리거나 낮추는 것만으로는 그 사업자의 이윤 정도를 확인할 수 없기 때문이다.[31]

이와 관련하여 ① Hesse/Soven(2006)은 전통적 SSNIP 테스트를 각 면별로 그대로 실시해도 되고 다른 수정이나 보완이 필요 없다고 주장하는 반면,[32] ② Emch/ Thompson(2006)은 양면에 부과되는 가격의 총합을 놓고 SSNIP 테스트를 해야 한다고 한다.[33] ③ Filistrucchi 외 3인(2014)은 '양면 거래시장'의 경우 Emch/Thompson처럼 양면에 부과되는 가격의 총합(price level)을 가지고 SSNIP 테스트를 해야 하는 반면,

30 Filistrucchi et al., *op.cit.*, pp. 330-331; 송태원, "인터넷 검색서비스에 대한 경쟁법 집행에 있어 관련시장 획정에 대한 검토", 법학논문집 제39권 제1호(2015), 261-262면.
31 Filistrucchi et al., *op.cit.*, p. 332.
32 Renata B. Hesse & Joshua H. Soven, "Defining Relevant Product Markets in Electronic Payment Network Antitrust Cases", *Antitrust Lawr Journal*, Vol. 73, No. 3(2006), pp. 709, 727-728.
33 Eric Emch & T. Scott Thompson, "Market Definition and Market Power in Payment Card networks", *Review of Network Economics*, Vol. 5, No. 1(2016. 1), pp. 45, 54. Gürkaynak et al, op.cit., pp. 109-110에서 재인용.

'양면 비거래시장'은 한쪽 면의 가격 인상이 양쪽에서 사업자가 얻을 수 있는 수익의 증대를 가져 오는지 확인하는 방식으로 SSNIP 테스트를 수정 적용해야 한다고 한다.[34] ④ Gürkaynak 외 3인은 다면시장의 종류가 다양하고, 가격 구조 및 간접적 네트워크 효과의 정도도 각기 다르기 때문에 모든 양면시장에 적용될 수 있는 단 하나의 SSNIP 테스트 방법을 찾는 것은 불가능하다면서, 다면시장의 특수성, 특히 그 간접적 네트워크 효과를 충분히 고려해야 한다는 원칙만 천명해 두고 개별 사안마다 달리 판단해야 한다고 주장한다.[35] ⑥ 실무적으로 볼 때 양면시장의 특수성을 반영한 SSNIP 테스트를 이론적으로 만들 수 있다고 하더라도, 이를 현실에서 적용하는 것은 쉽지 않다는 지적이 있고,[36] ⑦ 한 발 더 나아가 "무료로 제공되는 측면의 서비스 시장에서 지배력 유무란 실무상 문제될 여지가 없고 다분히 이론상 쟁점일 뿐"이라면서 유료 측면의 가격인상 가능성만 판단하면 된다는 견해도 있다.[37]

AMEX카드 판결의 다수의견은 "경쟁당국이 신용카드 시장을 분석할 수 있는 방법조차 제시하지 못하였다"고 비판하였는데, 이같이 의견이 분분한 상황을 고려하면 미국 DOJ와 주 경쟁당국들 입장에서는 다소 억울한 지적이었다고 할 수도 있겠다.

나. 시장지배력 판단

시장지배력을 판단하는 전통적인 방법은 '시장점유율'을 살펴보는 것이다. 이 역시 양면시장에는 잘 맞지 않는다는 지적이 있다. ① 양면의

---

34 Fillistrucchi et al, *op. cit.,* p. 331.

35 Gürkaynak et al, *op. cit.,* p. 110.

36 황창식, 앞의 논문, 110-111면. 양면시장의 특수성을 반영한다는 것은 '간접적 네트워크 효과'를 반영한다는 것인데, 그 효과를 '수치'로 측정할 수 있는 방법이나 이를 보여주는 데이터를 현실에서 찾기 어려운 것이다.

37 이봉의, 앞의 논문, 12-13면. 이에 대하여, Filistrucchi 외 3인(2014)은 "No Price, No relevant market"이란 주장은 양면시장에 맞지 않는다면서 이와 정반대 의견을 제시한다(Filistrucchi et al, *op. cit.,* p. 330).

시장점유율 간에 차이가 날 경우 어느 쪽을 기준으로, 혹은 이를 어떻게 통합적으로 고려하여 지배력을 판단할 수 있는지 논란이 있고,[38] ② 특정 면의 점유율이 높더라도 그쪽 가격을 인상할 경우 피드백루프 현상으로 말미암아 다른 면의 수요마저 감소하기 때문에 단면시장에 비해 임의로 가격을 인상할 수 있는 능력이 제한적이 될 수밖에 없다는 지적도 있다. 양면시장이라는 구조 자체가 시장점유율이 높은 사업자의 가격인상 등 지배력 행사를 억제하는 메커니즘을 갖고 있다는 주장이다.[39] ③ 나아가 양면시장에서 높은 시장점유율은 맞은편 수요자들에게 더 많은 효용을 낳는다는 점에서 그 자체로 경쟁제한성을 의미하기보다는 효율성 증대의 징표로 해석할 수 있다는 주장도 있다.[40]

시장지배력의 측정 도구로 많이 사용되는 '러너 지수[Lerner Index (가격−한계비용)/가격]' 역시 양면시장에서 지배력을 측정하기에 적절치 않다. 일반 시장에서는 경쟁이 활발할수록 가격이 한계비용에 가까워지고, 반대로 독점이 심화될수록 가격과 한계비용의 차이가 벌어지는데, 이에서 착목한 측정방식이 바로 '러너 지수'다. 그런데 양면시장에서는 어떤 면에서 가격과 한계비용 사이에 큰 차이가 있다거나 혹은 없다고 하여 이를 시장지배력의 징표로 단정할 수 없다. 예컨대 오픈마켓 사업자는 소비자를 위하여 많은 비용을 들이면서도 전혀 가격을 부과하지 않고, 대신 판매자에게 그 한계비용보다 높은 가격을 부과한다. 그렇다고 하여, 오픈마켓 사업자가 언제나 소비자 측면에서는 시장지배력을 갖지 않는 반면, 판매자 측면에서는 시장지배력을 갖는다고 말할 수 없다.[41] 양면시장에서 각 면의 가격은 각각의 비용만을 고려한 것이 아니라 양쪽에서 발생하는 모든 비용을 고려하여 사업자에게 가장 많은 이익을 가져다 주는 가격 수준을 정한 다음 이를 양면에 적절히 나누는 방식으로 결

---

38 Gürkaynak et al,, *op.cit.*, p. 110.
39 황창식, 앞의 논문, 115면.
40 황창식, 앞의 논문, 115면.
41 황창식, 앞의 논문, 113−114면.

정되기 때문이다.

이처럼 전통적인 지배력 판단 도구들이 제대로 기능하기 어려운 상황에서, 기존 이론을 수정하거나 새로운 고려사항들을 제시하려는 노력이 있다.

① 예컨대 '시장점유율'은 "특정 시점에 시장점유율이 얼마인가"라는 공시적(共時的) 관점이 아니라 "관련상품의 상대적 가치가 변화되는 시간의 흐름 속에서 시장점유율이 변동하였는가"라고 하는 통시적(通時的) 관점에서 살펴 볼 때 시장지배력을 보여주는 징표가 될 수 있다고 한다.[42] 해당 사업자가 관련상품의 가격을 인상하였음에도 시장점유율이 감소하지 않았다면, 이는 그 사업자가 시장지배력을 가지고 있다는 징표라는 것이다. AMEX카드 판결의 소수의견이 "AMEX가 5년 동안 20차례 가맹점수수료를 인상하였음에도 그 시장점유율은 감소하지 않았다"는 점을 강조한 것은 이런 맥락에서 이해된다.

② 간접적 네트워크 효과가 큰 시장에서는 어느 한쪽 면에서만 지배력을 가진다는 것이 불가능하다는 관찰도 있다. 네트워크 외부효과가 큰 경우, 한쪽 수요에 대한 지배력이 다른 쪽 수요에 대한 지배력에 지대한 영향을 미치므로 양면 모두에서 지배력이 있거나 혹은 양면 모두에서 없거나 둘 중의 하나라는 것이다.[43]

③ '싱글호밍(single-homing)' 혹은 '멀티호밍(multi-homing)'이 양면시장의 지배력 판단에 미치는 영향에 대해서도 논란이 있다. '싱글호밍'이란 소비자가 재화/서비스를 하나의 중개자(플랫폼)로부터만 얻는 행위를, '멀티호밍'이란 동시에 여러 플랫폼으로부터 얻을 수 있는 경우를 말한다. 예를 들어 오픈마켓의 경우 소비자나 판매자는 하나의 오픈마켓만 이용하는 것이 아니라, 여러 개(예: G마켓, 11번가, 옥션 등)의 오픈마켓을 동시에 이용한다. 복수의 플랫폼을 옮겨 다니는 전환비용은 0에 가깝다. 이런 '멀티호밍' 상황에서 특정 플랫폼 사업자가 가격을 올리게 되

---

42 OECD, *supra* note 1, p. 19.
43 Ibid., p. 16.

면, 이용자들은 다른 플랫폼으로 급격히 거래를 전환하게 되고, 간접적 네트워크 효과로 말미암아 다른 측면의 수요집단마저 연쇄적으로 이탈하게 된다. '멀티호밍'은 양면 플랫폼 사업자의 지배력을 무산시키는 기제로 작동하는 것이다.[44]

반면, Wismer/Rasek(2017)은 '싱글호밍/멀티호밍'만 가지고 '시장지배력이 있다/없다'를 논할 수는 없다고 한다. 싱글호밍 현상이 존재하는 시장에서도 치열한 경쟁이 벌어질 수도 있고, 멀티호밍이 활발한 시장에서도 지배력이 인정될 수 있다. 예컨대 이동통신서비스 시장은 소비자가 복수의 이동통신 서비스(예: SKT, KT, LGT) 중 1개만 사용한다는 점에서 싱글호밍 시장이라 할 수 있는데, 그렇다고 이동통신사업자 간에 경쟁이 치열하지 않은 것은 아니다. 소비자의 '싱글홈'을 변경시키기 위한 경쟁이 오히려 더 치열하게 벌어지기도 한다. 이동통신광고가 TV광고를 도배하다시피 하는 사정도 이 때문이다. 반대로 멀티호밍의 대표적인 예로 복수의 슈퍼마켓, 복수의 광고매체를 이용하는 것을 생각해 볼 수 있는데, 이들 복수의 플랫폼이 '대체재'가 아닌 '보완재'로 작용하는 경우가 있다. 예컨대 과일은 A마트가, 고기는 B마트가 유명하고 누구나 그곳에서 구매한다면, 외관상 멀티호밍이 존재함에도 불구하고 각 마트는 해당 품목에 대해 지배력을 가질 여지도 있다는 것이다.[45]

다. 경쟁제한성 판단

양면시장을 단일한 시장으로 보아야 한다는 주장은 자연스럽게 경쟁제한성 역시 양면 모두를 고려해 그 '순효과(net-effect)'를 놓고 판단해야 한다는 논리로 이어진다.[46] 이는 다음과 같은 AMEX카드 판결의 다수의견에 잘 담겨 있다.

"신용카드 사업자가 판매하는 상품은 [카드소지자와 카드가맹점 사이에

---

44 황창식, 앞의 논문, 117-118면.

45 OECD, *supra* note 1, pp. 56-57, 60-62.

46 Katz & Sallet, *op.cit.*, p. 2145.

이루어지는 하나의] '거래(transaction)'이지 가맹점에 대한 [단면] 서비스가 아니다. 따라서 [양면 간] '거래'에 대한 경쟁제한효과는 가맹점 측면만 보고 판단할 수 없다. [···] 하나인 양면 신용카드 시장에 대한 경쟁제한 효과를 증명하려면, AMEX카드의 Anti-Steering 조항이 신용카드 거래[전체]의 비용을 경쟁 수준 이상으로 증가시켰다거나 신용카드 거래량이 경쟁 수준 이하로 떨어졌다는 등[···]을 입증해야 한다."[47]

양면시장의 '순효과 분석' 혹은 '단일효과 분석'의 필요성을 강조할 때 제시되는 대표적인 예가 '약탈적 가격할인(predatory pricing)'이다. 전통적 이론에 의하면, 자신(동등효율자)의 원가보다 낮은 가격으로 판매하는 것은 약탈적 가격할인이 되는데, 양면시장에서는 이런 분석이 허용될 수 없다는 것이다.[48] 예컨대 신용카드 사업자는 카드소지자에게 무료, 심지어 음(-)의 대가를 받고 서비스를 제공하는데 이를 '약탈적 가격할인'으로 볼 수는 없다. 따라서 양면시장에서 약탈적 가격할인의 성부는 양면 모두에 부과되는 가격의 합(price level)과 양면의 원가 합계를 비교하여 판단해야 한다고 본다.[49]

하지만 양면의 거래가 동시에 이루어지지 않는 '양면 비거래시장'에서는 이 같은 비교가 쉽지 않다는 문제가 있다. 예컨대 신문사업의 경우 구독자로부터 매월 받는 구독료와 광고 단위로 받는 광고료를 어떻게 통합적으로 계산할 것인지, 반대로 신문을 인쇄하고 배포하는 비용을 이에 어떻게 배분할 것인지 논란의 소지가 많다.[50]

---

47 *Ohio v. Am. Express Co.*, 138 S. Ct. at 2287 (2018).

48 OECD, *supra* note 14, p. 13; Max Schanzenbach, "Network Effects and Antitrust Law: Predation, Affirmative Defenses and the Case of U.S. v. Microsoft", *Stanford Technology Law Review*, Vol. 4(2002), pp. 67–68.

49 OECD, *supra* note 14; David S. Evans & Richard Schmalensee, "The Antitrust Analysis of multisided Platform Businesses", *Chicago Institute for Law and Economics Working Paper*, No. 623(2012), p. 34.

50 OECD, *supra* note 14, p. 13.

반면, 기존 지배적 사업자가 한쪽 면에서 원가 이하로 판매하면서 동시에 반대 면에서 그로 인한 손실을 보전(recoup)하는 수준의 높은 가격을 받는 경우, 양면 총가격 수준이 총원가 수준보다 낮지 않으면서도 사실상 경쟁사업자를 배제하는 결과를 낳을 수 있다는 지적도 있다.[51] 이러한 견해에 의하면, 양면시장은 단면시장에 비해 가격할인을 통한 경쟁사업자 배제가 더 일어나기 쉬운 시장이 되며, 이에 맞도록 약탈적 가격할인 기준이 완화·보완되어야 한다는 결론에 이르게 된다.

4. 양면시장의 독자적 취급에 대한 비판적 견해

이상 양면시장을 특별히 취급해야 한다는 견해와 그 이유들을 살펴보았으나, 이에 대한 비판론도 만만치 않다. 이들은 양면시장 이론을 경쟁법 집행에 접목시키는 데 우려를 표한다. 양면시장이 경제학적으로 흥미로운 분석의 틀을 제공하는 것은 "사실"이지만, 그로 인해 그러한 시장에는 전혀 다른 규제의 틀을 적용해야 한다는 "규범"까지 도출될 수는 없다는 입장이다. 이 견해는 양면시장에 속하는가, 속하지 않는가에 따라 법적 접근을 달리하는 것은 경쟁법 집행에 큰 혼선을 야기한다는 점을 지적한다. 기존의 경쟁법 이론을 통해서도 양면시장의 특성을 반영한 규제가 얼마든지 가능하다는 점에서, 이러한 혼선은 정당화될 수 없다고 본다.

가. 양면시장의 정의(definition)에 대한 합의의 부존재

무엇이 '양면시장'인지 하나의 합의된 정의가 존재하지 않는다는 점에는 이론이 없다. 이것이 양면시장 비판론의 출발점이다. 단면시장과 다면시장이 일도양단으로 구별되는 개념이 아니라면, 사업자에게 "단면 플랫폼 사업자" 혹은 "양면 플랫폼 사업자" 중 어느 이름표를 붙일 것인지에 따라 경쟁법 집행의 본질이 극명하게 달라질 수도 없다는 것이다.[52]

---

51 OECD, *supra* note 1, pp. 107-114.
52 Katz & Sallet, *op. cit.*, p. 2148.

이러한 맥락에서, 양면시장 이론이 유명세를 탈수록 양면시장의 정의가 수렴하기는커녕 오히려 광범위해졌다는 지적이 있다.[53] (ⅰ) 양면시장 이론의 시초인 Rochet & Tirole은 양면시장을 "척 보면 안다(you know it when you see it)"는 식으로 정의하는 것은 부적절하다고 경계하면서, "가격구조(price structure)"에 대한 엄격한 경제 분석에 따라 양면시장 해당 여부를 협소하게 인정하도록 했다.[54] (ⅱ) 그런데 양면시장 논의를 이어받은 Evans 등은 이보다 추상적인 정의를 제안했다. "서로를 필요로 하는 복수의 고객군이 스스로 상호작용을 통해서는 창출할 수 없는 가치를 일으킬 수 있도록 해주는 촉매제"가 곧 양면 플랫폼이라는 것이다.[55] (ⅲ) 후속 연구자들을 통해 이 정의는 "여러 집단들의 상호의존 혹은 외부효과를 창출하는 중개자"로까지 넓어졌다.[56] 이 중 무엇이 경쟁법 집행이라는 관점에서 양면시장에 관한 "최적의 정의(optimal definition)"인지는 가려진 바 없다. 그 가운데, 다양한 정의 방식으로 인해 "이것도 양면시장에 해당하는가"와 같은 논의는 더욱 분분해졌다.

양면시장 해당 여부가 특정 사업자의 구체적인 행동이나 사업모델에

53 Dirk Auer & Nicolas Petit, "Two-Sided Markets and the Challenge of Turning Economic Theory into Antitrust Policy", *The Antitrust Bulletin* Vol. 60, No. 4(2015. 12), pp. 433-435.

54 Jean-Charles Rochet & Jean Tirole, "Two-Sided Markets: A Progress Report", *The RAND Journal of Economics* Vol. 37, No. 3(2006), pp. 664-665. 즉, 양면시장은 한 면에 대한 가격 부과가 다른 면에 대한 가격 할인으로 이어질 때 거래량이 변화하지 않는다는 "가격구조(price structure)"에 따라 결정되는 것이며, (ⅰ) 가격이 양쪽 면에 어떻게 분배되는지에 관해 최종소비자가 협상력을 가지는 경우, (ⅱ) 판매자와 구매자 사이에 정보 비대칭이 존재하는 경우, (ⅲ) 약탈적 가격이나 독점가격 설정을 통해 가격이 결정되는 경우는 단면시장으로 보아야 한다는 입장이다.

55 David Evans & Richard Schmalensee, "The Antitrust Analysis of Multi-Sided Platform Business", *National Bureau of Economic Research*, Working Paper No. w18783(2012), p. 7; Auer & Petit, op.cit., p. 433에서 재인용.

56 Marc Rysman, "The Economics of Two-Sided Markets", *Journal of Economic Perspectives* Vol. 23, No. 3(2009 Summer), p. 126; Auer & Petit, op.cit., p. 434에서 재인용.

따라 좌우될 위험이 있다는 비판도 있다. 예를 들어 똑같이 동영상 스트리밍 서비스를 제공하는 사업자임에도 불구하고, 넷플릭스(Netflix)는 시청자에게 이용요금을 받되 광고를 하지 않는 사업모델을 채택했기 때문에 '단면 플랫폼 사업자'로, 유투브(YouTube)는 시청자에게 이용요금을 받지 않되 광고를 제공하는 사업모델을 채택했기 때문에 '양면 플랫폼 사업자'로 분류되어, 똑같은 행위를 하고서도 전혀 다른 규제를 받는 불합리가 나타날 수 있다는 것이다.[57]

간접적 네트워크 효과는 지나치게 광범위한 개념이어서 이를 기준으로 할 경우 거의 모든 거래가 포섭될 수 있다는 지적도 있다. 전형적인 제조업자들조차 고객을 많이 보유하고 있을수록 원자재 판매자에게 브랜드 이미지나 매출 증대라는 효용을 줄 수 있다는 것이다.[58]

이렇듯 (i) 양면시장 옹호론자들 사이에서도 양면시장이 무엇인지 단일한 정의를 내리지 못하고, (ii) 이에 따라 어떤 시장이 양면시장으로 분류될 것인지 경계를 긋기 어려우며, (iii) 그중 어떤 정의나 분류가 경쟁법 집행에 가장 적절한지 판별해내지도 못하는 한, 양면시장에 해당한다는 이유로 독자적인 규제방식을 취하기는 위험하다는 것이 비판론의 입장이다.

나. 관련시장 획정: 단일시장(single market) 획정의 문제점

관련시장 획정은 AMEX카드 판결의 중요한 지점이다. 다수의견은 양면 거래시장은 하나의 '단일시장(single market)'으로 획정해야 한다는 법리를 제시했다. 양쪽 면을 '카드소지자 시장'과 '카드가맹점 시장'으로 각각 획정하는 것이 아니라, 하나의 '카드결제 시장'으로 묶어서 보아야 한다는 것이다. 이에 대한 비판론은 두 가지로 정리할 수 있다.

첫째, 시장 획정의 본질은 "수요자 입장에서 대체 가능한가"에 있다는 사실을 간과했다는 지적이다.[59] 가맹점수수료가 높아진다고 해서 카드

---

57 Katz & Sallet, *op.cit.*, pp. 2150, 2155.
58 Ibid., pp. 2150-2151; 이봉의, 앞의 논문, 5면.
59 이봉의, 앞의 논문, 10면.

가맹점이 카드소지자가 되겠다고 할 수 없고, 리워드 혜택이 줄어든다고 해서 카드소지자가 카드가맹점이 될 수도 없다. 미국 DOJ는 "소비자들이 다른 대안으로 돌아설 수 있는 능력이 사업자로 하여금 가격을 경쟁가격 수준 이상으로 높일 수 없도록 만들기 때문에, '관련시장'의 정의는 가능한 대체재가 무엇인지에 관한 판단에 달려있다"[60]는 것이 판례를 통해 확립된 경쟁법의 근본 원리라는 점을 강조했다. 서로 대체가능성이 없는 카드가맹점 서비스와 카드소지자 서비스를 하나의 상품시장으로 묶을 수는 없다는 것이다.[61] 피드백 루프 효과 등 양면시장의 특성으로 말미암아 SSNIP 테스트나 임계매출분석이 어려워질 수는 있으나, 어렵다고 해서 '수요자 중심'의 시장 획정 자체를 포기할 수는 없다는 입장이다.[62]

둘째, 플랫폼 양쪽 면의 서로 다른 경쟁구조를 고려할 수 없다는 지적이다.[63] 양쪽 면의 경쟁자 구성이 다를 수 있고, 수요자 구성이 다를 수도 있으며, 하나의 사업자의 수직적 통합력도 각 면에서 각기 달리 나타날 수 있다. 예를 들어 모바일 운영시스템(OS)은 '소비자-휴대폰 제조사-어플리케이션 공급자'를 연결하는 플랫폼이다. 애플 iOS와 구글 Android는 이 중 '소비자'를 둘러싸고는 경쟁하나, '휴대폰 제조사'를 놓고 경쟁하지는 않는다. 애플은 자사 휴대폰을 직접 제조하고, 다른 휴대폰 제조사에게는 iOS를 라이선스하지 않기 때문이다. 한편, 플랫폼 시장에서 주목받는 '멀티호밍(multi-homing)'의 정도도 한쪽 면 수요자에게 더 강하게 나타날 수 있다. 예를 들어 스마트폰 보유자는 iOS와 Android 중 하나만 사용하는 싱글호밍 이용자지만, 반대쪽 면의 어플리케이션 개발자는 iOS와 Android를 동시에 이용할 수 있는 멀티호밍 이용자 성격이 강하다. 이런 경우 멀티호밍보다 싱글호밍 이용자를 둘러싼 플랫폼 간 경쟁이 더 치열하다는 경제학적 분석결과가 있는데,[64] 단일시

---

60 Rothery Storage & Van Co. v. Atlas Van Lines, Inc., 792 F.2d 210, 218 (D.C. Cir. 1986) (Bork, J.), cert. denied, 479 U.S. 1033 (1987).
61 DOJ, *op.cit.*, pp. 11-13.
62 이봉의, 앞의 논문, 10면.
63 Katz & Sallet, *op.cit.*, pp. 2155-2158.

장 접근법을 통해서는 이와 같이 각 면의 서로 다른 경쟁 생태계를 분석할 수 없다.

관련시장 획정은 경쟁법적 분석을 유용하게 만들어주는 도구인데, 양쪽 면을 하나의 시장으로 획정함으로써 오히려 정교한 분석이 어려워진다는 것이 비판론의 또 다른 핵심이다.

다. 경쟁제한성 분석: 서로 다른 집단에 대한 '형량' 문제

양면시장 이론에 따르면, 플랫폼 양쪽 면 각 이용자들을 동일선상에 놓고 '형량(balancing)'을 통해 경쟁제한효과를 분석한다. AMEX카드 판결의 다수의견도 Anti-Steering 조항으로 가맹점수수료가 인상되었다는 사실인정은 유지한 채, 카드소지자 측면의 친경쟁적 효과까지 고려할 때 경쟁제한성이 인정된다는 점을 경쟁당국이 1차적으로 입증해야 한다고 보았다.

이에 대해 양면시장 이론이 '공리주의적 전제'를 깔고 있다는 철학적 비판이 있다. 한쪽 집단이 경쟁의 수혜를 누리지 못하고 피해를 입는 것이 어떻게 해서 다른 쪽 집단이 경쟁의 수혜를 누리는 것을 통해 상쇄될 수 있느냐는 것이다. 경쟁법은 경쟁법의 보호를 받을 수 있는 집단(예: 카드소지자)과 보호로부터 소외되어도 무방한 집단(예: 카드가맹점)을 나누지 않으므로, 한쪽 면 이용자의 혜택으로 다른 쪽 면 이용자의 피해를 상쇄할 수 없다는 지적이다.[65]

이는 현실의 규제 장면에서 "왜 양면시장만 다르게 취급하느냐"는 비판으로 이어진다. 약탈적 가격 설정의 경우, 약탈적 가격이 설정된 기간 동안 구매한 소비자 집단이 혜택을 보았다는 것을 고려하여 그 기간 이후 소비자의 가격상승으로 인한 피해가 상쇄된다고 보지 않는다.[66] 사업자가 반경쟁적 행위를 통해 일부 친경쟁적 효과를 야기했다는 항변을

---

64 Ibid., pp. 2155-2156.
65 Ibid., pp. 2161, 2165.
66 *Brooke Group, Ltd. v. Brown & Williamson Tobacco Corp.*, 509 U.S. 209, 222 (1993).

제기하는 경우는 흔하지만, 입증책임은 사업자에게 있다. 예를 들어, 미국에서 입찰담합으로 인해 최종소비자에게 저가입찰에 비해 높은 품질의 상품을 제공할 수 있었다거나,[67] 가격담합을 통해 다른 사업자의 시장지배력에 대항했다는 등의 사업자의 항변은 받아들여지지 않는 경우가 많다.[68] 그런데 AMEX카드 판결의 다수의견에 따르면, 양면시장에 대해서는 "이쪽에서 수취한 반경쟁적 이윤을 통해 다른 쪽에게는 혜택을 주었다"는 항변을 전제하고서 경쟁제한 효과를 분석 및 입증해야 한다는 차이가 생긴다.

라. 현실적인 집행의 문제점

양면시장 이론을 경쟁법의 새로운 모델로 접목시키는 것은 경쟁법 집행에 현실적인 어려움을 야기한다는 우려의 목소리도 있다. 양면시장 이론을 발전시켜 구체적인 판단에 양면성이라는 특징을 '고려'하는 것은 좋으나, 양면시장 규제에만 적용되는 별도의 법 이론이나 모델을 만드는 것에는 반대하는 입장도 있다. 매 사안마다 '양면시장 모델'과 '단면시장 모델' 중 하나를 택해 적용해야 한다면, 경쟁당국은 물론 사업자에게도 이익이 되지 않는다는 것이다. 각 사안마다 어느 쪽으로 분류해 어떤 모델을 적용할지 첨예하게 다투어질 것이고, 그에 따라 사업자가 감수해야 할 법적 불확실성도 지나치게 증대된다고 본다.[69]

양면시장 이론이 현실에서 어떻게 작동하는지 실증적으로 확인되지 않았다는 지적도 있다. 실제로 양면 플랫폼의 대표적인 예로 거론되는 인터넷검색광고 시장에 대한 실증적 분석을 해보았더니, 오히려 단면시장에 가까운 결과가 도출되었다는 연구 결과가 있다.[70] 광고주가 인터넷

---

67 *National Society of Professional Engineers v. United States*, 435 U.S. 679, 694-95 (1978).
68 Apple Inc., 791 F.3d at 298.
69 Auer & Petit, *op.cit.*, p. 457.
70 조대근, "온라인검색광고시장의 양면성에 관한 연구 - Rochet & Tirole의 양면시장 정의를 중심으로-", 서울대학교 박사학위논문(2017).

포털에 지불하는 온라인검색 광고비와 인터넷포털 이용자들의 온라인검색 횟수 사이에 상관관계가 없어, 간접적 네트워크 효과가 존재하지 않는 것으로 확인되었다는 것이다.[71]

양면성을 반영한 현실적인 분석이 어렵다는 점도 지적된다. 앞서 살펴본 것처럼, 양면성을 고려하여 기존 SSNIP 테스트나 임계매출분석이 아닌 다른 방법으로 시장을 획정하는 것이 쉽지 않고, 아직까지 일반적인 적용이 가능한 수정 SSNIP 테스트도 개발되지 않았으며, 변형된 모형을 만든다고 해도 상당히 복잡한 경제분석이 요구될 것으로 예측된다.[72] 양면플랫폼 사업자들이 자기들끼리 경쟁하기도 하고 단면시장과 경쟁하기도 한다는 점(예: e-book 플랫폼과 오프라인 서점), 양면시장의 가격구조가 복잡·다양성을 가진다는 점도 지적된다.[73] 이러한 어려움으로 인해, 양면시장을 규제 대상으로 삼을 경우 경쟁당국에 극복해야 하는 장벽이 높아질 수 있다는 지적이다.

5. 양면시장에 대한 각국 경쟁당국과 법원의 입장[74]

가. EU의 경우

AMEX카드 판결은 법원이 양면시장을 직접 정의하면서 "양면시장이기 때문에 경쟁법적으로 다른 접근이 필요하다"라고 명시적으로 판단한

---

71 조대근, "온라인검색광고시장의 시장획정에 관한 연구 -검색포털사업자 네이버를 중심으로-", 인터넷정보학회논문지 제18권 제4호, 한국인터넷정보학회(2017. 8).
72 심재한, "온라인플랫폼의 관련시장획정에 관한 연구", 경영법률 제29권 제2호(2019), 467면; 황창식, 앞의 논문, 110-111면.
73 Gönenç Gürkaynak et al., *op. cit.*, pp. 108-110.
74 새로이 등장한 것은 양면시장 '이론'이지 양면시장 자체는 아니다. 따라서 이론적으로 양면시장으로 분류되는 시장의 사업자들에 대한 경쟁당국의 규제와 법원의 판단 역시 이미 오래 전부터 있었고 그 사례도 대단히 많다. 예컨대 Filistrucchi, Auer 등은 미국 및 EU의 선행 사례에 대하여 깊이 있게 분석한 바 있다(Lapo Filistrucchi et al, *op. cit.*,; Dirk Auer & Nicolas Petit, *op. cit.*). 본 항에서는 양면시장 이론 검토에 필요한 최소한의 범위 내에서만 간단히 언급한다.

최초의 판결이다. 달리 말하면, 양면시장이 무엇이고 이를 어떻게 규제해야 하는지에 관해 EU를 비롯한 각국 경쟁당국과 법원의 입장은 아직까지 정리되지 않은 상태다. EU 집행위원회는 2007년 OECD 라운드테이블에서 아직 양면시장에 관한 경험적 연구가 충분치 않은 탓에 어떤 확정적인 입장을 갖거나 특정한 방법론을 채택하고 있지 못하다고 밝힌 바 있다.[75] 실제로 2018년까지도 EU 집행위원회는 결정문에서 문제된 사안이 '양면시장'이라고 명시적으로 일컫는 것을 피했다.[76]

그럼에도 불구하고, 구체적인 규제 사례에서는 양면시장의 성격을 포착해 고려한 모습이 발견된다. 대표적으로 2007년 Travelport/Worldspan 사건에서, EU 집행위원회는 Global Distribution Service사(이하 'GDS')가 "여행 서비스 공급자와 여행사가 상호작용 할 수 있도록 연결하는 중개자"로 기능한다고 인정한 다음, 여행 서비스 공급자와 여행사를 구분하지 않고 "GDS를 매개한 전자적 여행 유통 서비스"라는 단일한 관련상품 시장을 획정했다.[77] 이는 GDS가 양면 거래 플랫폼에 해당한다는 점을 파악해 단일시장을 획정한 것으로 평가된다.[78]

2008년 Google/DoubleClick 기업결합신고 사건에서도,[79] EU 집행위원회는 온라인 광고 중개 서비스의 양면성을 충분히 고려했다는 평가를 받는다. 비록 관련시장을 명시적으로 정의하지는 않았으나, 광고주와 퍼블리셔(Publisher) 각각에 대한 별개의 시장이 있다고 보지 않고, 하나의 "온라인 중개 시장"이 존재한다고 전제한 것이다.[80]

유럽 개별국가 중에서는 네덜란드 경쟁당국(NMa)이 양면시장 이론을 특히 적극적으로 검토하고 있다고 평가된다. 네덜란드 경쟁당국은

---

75 European Commission, "Note to the OECD's Roundtable on Two-Sided Markets", 2009, p. 5.
76 OECD, *supra* note 1, p. 59.
77 Case No. COMP/M.4523, 2007 O.J. (C 3938), pp. 10-11.
78 Filistrucchi et al., *op.cit.*, p. 307.
79 Case No. COMP/M.4731, 2008 O.J. (C 927).
80 Filistrucchi et al., *op.cit.*, pp. 307-309.

2007년 Bloemenveiling Aalsmeer/FloraHolland 사건에서, 경매장을 통한 매매와 직매를 통한 매매라는 양쪽 방면이 공존하는 장식조경물품 거래에 관해 단일한 관련시장을 획정했다. 이때 해당 시장이 "양면적 성격"을 가진다고 명시적으로 언급했다.[81] 그 후 2010년에는 "양면시장에서의 기업결합에 관한 연구"를 수행했는데, 이 연구를 맡은 Filistruchi 등의 '양면 거래시장' 이론은 2018년 AMEX카드 판결 다수의견이 그대로 채택·인용한 것이기도 하다.[82]

한편, AMEX카드 판결 이후 독일 Facebook 사건에서 양면시장 이론이 고려되었다. 독일 연방카르텔청은 Facebook이 (ⅰ) 개인 이용자, (ⅱ) 온라인 광고주, (ⅲ) 퍼블리셔(페이스북 페이지 창설자), (ⅳ) 개발자(페이스북 소셜플러그인을 웹사이트.app에 통합시키는 개발자)로 구성된 4개의 면을 가진 "다면 플랫폼"이며, 개인 이용자 집단과 나머지 세 집단 사이에 간접적 네트워크 효과가 발생한다고 분석하였다.[83] 이후 독일 연방대법원은 Facebook이 개인 이용자로 구성된 시장에서 시장지배적지위를 남용하여 데이터를 수집함으로써 강력한 데이터베이스를 구축할 경우, 그 반대쪽 면인 온라인광고 시장에서 더 우월한 맞춤형 광고를 제공함으로써 더 많은 수익을 벌어들이게 되고, 그 수익을 무료로 운영되는 개인 이용자 시장에서 사용할 수 있다고 지적하였다.[84] 이는 양면시장의 각 측면 간 상호작용을 고려하여 경쟁제한효과를 인정한 것이다.

나. 미국의 경우

미국은 AMEX카드 판결을 통해 연방대법원이 직접 양면시장의 경쟁법적 함의에 대한 견해 대립을 정면으로 다루었다. 다수의견은 Filistrucchi 등의 양면 거래시장 이론을 그대로 따라, 양면시장을 '양면 거래 플랫폼'

---

81 NMa Den Haag 21 augustus 2007, 5901/184 m.nt. R.J.P.J., p. 29.

82 Eric Van Damme et al., *op. cit.*

83 Bundeskartellamt, 2. 6. 2019, Case B6-22/16.

84 25. 6. 2020, Ref. KVR 69/19.

과 '양면 비거래 플랫폼'으로 정의했다. 양면 거래 플랫폼에 해당한다면 관련시장을 단일시장으로 획정하고, 경쟁당국이 첫 번째 입증 단계에서 부터 시장의 양쪽 면을 모두 고려하더라도 경쟁제한 효과가 존재한다는 점을 증명해야 하며, 한쪽 면의 가격(가맹점수수료) 인상 효과만으로는 경쟁제한성이 증명될 수 없다고 보았다. 반면, 소수의견은 양면 거래 플랫폼의 특징은 '현상'에 불과하고, 여기서 단일시장으로 접근해야 한다는 '당위'가 도출될 이유가 없다고 보았다.

연방대법원의 입장에 대한 미국 경쟁당국의 반응도 주목할 만하다. 미국 DOJ 경제분석팀장은 법원이 AMEX카드 사건을 '양면시장'이라는 측면에서 접근하리라고는 예상하지도, 대비하지도 못했다는 입장이다. 앞으로 미국에서 (i) 양면 거래 플랫폼에 대한 경쟁당국의 입증책임이 상당히 가중될 것이며, (ii) 전통적인 관련시장 획정 방법과는 전혀 다른 분석 방법이 요구될 것이라고 평가한다. (iii) 다만, 무엇이 '양면 거래 플랫폼'에 해당하는지에 대해서는 아직 입장을 밝히는 데 소극적이다. 구글(Google) 등 광고 기반 플랫폼은 '양면 비거래 플랫폼'으로 분류되지 않을까 추측하지만, 결국 여러 사례가 축적된 뒤에야 경계를 지을 수 있을 것이라는 입장이다.[85] 한편, 미국 FTC 위원장 Joe Simon은 AMEX 카드 판결의 범위는 "극도로 협소(extremely narrow)"하며, "극소수의 상황(very few cases)에만 적용될 것"이라는 견해를 밝혔다.[86] 양면 거래 플랫폼을 협소하게 정의함으로써 새로운 규제방법을 개발·적용해야 하

---

85 Russell Pittman (Director of Economic Research, Antitrust Division, U.S. DOJ), "양면시장 관련 AMEX카드 판결과 Bayer/Monsanto 기업결합" 발표문, 미국 법무부 반독점국 경제분석팀장 초청 고려대학교 ICR센터 및 공정거래위원회 경제분석과 공동세미나(2018. 11. 1).

86 Alee Stapp & Ryan Hagemann, "The Identification and Measurement of Market Power and Entry Barriers, and the Evaluation of Collusive, Exclusionary, or Predatory Conduct That Violates the Consumer Protection Statutes Enforced by the FTC, in Markets Featuring 'Platform' Businesses", *Comments submitted to the Federal Trade Commission in the Matter of Hearings on Competition and Consumer Protection in the 21st Century*(2018. 8), p. 2.

는 난관에 대응하려는 시도로 보인다.

AMEX카드 판결 전까지 미국 법원의 입장에 대해서는 평가가 나뉜다. 예컨대 2001년 Microsoft 사건의 경우, 양면시장 이론이 대두되기 훨씬 전이었음에도 법원이 양면시장 이론을 정확히 적용했다는 평가가 있다.[87] 위 사건에서 미국 항소법원은 "브라우저 사용자 수를 중요하게 고려해야 한다. 미들웨어 상품에 해당하는 브라우저의 경우, 많은 수의 사용자를 보유해야만 소프트웨어 개발자를 유인할 수 있기 때문이다. […] 소비자 입장에서는 대부분이 이미 여러 다양한 어플리케이션을 확보한 PC 운영체제만을 사용할 것"이라고 하여 양면 간 '간접적 네트워크 효과'의 존재를 명시적으로 인정한 바 있다.[88] 반대로, Microsoft 사건에 대해 양면시장 이론을 끌어들이지 않고도 경쟁법상 유효적절한 분석이 가능하다는 점을 보여준 사례라고 평가하는 견해도 있다. 과거 법원이 양면 플랫폼에 해당하는 사업자를 다룬 판결은 많지만, 양면성을 독자적으로 취급하거나 인정하는 것은 거부했다는 것이다.[89]

분명한 점은 AMEX카드 판결로 인해 앞으로 미국에서는 양면시장 문제를 정면으로 판단한 사례가 빠르게 축적되리라는 것이다. 미국의 실무를 관심 있게 지켜볼 만하다.

다. 우리나라의 경우

우리 공정거래위원회(이하 '공정위')는 일찍부터 '양면시장'의 특수성을 인정하고 해당 용어를 분석에 반영하였다. 예컨대 공정위는 2008년 NHN 사건에서 양면시장의 개념과 요건, 네트워크 외부성의 존재 등을 설명한 다음, 네이버와 같은 인터넷 포털은 "최종소비자인 이용자와 광고주, 이용자와 CP, 또는 이용자와 e-쇼핑몰 등을 연결해 주는 전형적

---

87 Auer & Petit, *op.cit.*, p. 454.
88 *United States of America v. Microsoft Corporation*, 253 F.3d 34 (D.C. Cir. 2001).
89 Katz & Sallet, *op.cit.*, p. 2143.

인 양면시장에 해당한다"고 판단하였다.[90] 이베이/옥션 기업결합 사건에서는 "오픈마켓은 양면시장으로서의 성격을 가지고 있으므로 관련 상품시장을 획정하는 데 있어 이러한 오픈마켓의 양면시장적 특성을 최대한 고려하여 판단할 필요성이 있다"고 밝히기도 했다.[91]

하지만, 정작 양면적 성격을 가진 시장을 '어떻게' 취급하여야 하는지는 공정위도 명백한 입장을 정리하지 못한 것으로 보인다. 이베이/옥션 기업결합 사건에서는 "양면시장의 개별 면에서 별도의 경쟁이 존재한다면, 각 면은 각각 독립된 시장으로 획정하는 것이 타당하다"는 이유로 "소비자 측면 시장으로서 인터넷 쇼핑시장과 판매자 측면 시장으로서 오픈마켓 시장을 별도로 나누어 획정"하였다. 이는 각 면에 따라 별개의 시장을 획정해야 한다는 '양면시장 비판론'에 가까운 결론이다.[92] 반면, NHN 사건에서는 양면을 같이 볼 것인가, 따로 볼 것인가를 검토하는 대신에, 1S-4C[93]를 함께 제공하지 않는 다른 시장도 함께 포함시킬 것인가를 검토한 다음 '1S-4C를 함께 제공하는 인터넷포털 시장'으로 관련시장을 획정하였다.[94] 명시적으로 언급하지는 않았지만, 1S-4C를 두고 양측을 연결해 주는 단일시장을 인정했다고 해석할 소지가 있는 판단이다.

우리 법원도 양면시장에 대하여 아직 명확한 입장을 확립하고 있지 않은 것으로 보인다. 인터파크지마켓 사건에서 법원은 관련시장을 양면시장의 속성을 가진 '오픈마켓 시장'으로 획정한 공정위의 판단이 타당하다고 보면서도, 이를 분석에 적극적으로 활용하지는 않았다.[95] 한편, 서

---

90 공정거래위원회 2008. 8. 28. 의결 제2008-251호 (NHN㈜의 시장지배적지위 남용행위 등에 대한 건, 이하 'NHN사건 의결'), 6-9면.
91 공정거래위원회 2009. 6. 25. 의결 제2009-146호(이베이 케어티에이(유케이) 리미티드 등의 기업결합제한규정 위반행위에 대한 건, 이하 '이베이/옥션 의결'), 24면.
92 위 이베이/옥션 의결서, 24-25면.
93 '1S-4C'란 검색(Search), 커뮤니케이션(Communication), 커뮤니티(Community), 콘텐츠(Contents) 등 국내 인터넷 포털사들이 제공하는 대표적 서비스들을 가리킨다.
94 NHN사건 의결서, 13면.
95 대법원 2011. 6. 10. 선고 2008두16322 판결 및 그 원심인 서울고등법원 2008. 8. 20. 선고 2008누2851 판결.

울고등법원이 NHN 판결에서 "[NHN이] CP와 자신의 이용자들을 중개하는 시장(관련상품시장)에서 시장지배력을 가지는지"를 판단해야 한다고 본 것은 '양면 거래시장'의 단일성을 인정한 것으로 해석될 소지가 있다.[96] 반면, 티브로드 강서 사건에서 법원이 "종합유선방송사업자 등과 같은 플랫폼 사업자와 TV홈쇼핑사업자 등 사이에 형성되는 프로그램 송출서비스 시장[과] 플랫폼사업자와 그 플랫폼사업자에 유료 가입하여 프로그램을 시청하는 가입자 사이에 형성되는 프로그램 송출 시장[…]은 별개의 시장"이라고 판단한 것은, 공정위에 비해 유료방송시장의 양면시장적 특성을 더 잘 파악한 것으로 평가되기도 한다.[97] 법원은 양면시장이 갖는 특수성은 인지하면서도 이에 관한 일반 이론을 제시하기보다는, 기존의 법규정 및 판례 이론에 맞추어 구체적 사안마다 올바른 해답을 찾고자 노력하는 것으로 보인다.

V. 양면시장 이론 및 AMEX카드 판결에 대한 소고

1. 양면시장 이론의 의미와 한계, 그리고 현실적 집행의 문제

양면시장 이론은 경쟁법 이론과 집행을 발전시키는 데 상당한 기여를 하였으며, 이를 외면할 수는 없다고 생각된다.

양면시장 이론을 비판하는 측에서는 양면시장이 근래 새로이 생겨난 시장이 아니라는 점을 강조한다. 양면 플랫폼 사업자는 오래전부터 존재했는데, 기존 경쟁법적 도구를 이용해 규제함에 아무런 어려움이 없었다는 것이다. 달라진 것은 "양면시장"이 아니라, 노벨상 수상자 Rochet & Tirole이 그러한 개념을 제시하고 여러 경제학자들이 연구에 뛰어들었다

---

96 서울고등법원 2009. 10. 8. 선고 2008누27102 판결.

97 대법원 2008. 12. 11. 2007두25183 판결 및 그 원심인 서울고등법원 2007. 11. 8. 선고 2007누10541 판결; 홍대식 · 정성무, "관련시장 획정에 있어서의 주요 쟁점 검토 – 행위유형별 관련시장 획정의 필요성 및 기준을 중심으로", 경쟁법연구 제23권 (2011), 323–324면.

는 사실뿐이라는 지적도 있다.[98] 인터넷 사업자가 규제의 도마에 오르면서, 기업의 대응논리로 급속히 확산된 이론이라고 보기도 한다.[99]

그러나 온라인 플랫폼이 나날이 증가하고 활성화되고 있는 것이 현실이라면, 그러한 시장에 특유한 경쟁의 동태를 이해하기 위한 이론은 필요하다. 그 유용성은 부정하기 어렵다. 법원이 기계적으로 기존 법리를 적용하거나 경쟁당국이 양면성에 대한 고려 없이 무작정 SSNIP 테스트를 하는 것이 올바른 법 집행방법이라고 볼 수는 없다. 양면시장 이론을 고려해 더욱 정교한 법리와 분석틀을 마련해 나갈 때 경쟁법 집행이 실제 경쟁질서에 기여할 여지가 커진다.[100] AMEX카드 판결을 통해 경쟁당국의 현실적인 입증책임이 가중되면서 양면시장 이론이 양면 플랫폼 사업자에게 일방적으로 유리한 것처럼 평가되는 경향도 있으나, 꼭 그렇지만도 않다. 일견 시장지배력이 없는 사업자로 보일지라도, 다른 쪽 면의 시장지배력과 간접적 네트워크 효과를 함께 고려했을 때는 시장지배적 지위가 인정될 수도 있다. 양면시장 이론은 사업자와 경쟁당국 각자가 유용하게 활용할 수 있는 양날의 칼이다. 그런 점에서 경쟁질서에 대한 분석과 법 집행을 더욱 풍부하게 만들어줄 수 있을 것으로 전망된다.

그럼에도 불구하고, 여전히 양면시장 이론의 정책적 함의가 분명치 않다는 점 역시 경계해야 한다. 첫 단추인 양면시장의 '정의'부터 합의되지 못한 상태다. 특히 양면시장 이론의 창시자라 할 수 있는 Rochet & Tirole이 양면시장 해당 여부를 가리기 위해서는 경제분석이 요구된다고 강조했던 것을 유념할 필요가 있다. 후속 논의를 통해 양면시장의 범위가 몇 가지 관념적인 특징에 의해 결정되는 것처럼 넓어지면서도, 정작 그러한 특징이 실증적으로 확인되는지에 대한 연구는 거의 이루어지지 못한 상태다(IV.4.항). 이로 인해 문제된 사안이 양면시장에 해당한다고 잘못 분류될 위험이 지적되기도 한다.[101] AMEX카드 판결의 다수의견이

---

98 Katz & Sallet, *op.cit.*, p. 2143.
99 이봉의, 앞의 논문, 9면.
100 Auer & Petit, *op.cit.*, p. 457.

양면시장보다 좁은 개념인 '양면 거래 플랫폼'의 요건을 정의하고 양면 비거래 플랫폼과 대비하여 설명하기까지 했음에도, 미국 로펌의 여러 뉴스레터는 플랫폼 사업 중 어느 것이 여기 해당하는지 커다란 견해 차이를 보이고 있다. 넓게는 미디어 사업자도 양면 거래 플랫폼의 예로 해석하는 경우부터,[102] 좁게는 검색엔진이나 소셜미디어는 단면시장으로 분류될 것이라고 해석하는 경우까지 있는데,[103] 그런 위험의 증거다.

"시기상조론"이 제기되는 것도 이 때문이 아닌가 생각된다. 미국 DOJ는 AMEX카드 사건 항소심에서 패소판결을 받고서도 적극적으로 상고하는 대신, 오히려 다른 주 정부들의 상고를 불허할 것을 요청하는 의견서를 제출했다. 아주 이례적인 대응이다. 항소심 판결이 잘못된 것이기는 하지만, 연방대법원이 판단을 내리기에는 시기상조라는 것이다.[104] 미국 DOJ는 연방대법원을 비롯한 어떤 연방순회법원도 양면 플랫폼에 대한 반독점법 적용 문제를 정면으로 판단한 적이 없다면서, 이 쟁점의 경우 하급심 판결이 충분히 축적되는 것이 특히 필요하다는 점을 강조했다. 양면시장에 관한 법리는 사실인정과 밀접하게 관련된 문제이고, 관련시장 획정의 범위가 달라져야 하는 양면시장의 범위가 어디까지인지, 어떤 산업에 적용될 수 있는지 등의 문제를 명확히 하기 위해서는 우선 다양한 사례가 축적되어야 한다는 것이다.[105]

이러한 측면에서 최근 OECD 보고서가 택한 입장을 주목할 만하다. OECD는 양면시장이 전통적인 시장과 본질적으로 다를 수도 있으며, 특히 간접적 네트워크 효과를 무시하는 것은 잘못된 집행 결과로 이어질 수 있다고 지적했다. 따라서 경쟁당국이 양면시장을 규제할 때 (i) 간접

---

101 Ibid., p. 426.

102 Hogan Lovells, "American Express and two-sided antitrust Markets: Coming to a network near you", 2018. 6. 26, p. 3.

103 Hausfeld, "Ohio v. American Express Co.: The Supreme Court Addresses Anti-Steering", 2018. 8. 16.

104 DOJ, op. cit., p. 10.

105 Ibid., pp. 19-21.

적 네트워크 효과 등을 분석에 적절히 고려해야 하지만, (ⅱ) 양면성을 고려할 필요가 없다고 본다면 그 이유를 논증함으로써 기존의 접근방법을 취하는 것도 타당하다고 보았다.[106]

결국 법원과 경쟁당국이 구체적 사건을 풀어나가면서 양면시장 이론을 적용하기에 가장 적절한 사안을 판별해내는 것이 중요하다고 생각된다. 사건에 따라 양면시장 이론이 판단에 결정적인 영향을 미칠 수 있는 사안이 있을 수 있고, 양면시장 이론이 사건의 핵심 쟁점을 가리는 데 별다른 기여를 하지 못할 수도 있다. 이러한 개별적 사안에 대한 분석에서 시작해 기존의 경쟁법적 분석 도구를 조금씩 수정하고 정교화해 나가는 것이 타당할 것이다. 예를 들어 양면시장의 하위항목을 만들어 여기 해당하면 관련시장을 반드시 하나로 획정해야 한다는 연역적인 논리를 만들기보다는, 관련시장을 하나로 보았을 때 행위의 실질이나 경쟁에 대한 영향이 확실히 드러나는 경우 논증을 통해 이를 하나로 취급하는 것이 바람직할 수 있다.

현실적으로는 입증책임의 문제가 남는다. 양면시장 이론은 사업자의 방어논리로 활용될 수 있는 잠재력이 크다. 종래 반경쟁적으로 분류되었던 행위라 할지라도, 양면시장에서는 수요 측면의 효율성을 증대시킴으로써 친경쟁적 효과를 가져온다는 점을 부각시킬 수 있기 때문이다. 예를 들어 비용 이하로 가격을 부과하는 것은 과거 약탈적 가격 설정으로 제재를 받았으나, 양면시장에서는 친경쟁적 행위로 이해될 수 있다. 다만, 현실에서 이러한 점이 효과적인 '방어전략'으로 작동할 수 있는지는 별개의 문제다. 외부적 네트워크 효과를 수치화하는 것이 어렵다는 점에는 경제학계에서도 별다른 이견이 없다. 그럼에도 이러한 효과를 구체적인 수치까지 제시해야 하는지, 어느 정도로 입증해야 항변이 받아들여질 수 있는지에 따라 양면시장 이론에 입각한 항변은 무용해질 수 있다.[107]

106 OECD, *supra* note 1, p. 4.
107 Alfonso Lamadrid de Pablo, "The Double Quality of Two-sided Markets", *Competition Law Journal* Vol. 64(2015), pp. 11-12.

AMEX카드 판결의 다수의견은 사실상 입증책임을 전환하는 것으로 이 문제를 풀어냈다. 기존 합리의 원칙(rule of reason)에 따른다면, 경쟁당국이 경쟁제한효과에 대한 1단계 입증을 마치면 다음 단계로 친경쟁적 효과를 입증해야 하는 것은 사업자의 몫이다. 그런데 경쟁당국이 먼저 간접적 네트워크 효과에 대한 분석을 반영하여 경쟁제한 효과에 대한 1단계 입증을 해야 한다는 것은 입증책임이 전환되는 것과 같은 효과를 낳는다.

입증책임을 전환해야 하는지에 대해서는 이견이 있을 수 있지만, 양면시장 이론의 유용한 측면이 경쟁법 집행에 실제로 반영되기 위해서는 입증 문제에 대한 실천적 고민이 필요하다. 최소한 구체적인 사안에서 입증책임을 완화해나가지 않을 경우, 경제분석이라는 '기술'의 한계가 양면시장 이론을 현실에서 사문화시킬 수 있다. 양면시장에서 경쟁법상 문제의 핵심은 양면시장이 갖는 친경쟁적 측면과 반경쟁적 측면 속에서 어떻게 균형을 잡는가에 있다.[108] 구체적인 사안에서 이 균형은 입증책임의 분배 또는 증명의 정도에 대한 합리적이고 유연한 판단을 통해 찾아나가야 할 것이다.

2. AMEX카드 판결의 실천적 함의와 한계

미연방 대법원의 AMEX카드 판결은 양면시장 옹호론자와 그 반대론자 간의 대리전쟁이 아니었나 싶다. 다수의견이 양면시장 이론에 관한 다수의 논문을 거론하면서 대표적인 양면시장 옹호론자인 Filistrucchi의 견해를 거의 그대로 채택한 점이나, 소수의견이 Katz로 대변되는 반대론자의 입장을 그대로 대변하였던 점이 그러하다.

이러한 이론적 다툼을 떠나, 그 실질적인 의미는 다음과 같이 짚어 볼 수 있다. 다수의견에 의할 경우, 양면 플랫폼 사업자는 함부로 규제할 수 없다. 아직 누구도 명확하게 알지 못하는 양면성에 대한 분석까지

---

108 Ibid., p. 9.

해내야만 경쟁제한효과를 입증할 수 있기 때문이다. 반면 소수의견에 따르면, 양면 플랫폼 사업자라고 해서 다른 취급을 받지 않고, 양면성에 입각한 복잡한 분석을 통해 정당성을 입증해야 하는 부담은 양면 플랫폼 사업자에게 전가된다.

이러한 견해 대립의 배경에는 "빠르게 변화하는 시장"에 대한 철학적 입장 차이가 자리하고 있다고도 볼 수 있다. 양면시장 분석을 어렵게 하는 요소 중 하나는 '속도'다. 특히 기술과 접목된 양면 플랫폼은 매우 동태적이다. 사업 관행이 복잡할 뿐 아니라 빠르게 변화하며, 플랫폼 규모가 성장하는 속도도 전례가 없다. 이러한 특징은 경쟁당국이 '언제' 개입해야 하는지, 개입하는 것이 바람직하기는 한지, 혹은 사전적 예방으로 접근하는 것이 나은지, 경쟁법 집행에 대한 질문을 던진다.[109] 다수의견은 엄청난 속도로 성장하고 있는 양면 플랫폼 시장은 모든 이용자에 대한 명백한 경쟁제한적 피해를 밝히지 않은 채 함부로 규율해서는 안 된다는 입장에 공감한 반면, 소수의견은 그러한 태도가 "실리콘밸리의 하이테크 공룡들을 경쟁법으로부터 해방시켜주는 결과"[110]라는 입장에 선 셈이라고 평가해볼 수 있다.

이러한 AMEX카드 판결의 의의는 네 가지로 정리할 수 있다.

첫째는 법원이 선제적으로 양면시장 이론의 유용성을 인정하고, 경쟁당국으로 하여금 규제 현장에서 이를 적극적으로 고민·적용하도록 이끌었다는 것이다. 이로써 양면성에 대한 고민은 '자율'의 영역을 넘어 필수적인 고려요소로 자리잡았다. 무비판적으로 전통적인 방법론을 적용하

---

109 Ibid., p. 7. 단적으로 미국 DOJ 등이 AMEX카드사를 상대로 소송을 처음 제기한 것은 2010. 10.이었는데 이에 대한 대법원 판결이 선고된 것은 그로부터 무려 8년이 경과한 2018. 6.이었다. 이때에는 이미 AMEX카드의 사업모델이 신용카드 시장 전체에 확산되어 있었고, 다양한 온라인 결제서비스 등으로 시장은 이미 재편되고 있는 상태여서 당해 사안에 대한 판결의 실천적 실익이 의문시되기도 한다.

110 Greg Stohr & David McLaughlin, "American Express Case Could Shield Tech Giants From Antitrust Scrutiny", Bloomberg, 2018. 6. 25.
(https://www.bloomberg.com/news/articles/2018-06-25/u-s-supreme-court-backs-american-express-on-credit-card-suit-jiucffg9)

는 대신, 경쟁법 이론이 더욱 풍부해질 것으로 기대된다.

둘째, 양면시장을 분류하는 하나의 방법론(양면 거래시장과 양면 비거래시장)을 제시함으로써, 향후 양면시장 논의가 디딤돌로 삼을 수 있는 공통분모를 만들었다. 양면시장에 대한 정의 방법의 광범위성으로 인해, 그 동안 양면시장에 관한 논의가 수렴되지 못한 측면이 있다. 예를 들어 간접적 네트워크 효과가 한쪽 방향으로만 나타나는 경우는 어떻게 보아야 하는지, 간접적 네트워크 효과가 양면시장의 충분조건인지와 같은 문제이다. 다수의견이 플랫폼을 통해 거래가 직접 일어나고, 그 거래가 동시성을 지니며, 양방향으로 네트워크 효과가 발생한다는 등의 특징을 가졌을 때 '양면 거래시장'에 해당한다고 개념을 정의함으로써, 이러한 혼선은 어느 정도 정리될 것으로 보인다.

셋째, 간접적 네트워크 효과의 긍정적인 측면을 조명했다. 지금까지 양면시장 논의는 주로 간접적 네트워크 효과의 경쟁제한적 성격을 경고하는 데 집중되어 있었다는 지적이 있다.[111] 선발주자가 시장지배력을 획득하기 쉽고, 소비자들은 전환비용 때문에 고착화(locked-in)될 수 있으며, 시장 자체가 대규모 사업자에게 유리한 경향이 있다는 것이다. AMEX카드 판결은 양면시장에 특유한 특징이 시장지배력 행사를 제한하는 한편 경쟁질서에 기여할 수 있다는 새로운 측면을 부각시키고, 긍정적 관점을 제시하였다.

넷째, 관련시장 획정 방법이나 입증책임에 대해 구체적인 법리를 제시했다. 이로써 양면시장 이론에 입각한 항변이 실제 사건에서 반영될 수 있는 여건을 제공했다.

다만, AMEX카드 판결의 한계도 가볍지 않다. 단적으로, 양면시장 규제에 커다란 불확실성이 초래됐다. 판결의 영향력이 어느 범위까지 미칠 것인지 예측할 수 없다. 양면 거래시장 이론을 제안한 Filistrucchi조차 양면 거래시장과 양면 비거래시장의 구분이 명확한 것은 아니라고 인정한 바 있다.[112] 그런데 이 개념을 그대로 인용한 뒤 그 해당 여부에 따

---

111 Gürkaynak et al., op.cit., pp. 105-106.

라 전혀 다른 법리를 적용해야 한다고 판시함으로써, 경쟁당국과 사업자 모두에게 어떤 규율을 받을지 예측하기 어려운 공백이 발생한 것이다. 앞으로 하급심 법원이 AMEX카드 판결에 의존할 경우, 양면 플랫폼의 정의에서부터 시장획정, 경쟁제한 효과 평가에 이르기까지 수많은 집행 오류가 발생할 것이라는 우려의 목소리가 높다.[113] 예를 들어 Hovencamp 는 AMEX카드 판결이 '사실인정'의 영역인 시장획정과 경쟁관계의 문제를 '법리'의 문제로 만들어버렸다고 지적한다. AMEX카드 판결에 따르면 '양면시장 기업'은 전통적인 '단면시장 기업'과 경쟁하지 못한다는 '법리'가 세워진 셈인데, 이는 Uber로 인해 피해를 본 전통적 택시회사들이 Uber와 경쟁관계에 있을 수 없다는 결론으로 이어져 현실과 맞지 않다는 것이다.[114]

실제로 최근 미국 연방지방법원이 AMEX카드 판결을 인용하면서 DOJ의 기업결합 불승인이 위법하다고 판단한 사례가 나왔는데,[115] 그 직후 영국 경쟁당국은 동일한 기업결합을 금지해야 한다는 상반된 판단을 내렸다.[116] 위 사건은 여행서비스플랫폼기술 기업인 Sabre가 항공유통기술분야의 혁신기업인 Farelogix를 인수하려 한 사안이다. 영국 경쟁당국은 위 기업결합으로 인해 경쟁이 제한되고 혁신이 저해될 것이라고 본 반면, 미국 연방지방법원은 Sabre와 Farelogix 사이에는 처음부터 경쟁이 성립할 수 없다고 보았다. Sabre는 여행서비스 공급자(호텔운영사·자동차 렌탈 회사·항공사 등)를 여행사와 연결시켜주는 양면 거래 플랫폼인 반면, Farelogix는 항공사와만 거래한다는 점에서 양면사업자에 해당하지 않는다는 것이다. 그런데 AMEX카드 판결은 양면 거래 플랫폼은 다

---

112 Filistrucchi et al., op.cit., p. 298.

113 Stapp & Hagemann, *op.cit.*, p. 2.

114 Herbert J. Hovenkamp, "House Judiciary Inquiry into Competition in Digital Markets: Statement of Herbert Hovenkamp", 2020. 4. 17., pp. 5-6.

115 *United States v. Sabre Corp.*, No. CV 19-1548-LPS, 2020 WL 1855433, at *32 (D. Del. Apr. 7, 2020).

116 Sabre Corporation v. Competition and Markets Authority, Competition Appeal Tribunal (Apr. 30, 2020).

른 양면 거래 플랫폼 사업자와만 동일시장에서 경쟁할 수 있을 뿐이라는 법리를 제시하였으므로, Sabre와 Farelogix 사이에는 경쟁관계 자체가 성립할 수 없다고 판단했다. 위 판결에 대해서는 DOJ가 항소한 상태다. 이는 양면시장 이론의 적용 여하에 따라 동일한 기업결합에 대한 승인 여부가 각국에서 달라질 수 있다는 점을 보여주는 사례이다.

3. 한국의 현실과 AMEX카드 판결의 적용 가능성

AMEX카드 사건과 동일한 사건이 한국 공정위와 법원의 판단을 받았다면 미국 연방대법원과 동일한 결론에 이르렀을까 의문이 든다.

지난 2018. 11. 26. 정부와 여당은 이른바 "카드수수료 인하안"을 확정하였다. 현행 「여신전문금융업감독규정」은 연간매출액이 3억~5억 원인 카드가맹점에 대하여는 1.3% 이하의 우대수수료율을 적용하도록 하고 있는데,[117] 이 같은 우대수수료율 적용 대상을 연 매출 30억 원 이하 자영업자에게까지 확대하겠다는 내용이다.[118]

이렇게 가맹점수수료를 인하할 수 있고 인하해야 하는 이유로 카드소지자들이 내는 연회비에 비해 지나치게 많은 혜택(reward)을 받고 있다는 사정이 제시된다. 카드소지자에게 제공하는 불필요한 혜택을 줄이면 가맹점수수료를 낮출 수 있지 않느냐 하는 논리다. "최종소비자인 카드소지자들이 더 많은 리워드 혜택을 보게 되었으니, 가맹점수수료가 오른 것만 가지고 문제 삼을 수는 없다"는 AMEX카드 판결 다수의견과 정반대 입장이라 할 수 있다.

정부와 여당이 '양면시장이론'을 심도 있게 고민해서 이런 결론에 이르렀는지는 의문이지만, 적어도 카드소지자만큼 카드가맹점도 보호해야 한다는 것이 정부와 다수 여론의 입장이 아닌가 싶다. 이는 "어느 한쪽

---

117 「여신전문금융업감독규정」(2018. 10. 25. 금융위원회고시 제2018-27호로 개정된 것) 제25조의6.
118 이데일리 2018. 11. 26.자 기사("年매출 30억 이하 자영업자, 카드수수료 최대 500만원 인하").

집단(카드소지자)이 혜택을 누리고 있다고 해서 다른 집단(카드가맹점)이 경쟁의 수혜를 누리지 못한 채 피해를 입는 것을 정당화할 수는 없다"는 비판론과 통하는 대목이다. 특정 사회가 처한 구체적인 상황에서 보호 대상이 되는 집단과 보호의 정도가 달라질 수 있다는 경쟁법 집행의 현실을 잘 보여주는 단면이 아닌가 싶다.

　다만, 향후 이러한 정책 결정 과정에서 양면시장 이론과 같은 연구와 고민이 좀 더 깊이 있게 반영될 수 있기를 바란다. 이를 통해 한국적인 현실을 반영하는 한편으로, 우리 사회가 궁극적으로 도모하고자 하는 경쟁질서에 대한 입체적인 고민이 담긴 법 집행이 가능해질 것이다.

참고문헌

Ⅰ. 국내문헌

변정욱·김정현, "온라인 양면 거래 플랫폼의 시장획정및 시장지배력 판단", 경쟁법연구 제37권(2018. 5).

이봉의, "ICT 분야 플랫폼의 개념과 경쟁법적 함의에 관한 연구", 2015년 법·경제분석그룹(LEG) 연구보고서, 한국공정거래조정원(2015).

송태원, "인터넷 검색서비스에 대한 경쟁법 집행에 있어 관련시장 획정에 대한 검토", 법학논문집 제39권 제1호(2015).

심재한, "온라인플랫폼의 관련시장획정에 관한 연구", 경영법률 제29권 제2호(2019).

조대근, "온라인검색광고시장의 양면성에 관한 연구 -Rochet & Tirole의 양면시장 정의를 중심으로-", 서울대학교 박사학위논문(2017).

조대근, "온라인검색광고시장의 시장획정에 관한 연구 -검색포털사업자 네이버를중심으로-", 인터넷정보학회논문지 제18권 제4호(2017. 8).

홍대식·정성무, "관련시장 획정에 있어서의 주요 쟁점 검토 - 행위유형별 관련시장 획정의 필요성 및 기준을 중심으로", 경쟁법연구 제23권(2011).

황창식, "다면적 플랫폼 사업자에 대한 공정거래규제", 정보법학 제13권 제2호(2009).

Russell Pittman(Director of Economic Research, Antitrust Division, U.S. DOJ), "양면시장 관련 AMEX카드 판결과 Bayer/Monsanto 기업결합" 발표문, 미국 법무부 반독점국 경제분석팀장 초청 고려대학교 ICR센터 및 공정거래위원회 경제분석과 공동세미나(2018. 11. 1).

II. 외국문헌

1. 단행본

Eric Van Damme, Lapo Filistrucchi, Damien Geradin, Simone Keunen, Tobias Klein, Thomas Michielsen & John Wileur, Merger in Two-Sided Markets - A Report to the NMa, 2010. 7.

OECD, Policy Roundtable: Two-Sided Markets, DAF/COMP(2009)20, 2009.

OECD, Rethinking Antitrust Tools for Multi-Sided Platforms, 2018.

2. 논문

Alee Stapp & Ryan Hagemann, "The Identification and Measurement of Market Power and Entry Barriers, and the Evaluation of Collusive, Exclusionary, or Predatory Conduct That Violates the Consumer Protection Statutes Enforced by the FTC, in Markets Featuring 'Platform' Businesses", Comments submitted to the Federal Trade Commission in the Matter of Hearings on Competition and Consumer Protection in the 21st Century(Aug 2018).

Alfonso Lamadrid de Pablo, "The Double Quality of Two-sided Markets", Competition Law Journal Vol. 64(2015).

David S. Evans, "The Antitrust Economics of multi-Sided Platform Markets", Yale Journal on Regulation Vol 20(2003).

David S. Evans & Richard Schmalensee, "The Antitrust Analysis of multisided Platform Businesses", Chicago Institute for Law and Economics Working Paper, No. 623(2012).

David Evans & Richard Schmalensee, "The Antitrust Analysis of Multi-Sided Platform Business", National Bureau of Economic Research, Working Paper No. w18783(2012).

Dirk Auer & Nicolas Petit, "Two-Sided Markets and the Challenge of

Turning Economic Theory into Antitrust Policy", The
Antitrust Bulletin Vol. 60, No. 4(2015. 12).

Eric Emch & T. Scott Thompson, "Market Definition and Market
Power in Payment Card networks", Review of Network
Economics, Vol. 5, No. 1(Jan 2006).

Gönenç Gürkaynak, Öznur İnan ı l ı r, Sinan Diniz & Ayşe Gizem
Yaşar, "Multisided markets and the challenge of incorporating
multisided considerations into competition law analysis",
Journal of Antitrust Enforcement, Volume 5, Issue 1(2017. 4).

Jean-Charles Rochet & Jean Tirole, "Platform Competition in
Two-Sided Markets", The European Economic Association,
Vol. 1, Issue 4(June 2003).
"Two-Sided Markets: A Progress Report", The RAND Journal
of EconomicsVol. 37, No. 3(2006).

Lapo Filistrucchi, Damien Geradin, Eric van Damme & Paline
Affeldt, "Market Definition in Two-Sided Markets: Theory
and Practice", Journal of Competition Law & Economics,
Vol. 10, No. 2(2014).

Marc Rysman, "The Economics of Two-Sided Markets", Journal of
Economic Perspectives Vol. 23, No. 3(Summer 2009).

Max Schanzenbach, "Network Effects and Antitrust Law: Predation,
Affirmative Defenses and the Case of U.S. v. Microsoft",
Stanford Technology Law Review, Vol. 4(2002).

Michael Katz & Jonathan Sallet, "Multisided Platforms and Antitrust
Enforcement", The Yale Law Journal Vol. 127, No. 7(2018. 5).

Renata B. Hesse, "Two-Sided Platform Markets and the
Applicationof the Traditional Antitrust Analytical
Framework", Competition Policy International, Vol. 3, No.
1(Spring 2007).

Renata B. Hesse & Joshua H. Soven, "Defining Relevant Product
Markets in Electronic Payment Network Antitrust Cases",

Antitrust Lawr Journal, Vol. 73, No. 3(2006).

Sebastian Wismer & Arno Rasek, "Market definition in multi-sided markets — Note by Sebastian Wismer & Arno Rasek", DAF/COMP/WD(2017)33/ FINAL, 2017.

3. 기타 문헌

DOJ, "Brief for the United States in opposition", On petition for a writ of Certiorari to the United States Court of Appeals for the Second Circuit, 2017. 8.

European Commission, "Note to the OECD's Roundtable on Two-Sided Markets", 2009.

Linklaters, "Data Wars (Episode III) — Enforcement Strikes Back in the Facebook Case", 2020. 6. 29.

Hausfeld, "Ohio v. American Express Co.: The Supreme Court Addresses Anti-Steering", 2018. 8. 16.

Herbert J. Hovenkamp, "House Judiciary Inquiry into Competition in Digital Marekts: Statement of Herbert Hovenkamp", 2020. 4. 17.

Hogan Lovells, "American Express and two-sided antitrust Markets: Coming to a network near you", 2018. 6. 26.

Willkie Farr & Gallacher, "U.S. and UK merger Law in Conflict: Sabre's Acquisition of Farelogix", 2020. 5. 21.

플랫폼 사업자의 자기우대 규제
– EU 구글쇼핑 사건을 중심으로

플랫폼 사업자의 자기우대 규제
– EU 구글쇼핑 사건을 중심으로

장품 · 박상진

Ⅰ. 서론

온라인플랫폼 사업활동규제는 전 세계 경쟁당국의 핵심 현안이다. EU는 2019. 6. 「온라인 중개서비스의 상업적 이용자를 위한 공정성·투명성 규정」을,[1] 일본은 2020. 6. 「특정 디지털 플랫폼의 투명성 및 공정성 향상에 관한 법률」을[2] 각각 제정하였다. 우리 공정거래위원회(이하 '공정위') 또한 2020. 9. 「온라인 플랫폼 중개거래의 공정화에 관한 법률(안)」을 입법예고였으며,[3] 「온라인 플랫폼 분야 심사지침」의 제정을 별도로 추진하고 있다. '빅 테크(Big Tech)' 기업의 본산지인 미국에서도 하원도 2020. 10. 'GAFA'로 불리는 구글, 애플, 페이스북, 아마존의 반독점 혐의를 조사하여 「디지털 시장에 대한 조사보고서」를 발표한 바 있다.

플랫폼 규제의 핵심 논의사항 중 이른바 '자기우대(self-preferencing)'[4] 문제가 있다. 공정위 역시 위법성 판단기준의 정립이 필요한 새로운 불공정행위 유형으로 자기우대행위를 언급한 바 있다.[5] 이렇게 사업자가

---

1 Regulation (EU) 2019/1150 of the European Parliament and of the Council on promoting fairness and transparency for business users of online intermediation services (2019) OJ L 186, 57–79.

2 特定デジタルプラットフォームの透明性及び公正性の向上に関する法律, 令和二年法律第三十八号.

3 공정거래위원회 공고 제2020-129호.

4 '자사우대', '자기편애' 등으로 불리기도 한다.

5 공정거래위원회 보도자료, "온라인 플랫폼 사업자의 불공정 행위를 심사하는데 필요한 지침 마련한다", 시장감시국 시장감시총괄과(2020. 5. 25.), 6면.

자기 자신을 '우대'하는 사업활동을 하는 행위가 경쟁법상 금지되는 행위인지, 사후적인 규제로 충분한지 아니면 사전규제가 필요한 행위인지, 경쟁촉진 효과나 소비자후생 효과를 수반하는 자기우대행위를 위법하다고 볼 것인지 등 수많은 쟁점에 대해 국내외 경쟁당국과 전문가들이 활발한 토론을 벌이고 있다.

본고에서는 '자기우대' 규제의 리딩 케이스이자 격렬한 논쟁의 대상이 되고 있는 EU집행위원회의 Google Search(Shopping) 사건(이하 '구글쇼핑 사건')[6]의 주요 쟁점과 관련 학계의 논의 및 동향을 간략히 소개하고, 자기우대행위의 규제와 관련하여 우리 공정거래법의 규정과 법리에서 어떤 부분들이 고려되어야 하는지 검토하고자 한다.

Ⅱ. 부당한 자기우대 법리의 형성과 EU 집행위원회의 구글쇼핑 사건

1. 시장지배력 전이 이론과 마이크로소프트 사건(2007)

플랫폼 사업자의 자기우대행위는, 일반적으로 사업자가 자신이 시장지배력을 갖는 특정한 서비스, 제품 등을 활용하여 인접시장에서 다른 경제활동을 영위할 때 문제가 된다. 따라서 특정시장에서 지배적 지위를 보유한 사업자가 인접시장에서도 그 지배력을 전이하여 행사할 수 있다는 '시장지배력 전이(leverage) 이론'이 자기우대행위 규제의 근거로 논의되기도 한다.[7]

시장지배력 전이 이론은 1940년대 미국에서 처음 등장했다.[8] 여러

---

6 *Google Search (Shopping), Case* AT.39740 (2017).

7 Jacques Crémer, Yves-Alexandre de Montjoye, Heike Schweitzer, Competition policy for the digital era (2019), p.65; 시장지배력 전이 이론의 정의에 대한 부분은 권오승·서정, 독점규제법(제4판), 법문사, 2020, 143면 참조.

8 Herbert Hovenkamp, Federal antitrust policy: the law of competition and its practice (fifth edition), St. Paul, Minn: West Pub. Co. (2016), pp.425-426.; 주진열, "티브로드 사건에 대한 고찰: 시장지배력 전이 이론을 중심으로", 경쟁법연구 제25권(2012), 259면.

도시에서 영화관을 운영하는 Griffith Amusement Co., Consolidated Theatres, Inc. 및 그 계열사(이하 'Griffith')가 경쟁 영화관이 있는 지역과 없는 지역의 상영권을 묶음으로 구매한 행위가 문제된 United States v. Griffith 사건에서, 오클라호마 지방법원은 Griffith의 행위로 인해 폐업하거나, Griffith에게 인수되거나, 사업을 방해받은 경쟁사업자가 없으므로 셔먼법 위반이 성립하지 않는다고 판단하였다. 그러나 미국 연방대법원은 경쟁이 없는 지역에서의 지위가 결합된 Griffith의 독점적인 구매력이 경쟁사업자 및 Griffith의 성장에 영향을 주었다고 보고 법 위반을 인정했고,[9] 이후 Spectrum Sports 사건[10]과 Trinko 사건[11]을 거치며 '두 번째 시장의 독점화 성공 확률이 위험할 정도로 높은 경우'[12]에 한하여 시장지배력의 전이(leverage)를 제한적으로 인정하게 되었다.[13] 유럽연합에서는 거래거절, 이윤압착(margin squeeze), 끼워팔기 사안에서 '시장지배력 전이'에 기반한 규제가 이루어졌다.[14]

구글 사건 이전에 플랫폼 사업자의 인접시장에 대한 경쟁제한행위가 규제된 대표 사례는 2007년 Microsoft I 사건이다.[15] 마이크로소프트가 자신의 운영체제인 윈도우에 윈도우미디어플레이어(WMP)를 선(先) 탑재하는 방식으로 결합판매를 한 행위가 시장지배적 지위남용행위(구 EC조

---

9 *United States v. Griffith Amusement Co. et al.* - 334 U.S. 100, 68 S. Ct. 941 (1948).

10 *Spectrum Sports, Inc. v. McQuillan*, 506 U.S. 447 (1993).

11 *Verizon Communications Inc. v. Law Offices of Curtis V. Trinko, LLP*, 540 U.S. 398, (2004).

12 원문은 "that there be a "dangerous probability of success" in monopolizing a second market"이다.

13 Herbert Hovenkamp, *op. cit.*, p.427; 주진열, 앞의 글, 260면.

14 *ICI and Commercial Solvents v Commission*, Cases 6/73 and 7/73 (1974), ECR 223; *IMS Health GmbH & Co. OHG v NDC Health GmbH & Co. KG.*, Case C-418/01 (2004); *Microsoft Corporation v Commission of the European Communities*, T-201/04 (2007), ECR II-03601; Pablo Ibáñez Colomo, The Shaping of EU Competition Law. Cambridge University Press (2018), pp.198-212.

15 *Microsoft Corporation v Commission of the European Communities, op.cit.*

약 제82조)에 해당하는지가 문제된 사안이다.[16] EU 제1심법원(Court of First Instance)[17]은 ⅰ) 결합판매로 인해 마이크로소프트의 경쟁사업자들은 자사 상품이 WMP보다 우수하더라도 선천적으로(a priori) 경쟁의 열위에 놓이게 되고, ⅱ) 마이크로소프트가 결합판매를 통해 자신의 (지배적) 지위를 인접시장인 미디어소프트웨어 시장으로 확장하여 동 시장의 유효경쟁을 약화시키고, 이로써 소비자에게 해를 입힐 우려가 있다는 등의 이유로 경쟁제한성을 인정하였다.[18]

EU보고서는 "필수요소를 보유한 사업자의 자기우대행위는 친(親) 경쟁적 정당화 사유가 없는 경우 시장지배력의 전이로 이어질 가능성이 높다"라는 판례법리가 확립되어 있다며 그 예로 Microsoft Ⅰ 사건을 제시하고 있다.[19] 다만 Microsoft Ⅰ 사건은 '끼워팔기'라는 전통적인 시장지배적 지위남용행위의 결과 인접시장의 경쟁이 제한되었음을 인정한 사례로서, "필수요소를 보유한 사업자의 자기우대는 시장지배력의 전이로 이어질 가능성이 높다"라는 일반 법리를 직접적으로 제시한 것은 아니다.

거래거절이나 끼워팔기, 이윤압착 등 기존의 위법행위 유형에서 나아가 '자기 자신을 우대하는 행위' 자체를 독자적인 위법행위로 규제할 것인지에 대한 논의는 구글쇼핑 사건에서 비로소 이루어지게 된다.

---

16 그 외에도 Microsoft가 Sun Microsystems 등 경쟁 워크그룹 서버 운영체제 사업자들에게 자사 소프트웨어의 상호운용정보(interoperability information)를 제공하지 않은 것이 필수설비의 부당한 거래거절에 해당하는지가 함께 문제되었고, 이 부분에 대해서도 위법성이 인정되었다.

17 2009년 리스본 조약에 따라 '일반법원(General Court)'으로 명칭이 변경되었다.

18 *Microsoft Corporation v Commission, op.cit.*, para. 1088. 참고로, 한국 공정거래위원회 역시 같은 행위를 제재한 바 있다(공정위 2006. 2. 24. 의결 제2006-042호).

19 Crémer et al, *op.cit.*, p.66.

2. 구글쇼핑 사건과 EU집행위원회의 규제

가. 문제된 구글의 행위

이 사건에서 문제된 구글의 행위는 두 가지이다. 하나는 구글의 검색 알고리즘 변경으로 인해 타사의 '비교쇼핑 서비스' 노출순위가 종전보다 낮아진 것이고, 다른 하나는 구글 스스로 제공하는 쇼핑 서비스의 제휴상품이 일반검색결과 페이지에서 타 상품보다 눈에 띄는 형식으로 표시된 것이다.

먼저, 구글이 자신의 '판다(Panda) 알고리즘'이라는 검색 알고리즘[20]을 적용함에 따라 일반검색결과 페이지에서 '다른 웹사이트의 내용을 스크랩하거나 복사한 결과를 보여주는 웹사이트' 등 '독자성이 낮은 컨텐츠'의 노출순위가 종전에 비해 낮아졌다.[21] 즉, 타사의 비교쇼핑 서비스는 다른 쇼핑 서비스에 이미 게시된 상품들을 비교하여 보여주는 서비스이기 때문에 판다 알고리즘의 적용으로 노출순위가 하락하고, 일반검색결과에서 4페이지 또는 그 뒤로 노출순위가 밀린 것이다.[22]

또한, 구글은 일반검색에서 쇼핑 관련 검색이 되었을 때, 일반검색결과 첫 페이지의 눈에 띄는 곳에 자사의 쇼핑 전문검색서비스인 '프로덕트 유니버설(Product Universal)' 또는 '쇼핑 유닛(Shopping Unit)'의 검색결과를 함께 표시했다. 이들 검색결과는 판다 알고리즘 등의 적용을 받지 않았을 뿐만 아니라, 타사의 비교쇼핑 서비스와 달리 사진이나 부가 정보, 가격 등과 함께 보다 눈에 띄는 형식으로 표시되었다.[23]

---

20 판다 알고리즘 외 다른 알고리즘의 구체적인 명칭과 내용은 '영업비밀'을 이유로 외부에 공개되지 않았다.

21 *Google Search (Shopping)*, *op.cit.*, paras. 349-358.

22 Ibid., para. 370.

23 Ibid., paras. 371-372.

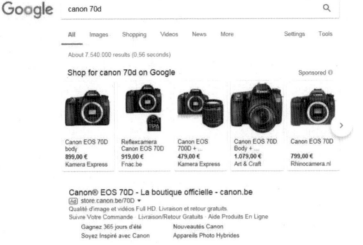

쇼핑 유닛(Shopping Unit) 화면 예시[24]

EU집행위원회는 이러한 구글의 행위가 자사의 '수직(vertical) 검색 서비스'를 우대하는 배치(preferential placement)를 통해 경쟁 서비스를 배제하려는 것이라고 판단하였다.[25]

나. 자기우대 규제를 둘러싼 유럽 경쟁법학계의 논쟁

구글쇼핑 사건은 조사 당시 유럽 경쟁법학계의 뜨거운 관심을 받았다. 구글이라는 글로벌 테크기업이 연루되었을 뿐만 아니라, 거래거절이나 끼워팔기 행위를 수반하지 않은 '자기우대행위'가 그 자체로 경쟁법 위반이 될 수 있는지에 대한 논의가 정립되지 않은 상태였기 때문이다. 대표적인 논쟁은 Bo Vesterdorf와 Nicolas Petit 사이에 있었다.

유럽 제1심법원 법원장으로서 Microsoft I 사건에 관여했던 Vesterdorf는 기존의 시장지배적 지위남용행위 규제에서 나아간 '자기우대 규제'에 반대

---

24 Ibid., para. 32.
25 *EU press release, "Antitrust: Commission probes allegations of antitrust violations by Google"* (2010. 11. 30.).

하는 의견을 내 놓았다.[26] ⅰ) 시장지배적사업자라도 원칙적으로 능률경쟁을 통해 적법하게 경쟁할 권리가 있고, ⅱ) 시장지배적사업자라고 하더라도 자신의 사업을 경쟁사업자의 사업보다 우대하지 말아야 할 의무가 있는 것은 아니라는 이유였다. Vesterdorf는 시장지배적사업자라도 '능률경쟁'을 할 권리가 있다는 점을 강조했다.[27] 즉, 광고(advertising), 표시(displaying), 홍보(promoting) 등 능률경쟁의 모든 수단을 사용하여 적법하게 경쟁할 권리가 시장지배적사업자에게 있고, 자사의 사업이나 제품을 우대하더라도 그것이 능률경쟁에 해당하는 이상 그 결과 특정 경쟁사업자가 소외되거나 퇴출된다고 하더라도 반경쟁적이라고 볼 수 없다는 것이다.

나아가 Vesterdorf는 사업자가 자신의 사업을 경쟁사업자보다 우대하지 말아야 할 의무가 있는 것도 아니라고 하였다.[28] 1) 「유럽 연합의 기능에 관한 조약(Treaty on the Functioning of the European Union)」 (이하 'EU기능조약') 제102조는 시장지배적사업자가 자신의 사업을 경쟁사업자와 동일하게 대우할 의무 자체를 규정하고 있지 않고, 2) 시장지배적사업자에게 경쟁 사업자와의 일정한 의무가 인정되는 경우란 시장지배적사업자가 제공하는 상류시장의 상품이나 서비스가 "필수설비"에 해당하는 경우뿐이며(Bronner 사건,[29] Microsoft Ⅰ 사건[30]), 시장지배적사업자

---

26 Bo Vesterdorf, "*Theories of self-preferencing and duty to deal-two sides of the same coin*", Competition Law & Policy Debate, Volume 1 (2015).

27 Ibid., pp.5-6.

28 Ibid., pp.6-7.

29 *Oscar Bronner GmbH & Co. KG v. Mediaprint Zeitungs und Zeitschriftenverlag GmbH & Co. KG, Mediaprint Zeitungsvertriebsgesellschaft mbH & Co. KG and Mediaprint Anzeigengesellschaft mbH & Co. KG*, Case C-7/97 (1998). 오스트리아의 일간지 회사이자 오스트리아 전역에 신문 배송망을 갖춘 계열회사를 보유한 Mediaprint가 다른 일간지 회사인 Oscar Bronner의 자사 배송망 이용신청을 거절한 것이 시장지배적지위남용행위[구 유럽공동체(EC) 조약 제86조 위반]에 해당하는지가 문제된 사안이다. Oscar Bronner는 필수설비 이론을 근거로 법위반 성립을 주장했으나, 유럽공동체 법원은 Mediaprint의 신문 배송망이 '필수적(indispensable)'이라고 보려면 최소한 다른 신문 배송망의 출현이 '경제적으로 실현 가능(economically viable)'하지 않을 것이 요구되는데,

가 제공하는 상품/서비스가 필수설비에 해당하여 거래의무가 발생하는 경우에도 동일하게 대우할 의무가 발생하는 게 아니라 "상업성이 있는 (commercially viable)" 사업을 영위하기에 충분한 접근을 허용하는 것으로 충분하다는 것이다(Sea Containers v Stena Sealink 사건).[31]

벨기에 Liège 대학의 Nicolas Petit[32]는 이를 정면으로 반박하였다.[33] ⅰ) 필수설비 원칙은 자기우대 규제의 전제가 아니고, ⅱ) 필수설비 이론이 적용되는 경우에도 필수성은 '유효경쟁'의 가능 여부를 기준으로 판단해야 하며, 능률경쟁이 경쟁제한행위의 면책사유가 될 수는 없다는 이유였다.

먼저, Petit는 필수설비 이론이 실정법상 개념이 아니고, 필수설비와 무관한 시장지배적사업자도 자기우대를 통한 지위남용으로 규제될 수 있으며, 필수설비 원칙보다 완화된 요건 하에서도 경쟁법상 '우대 금지의무(antitrust duty of non-preference)'가 발생할 수 있다고 하였다.[34] Petit는 그 근거로 1) 거래상대방에 대한 차별적 취급의 금지규정(EU기능조약 제102조 제c항), 2) 끼워팔기 금지규정(동조 제d항), 그리고 3) 부당한 가격결정 금지규정(동조 제a항)을 제시하였다. 1) 상류시장 산업이 필수설비에 해당하는지에 대한 판단 없이도 하류시장에서 경쟁상대방을 불리하게 대우하는 것을 시장지배적지위 남용행위(차별적 취급)로 규제한 사례가 있고(Deutsche Bahn 사건 등),[35] 2) 판례법상 끼워팔기 사건에서

이런 관점에서 Mediaprint의 거래거절 행위가 시장지배적 지위남용행위에 해당하지 않는 다고 판단했다.

30 *Microsoft Corporation v Commission*, *op. cit.*, para 563-564. 이 부분은 WMP 의 끼워팔기가 아닌 소프트웨어 상호운용정보(interoperability information)의 거래 거절에 관한 부분이다.

31 *Sea Containers v. Stena Sealink*, case IV/34.689 (1994), OJ L 015.

32 현재 유럽연합대학원(European University Institute) 교수로 재직 중이다.

33 Nicolas Petit, "*Theories of Self-Preferencing Under Article 102 TFEU: A Reply to Bo Vesterdorf*", Competition Law & Policy Debate 1 CLPD (2015).

34 Ibid, pp.2-7.

35 *Deutsche Bahn AG v Commission*, T-229/94 (1997), ECR Ⅱ-1689. 독일 철도 회사인 Deutsche Bahn가 자신과 계열관계에 있는 해운회사인 Transfracht에게 경 쟁 해운회사인 Intercontainer보다 낮은 철도이용료를 부과한 것이 부당한 차별행위

우대 금지의무가 다루어지는 경우를 종종 발견할 수 있으며(Microsoft Ⅰ 사건 등),[36] 3) 부당한 가격결정에 해당하는지 여부를 판단함에 있어서도 다른 사업자에게 부과되는 가격과의 차이가 고려될 수 있다는 것이다(United Brands 사건).[37]

나아가 Petit는 필수설비원칙의 적용에 관한 Vesterdorf의 주장이 "정직하지 못하다(disingenuous)"며 강도 높게 비판하였다. 1) "오로지 시장지배적사업자가 소비자에게 무언가를 제공하기 때문에 경쟁사업자에게 부정적 효과가 발생한다면 이는 EU기능조약 제102조 제b항에 반하지 않는다"라는 Vesterdorf의 주장은 실정법상 아무런 근거가 없고,[38] 2) 필수설비 해당 여부에 관한 Bronner 사건의 판단기준을 적용하더라도 경제적으로 실현 가능한(economically viable) 대체 시스템의 구축이 불가능하다면 '필수성'이 인정되어야 하는데 Vesterdorf는 이에 대해 침묵하고 있다는 것이다.[39] 또한 Petit는 3) Vesterdorf가 구글 사건에서 모든 유효경쟁이 소멸되지 않았음은 명백하다고 주장하나,[40] Microsoft Ⅰ 사건 판시에 따르면 틈새시장에서 미미한 존재감을 가진 경쟁사업자가 있다는 사실이 [유효]경쟁의 존재를 입증하는 것은 아니며,[41] 4) '능률경쟁'은 "능률경쟁의 범위를 벗어난 수단을 통해 경쟁자를 배제하는 행위를 금지한다"는 맥락에서 사용되는 개념으로서[42] 사업자에 대한 면책사유로 사용되는 것이 아니고, 설령 시장지배적사업자에게 능률경쟁의 자유가 있다고 하더라도 경쟁사업자가 능률경쟁을 할 자유를 제한할 자유가 있

에 해당한다고 판단된 사안이다.

36 *Microsoft Corporation v Commission, op. cit.*

37 *United Brands Company and United Brands Continentaal BV v Commission of the European Communities*, Case 27/76 (1978).

38 Nicolas Petit, *op. cit.*, p.12.; *Microsoft Corporation v Commission, op. cit.* para. 563.

39 Nicolas Petit, *op. cit.*, pp.12-14.

40 Bo Vesterdorf, *op. cit.*, p.8.

41 Nicolas Petit, *op. cit.*, pp.14-15.

42 *AKZO v Commission*, C-62/86 (1991), ECR Ⅰ-3359, para. 70.

는 것은 아니라고 주장한다.[43]

다. EU집행위원회의 판단 및 조치

EU집행위원회는 전통적으로 시장지배적사업자에게 부과되는 '특별책임(special responsibility)'을 강조해왔다. 시장지배적사업자에게는 순수하고 왜곡되지 않은 경쟁을 능률경쟁의 범위를 벗어나는 행위를 통해 해치지 말아야 할 특별한 의무가 있고, 왜곡되지 않은 경쟁 시스템은 사업자들 간에 동등한 기회가 주어지는 경우에만 보장될 수 있다는 것이다. 구글쇼핑 사건에서도 이러한 입장은 동일하였다.[44] 다만, EU집행위원회는 "한 시장에서의 지배적 지위를 하나 또는 그 이상의 인접시장으로 확장하는 행위에 대해 남용행위가 성립할 수 있다"는 시장지배력 전이의 일반론을 언급하는 외에[45] 구글의 행위가 구체적으로 어떤 행위유형에 해당하는지는 명확하게 설시하지 않았다. 즉, '끼워팔기'라거나 '거래조건 차별'이라는 행위 유형을 따로 특정하지 않은 것이다.

경쟁제한성은 1) '구글 일반검색을 통해 발생하는 트래픽의 변화'와 2) 잠재적 경쟁제한효과를 중심으로 판단하였다.[46] EU집행위원회는 비교쇼핑 서비스가 다른 사업자들과 경쟁함에 있어 이용자 트래픽을 확보하는 것이 중요한데,[47] 구글의 행위로 인해 구글 일반검색을 통해 발생하는 경쟁 비교쇼핑사업자의 트래픽은 감소한 반면 구글 자신이 영위하는 비교쇼핑 서비스의 트래픽은 증가했고,[48] 이는 능률경쟁의 범위를 벗어나는 남용적 행위라고 보았다. 또한 EU집행위원회는 잠재적 경쟁제한 효과의 근거로 구글의 행위로 인해 경쟁 비교쇼핑 서비스가 봉쇄되어 판매자들이 지불하는 수수료나 소비자들이 지불하는 가격이 인상될 가능성이 있

---

43 Nicolas Petit, *op. cit.*, pp. 15-16.
44 *Google Search (Shopping)*, *op. cit.*, para. 331.
45 Ibid., paras. 334, 649.
46 Ibid., para. 341.
47 Ibid., para. 444.
48 Ibid., para. 452.

고, 구글의 행위로 인해 소비자들의 경쟁 비교쇼핑 서비스에 대한 접근성이 감소할 가능성이 높다는 점을 제시하였다.[49] 이에 대해 구글은 1) EU집행위원회가 경쟁 비교쇼핑사업자 중 서비스를 중단한 사업자가 있는지에 대해 아무런 언급을 하지 않은 점과 2) 361개 주요 비교쇼핑 서비스 중 수백 곳이 여전히 서비스를 제공하고 있다는 점을 지적했다. 그러나 EU집행위원회는 ⅰ) 경쟁 비교쇼핑 서비스가 실제로 서비스 제공을 중단하였는지를 입증할 필요 없이 "효과가 나타날 수 있거나 나타날 개연성이 있음"을 보이는 것으로 충분하고, ⅱ) 구글의 행위가 없었을 경우 경쟁 비교쇼핑 서비스들의 경쟁 능력이 더 컸을 수도 있음을 고려하면 현재 남아 있는 경쟁 비교쇼핑 서비스의 절대적인 수가 중요한 것이 아니라는 이유로 이 주장을 받아들이지 않았다.[50]

구글은 자사 일반검색서비스가 Bronner 사건 법리에 따른 '필수성' 기준을 충족하는 경우에만 구글에게 경쟁 비교쇼핑 서비스에게 상당한 비율의 노출을 제공할 의무가 인정될 수 있다고 주장했으나, 이 역시 EU집행위원회는 받아들이지 않았다.[51] EU집행위원회는 Bronner 사건 법리가 적용될 수 없는 이유로 1) 한 시장에서 지배적 지위에 있는 사업자가 인접시장으로 지배력을 확장하는 행위는 능률경쟁의 범위를 벗어나는 독립적인 남용행위 유형에 해당하는 점, 2) 구글의 행위는 수동적인 거절행위가 아니라 적극적인 우대행위인 점, 3) 본 건에서 구글의 법위반행위를 종식시키기 위해 '거래의무'가 발생하는 것도 아닌 점, 4) 문제된 '상품 디자인 개선행위'에 대해서는 시장지배적지위를 이용해 인접시장으로 지배력을 확장하는 행위에 대한 평가기준 외에 다른 기준을 사용해야 한다는 판례법리가 존재하지 않는 점을 제시하였다.

객관적 정당화 사유 및 효율성 항변으로 구글은 다섯 가지를 제시하였다. 1) 독자성이 낮은 컨텐츠의 노출순위가 낮아지도록 기준을 변경

---

49 Ibid., paras. 593-600.
50 Ibid., paras. 601-604.
51 Ibid., paras. 645-652.

한 것은 일반검색결과의 효용성을 확보하기 위한 조치이고, 2) 프로덕트 유니버설·쇼핑유닛의 위치 및 표시는 소비자와 광고주를 위해 구글의 검색결과를 개선하려는 것이며, 3) 구글이 자사 비교쇼핑 서비스와 마찬가지로 경쟁 비교쇼핑 서비스를 위치·표시하는 것은 ⅰ) 검색서비스는 다른 사업자가 아닌 자신의 검색서비스를 제공함으로써 경쟁한다는 일반적 기대에 반한다는 점에서, 그리고 ⅱ) 구글이 더 이상 일반검색결과페이지에서 현금화할 공간이 없어진다는 점에서 오히려 경쟁을 제한하는 것이고, 4) 경쟁 비교쇼핑 서비스의 결과를 보여주도록 강제하는 것은 유럽연합의 기본권 헌장(Charter of Fundamental Rights of the European Union)이 보장하는 정보를 전달할 자유와 권리(제11조), 자신의 재산을 보호할 자유와 권리(제17조), 사업을 영위할 자유와 권리(제16조)를 과도하게 제한하며, 자사 비교쇼핑 서비스 옆에 경쟁 비교쇼핑 서비스를 노출하는 논리적인 방법 또한 존재하지 않는다는 것이다.[52] EU집행위원회는 이를 모두 받아들이지 않았는데, 구글에게 요구되는 것은 단지 구글과 경쟁 비교쇼핑 서비스를 차별하지 말라는 것뿐이고, 구체적인 방법은 구글이 선택할 수 있기 때문에 구글이 이를 준수하는 것이 불가피하지 않다는 것이 그 요지이다.[53]

EU집행위원회는 구글에게 총 2,424,495,000유로의 과징금을 부과하고[54] 시정명령을 함께 내렸다. 시정명령에는 일반적인 반복금지명령 외에도 "구글과 알파벳이 선택한 조치가 일반검색결과페이지에서 경쟁 비교쇼핑 서비스를 자사 비교쇼핑 서비스와 차별하지 않는 것임이 보장되어야" 한다는 차별금지의무와 함께 의결 내용의 준수방법에 관하여 EC에 정기적으로 보고할 의무가 부과되었다.[55]

---

52 Ibid., para. 654-659.
53 Ibid., para. 660-671.
54 Ibid., para. 754.
55 Ibid., paras. 697-705.

3. 구글쇼핑 사건 이후의 자기우대 논의

가. 구글의 유럽경제지역(EEA) 쇼핑유닛 정책 변경 및 불복소송 제기

구글은 EU집행위원회의 시정명령에 따라 유럽경제지역(EEA) 서비스에서는 일반검색결과 페이지 상단에서 구글쇼핑 결과(입찰 방식에 의한 광고)와 함께 다른 비교쇼핑 서비스의 검색결과를 함께 보여주고 있다. 대신 나머지 일반검색결과의 노출순위 알고리즘은 별도로 변경하지 않았다.[56]

구글이 공개한 EEA지역 쇼핑유닛(Shopping Unit) 화면 예시[57]

---

56 Sam Schechner, "*Google Rolls Out Search, Shopping Ad Changes in Europe*", The Wall Street Journal(Sep. 27, 2017).
57 Ibid.

다만 구글은 자사의 쇼핑검색결과는 구글과 광고주뿐만 아니라 이용자들에게도 유용한 것이고, 구글 상품검색결과는 자사 서비스 내지 특정 웹사이트·판매자를 우대하기 위한 것이 아니라, 사용자 피드백에 기반한 노력과 혁신의 결과물임을 강조하며,[58] 2017. 9. 11. EU집행위원회 처분에 불복하는 소를 제기하였다.[59]

나. EU집행위원회의 보고서 발간

EU집행위원회 경쟁총국에서 2019. 6. 발간한 EU보고서는 수직통합적인 플랫폼 사업자의 자기우대행위를 규제하기 위한 이론적 근거를 제시하고 있다.

EU보고서는 시장지배적 지위를 보유한 플랫폼은 일종의 '규제자(regulator)'로서, 이들에게는 플랫폼상에서의 경쟁이 공정하고(fair), 편파적이지 않으며(unbiased) 이용자 친화적(pro-users)으로 이루어지도록 보장할 책임이 있다고 주장한다. 반경쟁적인 배제행위나 차별행위를 해서는 안 되고, 동일한 경쟁조건(level playing field)을 보장하며, 자신의 규칙 설정권한을 경쟁의 결과를 결정하는 데 사용하지 말아야 한다는 것이다.[60] 보고서는 규제자인 플랫폼이 스스로 시장 주체로도 참여할 경우 지배력 전이(leveraging) 문제가 발생할 수 있고, 특히 수직통합적사업자가 플랫폼 시장에서 지배적지위에 있는 경우, 플랫폼이 중개 인프라 역할을 하는 상품시장이나 서비스시장으로 지배력 전이가 이루어질 수 있

---

58 Kent Walker, "*The European Commission decision on online shopping: the other side of the story*", Google official blog (2017. 6. 27.).

59 Official Journal of the European Union, "*Case T-612/17: Action brought on 11 September 2017 - Google and Alphabet v Commission*" (2017. 9. 11.).

60 Crémer et al, *op. cit.*, pp.60-62. 보고서는 규칙이 경쟁을 왜곡하지 말아야 한다는 근거로 도핑금지규칙이 경쟁제한행위를 금지하는 구 유럽공동체조약 제81조에 위배되지 않기 위해서는 도핑금지규칙에 따른 규제가 경쟁적 스포츠에서의 적절한 행동을 확보하기 위해 필요한 수준으로 제한되어야 한다고 판시한 *David Meca-Medina and Igor Majcen v Commission of the European Communities*, Case C-519/04 P (2006)을 인용하였다.

다고 설명한다.[61]

보고서는 자기우대(self-preferencing) 행위가 지배력 전이의 구체적 수단이 될 수 있다는 입장이다. EU기능조약 제102조가 시장지배적사업자의 자기우대행위에 대한 일반적 금지의무를 부과하지 않는다고 하더라도 판례 법리에 따라 필수설비를 보유한 사업자의 자기우대행위는 금지되고,[62] 나아가 필수설비 요건이 충족되지 않는 경우에도 1) 경쟁촉진적인 정당화 사유가 없고, 2) 시장지배력이 전이될 우려가 있다면 시장지배적 지위의 남용행위가 성립할 수 있다는 것이다. 또한 자기우대행위가 당연 위법한 것이 아니므로 효과분석이 필요하다는 점을 강조하면서도, 자기우대행위가 장기적으로 배제적 효과가 없다는 점을 입증할 책임을 사업자에게 부담시키는 것을 제안하고 있다.[63]

보고서는 위법한 자기우대행위에 대한 시정조치로서 행태적 시정조치뿐만 아니라 구조적 시정조치도 가능하지만, 서비스 분할(unbundling) 등 구조적 시정조치를 자기우대행위에 대한 일반적인 해결책으로는 적합하지 않다고 본다. 수직통합적사업자의 전통적인 인프라 사업과 달리 플랫폼은 인프라로서의 특성과 서비스로서의 특성이 혼합되어 있을 수 있기 때문이다. 다만 보고서는, 보다 덜 제한적인 조치로서 구글쇼핑 사건에서와 같이 차별금지의무를 부과하는 경우 효율적인 이행확보수단이 필요하다는 점을 강조하고 있으며, 경쟁사업자에 대한 보상 차원의 데이터 접근성 제공 등 '회복적(restorative)' 시정조치의 사용가능성 또한 제시하고 있다.[64]

---

61 Ibid., p.65.
62 *Microsoft Corporation v Commission, op. cit.,* para. 1088. 다만 이 부분은 마이크로소프트의 끼워팔기행위로 인한 미디어플레이어 시장의 경쟁제한효과를 설시한 것으로서, "필수설비를 보유한 사업자의 자기우대행위가 금지된다"는 판시가 명시적으로 이루어진 것은 아니다.
63 Crémer et al, *op. cit.,* p.66.
64 Ibid., pp.67-68.

다. 규제 명문화 및 사전규제 움직임

EU는 플랫폼 사업자의 '자기우대행위'에 대한 규제를 명문화하고, 전통적인 사후규제수단에서 더 나아가 각종 사전규제 수단을 마련하고 있다.

먼저, EU집행위원회는 2020. 12. 15. 일정한 조건을 충족하는 상거래 플랫폼에 대한 규제 강화를 골자로 하는 「디지털 시장법(Digital Markets Act)」 초안65을 공식 제안했다. 디지털 시장법 초안에는 자기우대에 관한 명시적 내용이 포함되어 있다. 초안에 따르면 '게이트키퍼(gatekeeper)'66로 지정된 플랫폼은 노출순위에 관하여 자기 자신 또는 제3자의 상품 또는 서비스를 다른 제3자의 유사한 상품 또는 서비스보다 유리하게 대우해서는 안 되고, 공정하고 비차별적인 노출조건을 적용해야 한다[제6조 제1항 (b)]. 게이트키퍼에 해당하는 사업자가 이러한 의무를 위반할 경우에는 전년도 전체 매출액의 10% 이내의 범위에서 과징금이 부과될 수 있고[제26조 제1항 (a)], 중대하고 회복하기 어려운 손해가 발생할 수 있는 긴급한 상황에서는 '임시적 조치(interim measure)'가 내려질 수도 있다(제22조 제1항).

다음으로, 플랫폼 사업자에 대한 사전규제를 주된 내용으로 하는 「온라인 중개서비스의 상업적 이용자를 위한 공정성 · 투명성 규정」67이 2019 6. 20. 제정되어 2020. 7. 12.부터 시행되었다. 이에 따르면 온라인 플랫폼 사업자는 노출순위(ranking)를 결정하는 주요 변수 및 각 변

---

65 정식명칭은 "Proposal for a Regulation of the European Parliament and of the Council on Contestable and Fair Markets in the Digital Sector"이다.

66 핵심 플랫폼 서비스를 운영하는 사업자로서 1) 플랫폼을 통해 연결되는 내부 시장에서 상당한 영향력을 갖고 있거나, 2) 플랫폼을 이용하는 사업자들이 최종소비자(end user)와 거래하기 위한 중요한 관문(gateway)이 되는 핵심 플랫폼 서비스를 운영하거나, 3) 견고하고 지속적인 지위를 보유하거나 가까운 장래에 그럴 것으로 예상되는 사업자를 말한다(디지털 시장법 초안 제3조 제1항).

67 Regulation (EU) 2019/1150 of the European Parliament and of the Council on promoting fairness and transparency for business users of online intermediation services (2019) OJ L 186, 57-79.

수 간의 상대적 중요도를 약관에 명시하고(제5조 제1항), 검색 엔진을 통해 일반 대중에게도 공개해야 한다(제2항). 특정 이용업체의 경제적 대가(remuneration) 지급이 노출순위에 영향을 미치는 경우 이 역시 약관과 검색엔진을 통해 공개되어야 한다(제3항).[68]

라. EU집행위원회 의결 및 자기우대 규제에 대한 비판

EU집행위원회의 구글쇼핑 사건 의결이나 자기우대 규제에 대해 비판하는 목소리도 적지 않다.

영국 Sussex 대학의 Nicolo Zingales는 구글쇼핑 사건 의결에서 필수설비 원칙에 관한 Bronner 사건 법리가 사안에 적용되지 않는 근거가 충분히 제시되지 않았고, 자기우대 규제의 근거로 인용된 선례들이 사안과 상당한 차이가 있다고 주장한다.[69] 예컨대 ⅰ) Microsoft Corporation v Commission 사건에서는 Microsoft가 제공을 거절한 상호운용정보의 필수성(indispensability)이 중요하게 고려되었고,[70] ⅱ) Telemarketing 사건에서 역시 시장지배적 지위가 인정된 서비스가 다른 시장 사업자들의 사업활동에 필수적이었다는 점이 명시되었는데,[71] 구글쇼핑 의결에는 구글 검색의 필수성에 관한 언급이 없다는 것이다. 또한 Zingales는 ⅲ) 의결에 인용된 Commercial Solvents 사건의 경우 계속 중인 거래의 중단(거래거절)이 문제된 사안이어서 구글쇼핑 사건과 근본적인 차이가 있고,[72] ⅳ) 특정시장에서 지배적지위에 있는 사업자의 인접시장 행위를 제재할 수 있다는 논리를 위해 인용된 Tetra Pak Ⅱ 사건이 끼워팔기, 약탈적

---

68 표현에 관하여 강지원, "EU의 온라인 플랫폼 시장 불공정거래행위 규율 강화", 외국 입법동향과 분석 제22호(2020. 1.), 5면을 참고하였다.

69 Nicolo Zingales, "*Antitrust intent in an age of algorithmic nudging*", Journal of Antitrust Enforcement, Volume 7, Issue 3 (2019), pp.402-403.

70 *Microsoft Corporation v Commission, op. cit.*, paras. 374, 436, 708.

71 *Télémarketing (CBEM) v SA Compagnie luxembourgeoise de télédiffusion (CLT) and Information publicité Benelux (IPB)*, Case 311/84 (1985), para. 27.

72 *ICI and Commercial Solvents v Commission, op. cit.*

가격, 가격차별 및 기타 생산·기술개발을 방해하는 행위가 복합적으로 문제된 사건이었다는 점[73]에 대해서도 별다른 언급이 없었음을 지적한다.

Zingales는 나아가 EU집행위원회가 EU기능조약 제102조의 예시적 성격(non-exhaustive character)에 기댄 채 TFEU 제102조 위반행위 유형으로서의 자기우대에 대해 면밀히 분석하지 않았는데, 이렇게 남용행위 유형을 명확하게 정의하지 않는다면 투자와 혁신에 부정적인 영향을 줄 수 있다고 비판한다.[74] 따라서 비례원칙과 법적 확실성을 위해 경쟁제한적인 자기우대 의도의 범위를 제한할 필요가 있음을 역설하면서, '제한된 의도(qualified intent)'를 인정하기 위한 기준으로 ⅰ) 경쟁제한적 결과가 예측가능하고, ⅱ) 이러한 결과가 시장지배적사업자 행위의 직접적 결과이며,[75] ⅲ) 제반 사정을 고려할 때 행위로 인해 경쟁제한적 결과가 발생할 가능할 가능성이 그렇지 않을 가능성보다 높아야 한다는 점을 제안한다.[76]

영국 런던정경대학(London School of Economics)의 Pablo Ibáñez Colomo는 자기우대행위 그 자체는 EU경쟁법상 허용되는 능률경쟁의 범위에 속한다고 주장한다.[77] EU기능조약이 수직통합적 사업자에게 일반적으로 동일한 경쟁조건(level playing field)을 만들어 낼 의무를 부과하고 있지 않고, 사업자가 자신의 경쟁상 이점을 경쟁사업자들과 나눌 의무가 있는 것도 아니라면 수평 또는 수직통합적사업자가 누리는 경쟁상 이점이 다른 종류의 경쟁상 이점과 다르게 취급되어야 할 이유가 없다는 것이다. Colomo는 사업자가 가치사슬의 여러 단계를 직접 통제하고 생산을 내재화하는 것 자체가 통합의 목표인 이상, 사업자가 자신의 기업 내 활동(in-house activities)을 우대하는 것은 관련사업 통합의 예외적 결과라기

---

73 *Tetra Pak v Commission*, Case C333/94 P (1996).

74 Zingales, *op. cit.*, p.404.

75 경쟁사업자나 소비자의 개입 없이 구체적 효과가 발생해야 한다는 것이다.

76 Ibid., p.411.

77 Pablo Ibáñez Colomo, "*Self-Preferencing − Yet Another Epithet in Need of Limiting Principles*", World Competition Volume 43, Issue 4(2020), pp. 5-15.

보다는 오히려 합리적으로 예견 가능한 결과라는 입장이다.

Colomo는 '자기우대행위(self-preferencing)'라는 개념의 범주화가 어렵고, 어떤 위법성 판단기준을 적용해야 하는지도 불분명하다는 점에서 '자기우대행위'라는 개념 자체에도 문제가 있다고 주장한다.[78] 문언으로서의 '자기우대행위'는 거래거절과 끼워팔기 등 종전에 다른 기준에 따라 규율되던 행위 유형을 포함해 결합의 양태나(수평 또는 수직) 필요한 시정조치의 성격(행위의 중단의무를 부과하는 소극적인 행태적 시정조치, 사업모델의 변경 등 적극적인 의무를 부과하는 적극적인 행태적 시정조치, 구조적 시정조치)이 다른 다양한 행위 유형에 적용될 수 있는, 유의미한 판단기준을 찾기 어렵다는 것이다. 뿐만 아니라 Colomo는 구글쇼핑 사건에서의 표시·노출방법상의 우대행위와 같이 거래거절 등 다른 행위 유형과 비교해 상대적으로 우대의 정도가 약한 행위만을 '자기우대행위'로 규정하는 경우에도 여전히 문제가 있다고 주장한다. 우대의 정도가 강한 거래거절에는 '필수성'에 관한 Bronner 사건 법리와 같이 엄격한 기준을 충족하는 경우에 한하여 위법성이 인정되는 반면, 오히려 우대의 정도가 약한 '자기우대행위'에 대해서는 이렇게 엄격한 기준이 적용되지 않는, 모순된 결과가 발생하기 때문이다.

Colomo는 거래거절 등의 위법성을 인정하기 위해 시장지배적사업자가 제공하는 상품의 '필수성'을 요구하는 것은 1) 사업자에 대한 사업모델 변경 요구 등 적극적인 시정조치 부과는 단기적인 경쟁사업자 보호를 위해 투자와 혁신에 따른 역동적인 경쟁을 일정 부분 희생하는 면이 있고, 2) 법원이나 경쟁당국의 적극적인 개입이 어떤 효과를 불러올지 예측하기 어렵기 때문이라고 주장한다. '필수성' 요건이 사업모델이나 상품디자인에 대한 법원과 경쟁당국의 개입을 억제하는 여과장치로서 기능한다는 것이다. Colomo는 자기우대행위에 대해 이러한 여과장치가 없다면 자기우대행위가 마치 담합과 같이 일응(prima facie) 위법한 행위가 되기 때문에, '필수성' 요건을 폐기할 것인지 숙고할 필요가 있다고도 한다.[79]

---

78 Ibid., pp.16-26.

Ⅲ. 국내에서의 플랫폼 자기우대 동향 및 쟁점

1. 플랫폼 사업자의 자기우대 규제에 관한 국내 동향

가. 「온라인 플랫폼 분야 심사지침」 제정 추진

공정위는 2020. 5. 25. 온라인 플랫폼의 특성을 반영한 공정거래법 집행 기준을 마련하기 위해 별도의 심사지침 제정을 추진하고 있다고 밝혔다.[80] 기존의 「시장지배적지위 남용행위 심사기준」과 「불공정거래행위 심사지침」은 1) 플랫폼의 양면시장적 특성을 반영하지 못하고, 2) 새로운 형태의 행위 유형을 제대로 식별하고 평가하는 데 한계가 있다는 것이다.

공정위는 구체적인 식별방법 및 평가기준이 마련되어야 하는 행위의 예로 멀티호밍 차단, 최혜국 대우 요구와 함께 자기우대행위를 명시적으로 언급하였다.[81] 공정위가 목표로 하는 심사지침의 제정 시기는 2021. 6.이다.[82]

나. 공정거래위원회의 네이버쇼핑 사건

공정위는 2020. 10. 6. 네이버의 쇼핑검색 알고리즘 조정·변경을 시장지배적지위 남용행위로 제재하기로 결정한 사실을 발표하였다.[83] 네이버가 '네이버쇼핑'의 검색 알고리즘을 조정·변경한 결과 11번가, G마켓, 옥션, 인터파크 등 '오픈마켓' 사업자들의 네이버쇼핑 내 노출이 감소하고, 네이버가 운영하는 '스마트스토어' 상품의 노출이 부당하게 증가했다는 것이 공정위가 소개하는 사건의 요지이다.

---

79 Ibid., pp.26-35.
80 공정거래위원회 보도자료, "온라인 플랫폼 사업자의 불공정 행위를 심사하는데 필요한 지침 마련한다", 시장감시국 시장감시총괄과(2020. 5. 25.), 2면.
81 같은 자료, 2면.
82 공정거래위원회 보도자료, "'온라인 플랫폼 중개 거래의 공정화에 관한 법률' 제정 추진", 경쟁정책국 경쟁정책과(2020. 6. 25.), 6면.
83 공정거래위원회 보도자료, "부당하게 자사 서비스를 우선 노출한 네이버 쇼핑·동영상 제재", 시장감시국 서비스업감시과(2020. 10. 6.).

공정위는 이 사건이 "이중적 지위(dual role)를 가진 플랫폼 사업자가 자사에 유리하게 검색 알고리즘을 조정·변경하는 방식으로 이른바 '자사 우대'를 한 행위를 제재한 최초의 사례"라고 강조하고 있다.[84] 보도자료에는 시장지배적지위 남용행위에 관하여는 '기타의 사업활동 방해'(공정거래법 제3조의2 제1항 제3호, 시행령 제5조 제3항 제4호) 금지규정이 적용되었다 점만 나와 있어 어떤 법리에 따라 자기우대행위의 위법성을 판단한 것인지 정확히 알기 어렵다. 다만 공정위가 동일한 행위에 대하여 불공정거래행위 중 '거래상대방의 차별취급' 금지규정(공정거래법 제23조 제1항 제1호 후단)을 함께 적용했다는 점에서, 공정위가 자기우대행위를 '거래조건 차별'의 관점에서 바라보고 있음을 알 수 있다.

다. 「온라인 플랫폼 중개거래의 공정화에 관한 법률」 입법 추진

공정위는 2020. 6. 25. 「온라인 플랫폼 중개거래의 공정화에 관한 법률」(이하 '플랫폼공정화법') 제정을 추진하고 있음을 공식 발표하였다.[85] 코로나 19 사태로 비대면 거래가 폭발적으로 증가하고 플랫폼이 여러 산업 분야로 확산되는 상황에서 플랫폼과 입점업체 간 건전한 거래질서 확립과 혁신 성장을 위한 규율을 마련할 필요가 있다는 것이 입법 추진의 배경이었다.[86] 법안 준비절차는 빠르게 진행되어 약 3개월 뒤인 2020. 9. 28. 공정위가 마련한 제정안이 입법예고되었다.[87]

공정위가 입법예고한 플랫폼공정화법(안)은 일정 규모[88] 이상의 온라

---

84 앞의 자료, 1면.

85 공정거래위원회, 앞의 자료(2020. 6. 25.자 보도자료).

86 앞의 자료, 1, 3면.

87 공정거래위원회 보도자료, "공정위, 「온라인플랫폼 공정화법」 제정안 입법예고", 시장감시국 시장감시총괄과(2020. 9. 28.). 그보다 앞선 2020. 7. 13. 더불어민주당 송갑석 의원 등 10인이 공정위안과 별도로 「온라인플랫폼 통신판매중개거래의 공정화에 관한 법률안」(의안번호 2101835)을 발의한 바 있다.

88 직전 사업연도의 온라인 플랫폼 중개서비스 거래금액이 매출액 기준 100억 원 이내의 범위, 중개거래금액 기준 1,000억 원 이내의 범위에서 대통령령으로 정하는 금액 이상인 경우. 이때 '중개거래금액'은 단순 매출액이 아닌, 온라인 플랫폼 중개서비스

인 플랫폼 중개서비스업자를 적용 대상으로 하고 있다(제3조 제2항). 법 적용을 받는 온라인 플랫폼 중개서비스업자는 온라인 플랫폼 이용사업자가 되려는 자와 중개계약을 체결한 즉시 서면의 계약서를 제공해야 하는데, 계약서에는 "온라인 플랫폼 이용사업자가 판매하는 재화 등의 정보가 온라인 플랫폼에서 소비자에게 노출되는 방식 및 노출 순서의 결정 기준(온라인 플랫폼 이용사업자가 지불하는 수수료가 노출 방식 및 순서에 미치는 영향을 포함)"이 포함되어야 한다(제6조 제1항 제10호). 이를 위반할 경우 공정위는 시정명령(제25조) 및 과징금을 부과할 수 있다(제29조 제1항).

나아가 플랫폼공정화법(안)에 따르면, 온라인 플랫폼 중개서비스업자가 온라인 플랫폼 이용사업자에 대하여 거래상 우월적 지위에 있는 경우 본법상 불공정거래행위 금지규정(제9조)을 공정거래법상 거래상지위남용 행위 금지규정(제23조 제1항 제4호)에 우선하여 적용하도록 하고 있다(제3조 제2항, 제4조). '거래상 우월적 지위'는 온라인 플랫폼 시장의 구조, 소비자 및 플랫폼 이용사업자의 플랫폼 이용 양태 및 이용 집중도, 플랫폼 중개서비스업자와 이용사업자 사이의 사업능력 격차, 거래의존도 등을 고려하여 판단하도록 되어 있는데(제3조 제4항), "이 법 제9조 규정은 온라인 플랫폼 중개서비스업자가 온라인 플랫폼 이용사업자에 대하여 거래상 우월적 지위에 있다고 인정되지 아니하는 거래에 대하여는 적용하지 아니한다"라는 법문의 구조상 거래상 우월적 지위가 추정된다고 해석될 소지가 있다(동조 제3항). 플랫폼공정화법(안)에 따른 불공정거래행위가 성립할 경우 최대 법 위반금액의 2배에 달하는 높은 과징금이 부과될 수 있는데(제29조 제1항), 문언상 적용범위가 매우 포괄적인 제4호의 '불이익 제공행위'(부당하게 온라인 플랫폼 이용사업자에게 불이익이 되도록 거래조건을 설정 또는 변경하거나 그 이행과정에서 불이익을 주는 행위)와 공정거래법상 시장지배적지위 남용행위의 관계가 어떻게 될 것인지가 문제된다.

를 통해 판매가 이루어진 재화 등의 판매가액 합계액을 말한다.

2. 국내에서의 자기우대 규제와 관련된 쟁점들

가. 플랫폼 사업자의 사업영역 확장을 어떻게 바라볼 것인가 - 시장 지배력 전이(leverage)의 법적 취급

'시장지배력 전이 이론'은 국내에서 심도 있게 논의된 이론은 아니다. "경쟁제한 효과가 문제되는 관련시장과 시장지배적지위가 인정되는 시장이 반드시 일치해야 하는 것은 아니다"라는 명제 자체에 대해서는 포스코 판결[89] 이후 별다른 이의가 제기된 바 없지만, 시장지배력의 전이로 인해 구체적인 경쟁제한효과가 인정된 사례는 찾아보기 어렵다. 티브로드 판결에서는 "프로그램 송출 시장에서 시장지배적사업자인 원고의 시장지배력이 프로그램 송출서비스 시장으로 전이된다고 볼 만한 근거를 찾아볼 수도 없다"며 시장지배력 전이를 명시적으로 부정하였으나, 이론 자체에 대해서는 따로 언급하지 않았다.[90]

온라인 플랫폼 시장의 성장과 함께 플랫폼 사업자의 인접시장 진출이 빈번하게 발생하면서, 시장지배력 이론이 다시 조명받고 있다. 메신저 사업자인 카카오는 검색포털(다음), 음악 스트리밍(멜론) 및 간편결제(카카오페이) 시장에 진출했고, 검색포털 서비스에서 시작한 네이버 역시 웹툰이나 쇼핑, 간편결제 등으로 서비스 영역을 넓혀 나갔다. 사업영역의 다각화·복잡화로 인해 사업자들 간 코피티션(co-opetition)[91]이 일상화되면서, 거래관계에 있는 사업자들이 서로를 잠재적 경쟁자로 바라보는 경우가 많아졌고, 특정시장의 주요 사업자가 인접시장을 잠식하는 것을 걱정하는 목소리도 증가하였다.

다만, 시장지배적사업자의 사업영역 확장이 언제나 경쟁제한적인 결과를 야기하지 않는다는 점에서 신중한 접근이 필요하다. 시장지배력 전

---

89 대법원 2007. 11. 22. 선고 2002두8626 전원합의체 판결.
90 대법원 2008. 12. 11. 선고 2007두25183 판결.
91 "경쟁(competition)"과 "협력(competition)"의 합성어로, 경쟁과 협력이 동시에 발생하는 역동적 관계를 일컫는다. Adam M. Brandenburger, Barry J. Nalebuff, Co-Opetition, Crown, 2011, pp.4-5.

이 이론은 ⅰ) 시장지배적지위 보유 여부 판단에서 ⅱ) 경쟁제한 효과 발생 여부 판단으로 이어지는 2단계의 시장지배적 지위남용행위 판단구조를 ⅰ) 특정시장에서의 지배적지위 보유 여부 판단 ⅱ) 특정시장에서 지배적지위의 인접시장으로의 전이가능성 판단 ⅲ) 인접시장에서의 경쟁제한성 판단의 3단계 구조로 확장한 것으로 볼 수 있는데, 전이가능성이 인정된다고 해서 "경쟁제한성 판단"기준에 본질적인 차이가 발생할 수는 없기 때문이다. 시장지배력의 전이에 따른 "경쟁제한의 우려"는 단순히 사업자가 인접시장에서 영향력을 확대할 우려(전이가능성)가 아니라, 지배력이 전이된 인접시장에서 "상품의 가격상승, 산출량 감소, 혁신 저해, 유력한 경쟁사업자의 수의 감소, 다양성 감소"라는 구체적인 경쟁제한효과[92]가 나타날 우려를 기준으로 판단할 필요가 있다. 그렇게 보지 않고 단순히 인접시장에서 영향력을 확대할 가능성이 있는 정도로 경쟁제한효과를 인정하게 된다면 시장지배적 지위가 있는 시장보다 다른 시장에서 지배력의 남용이 발생할 가능성이 높다는 모순이 발생할 수 있을 것이다.

기존 사례에서도 같은 입장이 확인된다. 시장지배력 전이 이론이 처음 도입된 미국에서도 "두 번째 시장(인접시장)의 독점화 성공 확률이 위험할 정도로 높은 경우"에 한하여 위법성이 인정될 수 있다는 법리가 명시적으로 확립되어 있다.[93] 우리나라의 '마이크로소프트 끼워팔기 사건'에서도 결합판매의 종된 상품시장인 윈도우미디어서비스(WMS), 윈도우미디어플레이어(WMP), 윈도우메신저(MSN 포함)의 점유율이 각각 82%, 60.5%(원천기술 사업자 기준으로는 89.2%), 61%(주 사용 기준)까지 상승한 점이 우선 입증되었다.[94] 일각에서 시장지배력의 전이를 인정한 판례라고 소개하는[95] SK텔레콤 DRM 사건에서도 "시장지배적사업자가 자신이 지배하는 시장뿐만 아니라 그 이전 또는 다음 단계의 인접시장에서 자신의

92 대법원 2007. 11. 22. 선고 2002두8626 전원합의체 판결.
93 *Verizon Communications Inc. v. Law Offices of Curtis V. Trinko, LLP, op. cit.*
94 공정위 2006. 2. 24. 의결 제2006-042호, 72, 148, 218면.
95 김형배, 공정거래법의 이론과 실제, 삼일, 2019, 184면.

지배력을 전이(轉移: leveraging)하여 그 시장에서 다른 사업자의 활동을 부당하게 방해하는 경우도 시장지배적지위의 남용에 해당된다"는 일반론 및 주된 시장(이동통신서비스 시장)과 종된 시장(MP3파일 다운로드 서비스 시장)의 밀접성을 인정한 판시와는 별개로 포스코 판결 법리에 따른 경쟁제한성 판단이 이루어졌을 뿐이며, 그 결과 부당성이 인정되지 않아 처분이 취소되었다.[96]

나. 자기 사업을 우대하는 것은 '차별'인가 - 행위 유형 및 위법성 판단기준

서로 다른 거래상대방을 합리적 이유 없이 다르게 취급하는 행위는 '차별'에 해당할 수 있다. 그런데 자기 자신의 서비스를 경쟁사업자의 서비스보다 우대하는 행위를 '차별'행위의 관점에서 접근하는 것이 타당한지 의문이다.

'차별'이 성립하기 위해서는 동등하게 대우해야 할 의무가 전제되어야 한다. 구글사건 의결서에서 EU집행위원회는 '특별한 책임'을 언급하고 있고,[97] EU보고서는 한발 더 나아가 시장지배적 플랫폼 사업자에게는 동일한 경쟁조건(level playing field)을 보장할 의무까지 있다고 한다.[98]

그러나 여러 학자들이 지적하는 것처럼, 플랫폼 사업자가 자기 자신과 거래상대방을 동등하게 대우할 의무를 부과해야 할 법적 근거는 명확하지 않다.[99] Petit는 1) 거래상대방에 대한 차별적 취급의 금지규정(EU기능조약 제102조 제c항), 2) 끼워팔기 금지규정(동조 제d항), 그리고 3) 부당한 가격결정 금지규정(동조 제a항)에서도 차별취급 금지의무가 도출될 수 있다고 주장하나[100] 시장지배적사업자에게 끼워팔기나 거래상대방

---

96 서울고등법원 2007. 12. 27. 선고 2007누8623 판결, 대법원 2011. 10. 13. 선고 2008두1832 판결.

97 *Google Search (Shopping)*, *op. cit.*, para. 331.

98 Crémer et al, *op. cit.*, p. 62.

99 Vesterdorf, *op. cit.*, pp.6-7; Colomo, *op. cit.*, pp. 5-15.

100 Petit, *op. cit.*, pp. 2-7.

간 차별적 취급을 넘어 자기 자신과 제3자마저 평등하게 취급해야 할 일 반적 의무가 부과되어야 할 근거는 충분히 설명하지 못하고 있다. EU보 고서에서 인용하는 Meca-Medina 판결 역시 도핑금지규칙에 따른 규제 가 필요한 수준으로 제한되어야 한다는 것일 뿐,[101] 사업자가 자기 자신 과 제3자를 동등하게 대우해야 한다는 주장과는 직접적으로 관련이 없 다. 인터넷 검색엔진이 검색결과에서 자신의 콘텐츠를 우대하지 않고 객 관적인 연관성을 기준으로 검색결과의 순위를 결정하는 중립적인 알고리 즘을 사용해야 한다는[102] 소위 '검색중립성' 개념이 경쟁법 집행에 적용되 는 확고한 규제원리로서 널리 받아들여진다고 보기도 어렵다.[103]

EU집행위원회는 시장지배적사업자의 '특별한 책임'에서 비차별의무 를 도출하려고 시도한 것으로 보이나,[104] '특별한 책임' 그 자체만으로 플 랫폼사업자의 비차별의무가 당연히 인정된다고 보기에는 어렵다. '특별한 책임'은 EU 경쟁법상 시장지배적지 위남용행위 전반에 걸쳐 인정되는 개념이며, 다른 시장지배적사업자들은 필수설비를 보유한 경우에 한하여 상업성이 있는 수준의 접근을 허용하는 것으로 '특별한 책임'을 다했다고 볼 수 있음에도, 유독 플랫폼 사업자의 경우에만 자기 자신과 다른 사업 자들을 기계적으로 동등하게 취급해야 할 의무가 있다고 볼 근거는 없기 때문이다. 모든 플랫폼이 필수설비에 해당하지는 않고, 노출에 있어서의 차등적 대우가 그 속성상 거래거절만큼 경쟁사업자를 강하게 봉쇄하지

---

101 *David Meca-Medina and Igor Majcen v Commission of the European Communities*, *op. cit.*, para. 47.

102 Daniel A. Crane, *"Search Neutrality as an Antitrust Principle"*, Public Law and Legal Theory Working Paper Series Working Paper No. 11-016 (2011), p.1. 조성국·이호영, "인터넷 검색사업자의 경쟁법적 규제에관한 연구 – 검색중립성 논의와 규제사례 및 그 시사점을 중심으로", 경쟁법연구, 제31권(2015), 275면에서 재인용.

103 이황, "디자인 변경에 대한 경쟁법 규제와 구글쇼핑 사건", 선진상사법률연구 제90 호(2020), 94-95면; 이상윤·이황, "검색 중립성과 경쟁법 집행원리", 경쟁법연구 제 40권(2019), 294-295면.

104 *Google Search (Shopping)*, *op. cit.*, para. 331.

않는다는 점을 고려하면 더더욱 그렇다.

결국 중요한 것은 자기우대의 '정도'와 그로 인한 효과의 문제로 보인다. 우리 공정거래법상 자기우대행위를 '차별'의 관점에서 접근하든, '거래거절'의 관점에서 접근하든 결국 자기우대행위로 인해 다른 사업자의 사업활동이 '부당하게' 방해되었는지에 대한 판단이 필요하다(제3조의2 제1항 제3호). 구글쇼핑 사건 의결서는 행위로 인해 자사 서비스의 노출이 증가하고 경쟁 서비스의 노출이 감소했다는 점을 경쟁제한성의 주된 근거로 제시하고 있으나, 자사 서비스의 노출이 증가하고 경쟁 서비스의 노출이 감소했다는 지적은 '자기우대행위가 있었다'는 평가의 동어반복에 불과하다. 경쟁사업자의 배제나 시장의 봉쇄와 같은 구체적인 경쟁제한 효과 없이 자기우대행위를 일응(prima facie) 위법한 행위로 보는 것은 Colomo가 지적하는 바와 같이 다른 행위 유형보다 우대의 정도가 약한 행위에 대해 보다 완화된 위법성 판단기준을 적용하는 모순이 있다.[105]

EU집행위원회는 실제로 시장에서 퇴출된 경쟁 사업자가 있는지 여부에 대해서는 "증명할 의무가 없다"라는 말 외에는 구체적인 설시를 하지 않았고, 여전히 수백 개의 경쟁사업자가 활동 중이라는 구글의 주장도 "행위가 없었다면 더 많은 사업자가 활동 중일 것이다"라고 일축하였는데,[106] 포스코 판결 법리가 배제남용행위의 부당성 판단기준에 관한 대원칙으로 확립된 우리나라의 경우 보다 엄밀한 부당성 입증이 필요할 것으로 생각된다.[107]

---

105 Colomo, *op. cit.*, pp.25-26.

106 *Google Search (Shopping)*, *op. cit.*, paras. 602-603.

107 대법원 2007. 11. 22. 선고 2002두8626 전원합의체 판결. 다수의견은 "경쟁제한적인 의도나 목적이 전혀 없거나 불분명한 전략적 사업활동에 관하여도 다른 사업자를 다소 불리하게 한다는 이유만으로 경쟁 제한을 규제 대상으로 삼는 법률에 위반된 것으로 처분한다면 이는 그 규제를 경쟁의 보호가 아닌 경쟁자의 보호를 위한 규제로 만들 우려가 있을 뿐 아니라, 기업의 사업활동을 부당하게 위축시켜 결과적으로는 경쟁력 있는 사업자 위주로 시장이 재편되는 시장경제의 본래적 효율성을 저해하게 될 위험성이 있[음]"을 명시적으로 판시하고 있다.

다. 사전규제와 사후규제 중 어떤 접근법을 택할 것인가 - 규제방
    법의 문제

투명성의 확보가 중요한 경쟁법 정책 문제가 될 수 있다는 EU보고
서의 견해[108]는 타당한 면이 있다. 검색결과의 노출 알고리즘을 사후적인
관점에서 평가하는 것에 여러 난점이 있다면, 사전적으로 플랫폼 사업자
들에게 노출기준의 주요 내용을 공개하도록 하여 사업자들이 어떤 플랫
폼과 거래할지를 선택할 수 있도록 하는 방법으로 문제를 해결할 수도
있다. EU의 「온라인 중개서비스의 상업적 이용자를 위한 공정성·투명성
규정」과 공정위가 입법예고한 플랫폼공정화법(안)이 온라인 플랫폼 사업
자에게 노출순위(ranking)를 결정하는 주요 변수, 각 변수 간의 상대적
중요도 및 경제적 대가지급과 노출순위의 영향에 관한 내용을 공개하도
록 하는 것도 같은 이유일 것이다.

알고리즘의 투명성이 확보된다면, 검색 노출 알고리즘 관련 자기우
대행위로 인한 경쟁제한의 우려는 상당 부분 해소될 가능성이 있다. 플
랫폼 사업자가 알고리즘 조정을 통해 경쟁상 우위를 차지하려 한다 하더
라도 이용자들이 그러한 의도와 과정을 알고 있다면 이를 감안하여 검색
결과를 이해하고 합리적으로 선택할 것이기 때문이다. 장기적으로 본다
면, 잠재적인 이용사업자에게 매력적이지 않은 노출기준을 가진 플랫폼
은 경쟁을 통해 자연적으로 도태될 것이다. 다만 알고리즘의 세부적인
부분까지 공개하도록 하면 이용사업자들이 자신들의 노출순위를 상승시
키기 위해 공개된 알고리즘을 악용(abusing)하거나, 플랫폼 사업자들 간
의 상호 알고리즘 참고로 인한 다양성 감소의 문제 등이 나타날 수 있으
므로,[109] 노출순위 결정방식의 공개의무를 정함에 있어 이 부분을 신중히
고려할 필요가 있다.[110]

---

108 Crémer et al, *op. cit.*, pp.63-65.
109 Laura A. Granka, *"The Politics of Search: A Decade Retrospective"*, The
    Information Society, volume 26 (2010), p.366.
110 「온라인 중개서비스의 상업적 이용자를 위한 공정성·투명성 규정」에서 알고리즘 전

라. 능률경쟁과 혁신, 소비자 후생은 공허한 구호인가 – 객관적 정당화 사유의 실질적 취급 문제

시장지배적사업자의 행위에 대해 경쟁제한적 효과를 인정하면서도 객관적 정당화 사유가 인정되어 부당성이 조각되는 경우는 드물다. 하지만 경쟁법이 거래거절, 끼워팔기 등 제한된 행위를 규율하는 데에서 더 나아가 사업자의 '자기우대'와 같이 그 범위가 매우 넓고, 경쟁제한적 의도와 '능률경쟁'의 경계가 모호한[111] 행위를 규제하고자 한다면, 더욱이 구글 쇼핑 사건의 EU집행위원회처럼 현실적인 경쟁제한 효과의 확인 없이 추상적인 경쟁제한의 우려 내지 개연성만으로 사업활동에 일정한 제한을 가하고자 한다면, 객관적 정당화 사유의 인정기준에 대한 심도 있는 고민이 필요하다.

EU뿐만 아니라 미국, 캐나다, 대만, 영국 등 여러 나라의 경쟁당국이나 법원 또한 구글의 행위(일반검색에서 쇼핑이나 지역정보 등 자사 수직검색 서비스를 우대)의 위법성에 대해 판단했으나, 이들은 법위반을 인정하지 않았다. ⅰ) 미국 연방거래위원회(Federal Trade Commission)는 구글의 검색 알고리즘 변화로 인해 경쟁사업자들의 지위가 약화되었다고 하더라도 구글의 행위가 웹사이트 다양성 증대를 통해 검색결과를 개선한 것으로 볼 수 있다는 점 등을 고려해 무혐의 결정을 내렸고,[112] ⅱ) 캐나다 경쟁당국(Competition Bureau Canada)은 경쟁제한성을 판단함에 있어서는 품질, 편의성, 가치를 증가시키는 기능, 급속히 발전하는 분야에서의 혁신과 같은 비가격적 요소에도 주목할 필요가 있고, 이런 관점

체가 아닌 주요 변수 및 이들 간의 상대적 중요성 정도만을 공개하도록 하는 것도 같은 취지에서 이해할 수 있다(제5조). 다만 어디까지가 주요 변수에 해당하는지, 주요 변수에 관하여 얼마나 세부적인 내용까지 공개되어야 하는지는 대한 구체적 기준은 아직까지 마련되지 않은 것으로 보인다.

111 Zingales, *op. cit.*, p.404; Colomo, *op. cit.*, pp. 16-26.
112 Federal Trade Commission, "*Statement of the Federal Trade Commission Regarding Google's Search Practices In the Matter of Google Inc. FTC File Number 111-0163*" (2013. 1. 3.), pp. 2-3.

에서 구글의 알고리즘 변경행위는 사용자 경험을 개선하기 위한 것으로 보이며, 경쟁제한적 의도로 이루어졌다고 볼만한 증거가 없다며 무혐의 결정을 내렸다.[113] iii) 대만 공평교역위원회(Taiwan Fair Trade Commission) 또한 어떤 사업활동이 경쟁사업자들에 의해 널리 받아들여졌다면 그런 사업활동은 대체로 소비자들에게 이로운 것인데, 야후 등이 이후 구글과 비슷하게 검색결과 1페이지에 지도 썸네일을 표시하는 방안을 도입한 점을 고려할 때 위 기능이 실제로 사업자 경험을 향상시켰음을 보여준다는 등 이유로 무혐의 결정을 내렸고,[114] 4) 영국 고등법원(England and Wales High Court) 역시 구글에게 경쟁사업자들이 제공하는 지도 서비스의 썸네일이나 하이퍼링크까지 함께 표시할 의무를 부과한다면 구글에게 상당한 추가비용과 부담이 발생하는데, 이미 지도 제작에 필요한 모든 데이터를 보유한 구글로서는 이러한 비용과 부담을 감수할 필요가 없다는 점에서 (설령 경쟁제한효과가 있다고 하더라도) 객관적 정당화 사유가 존재한다고 판단했다.[115] 이처럼 EU집행위원회의 판단이 이루어지기 앞서 구글의 동일하거나 비슷한 행위에 대해 여러 국가의 경쟁당국과 법원이 객관적 정당성을 인정한 사례가 있음에도 불구하고 EU집행위원회가 이 부분에 관하여 구체적인 설명을 하지 아니한 채 "차별만 하지 않는다면 구글은 원하는 조치를 할 수 있고, 차별이 불가피하다는 점이 충분히 입증되지 않았다"는 취지의 간략한 설시만을 남긴 것은 다소 납득하기 어렵다.

우리 공정거래법은 배제남용의 부당성을 인정함에 있어 경쟁제한의 우려뿐만 아니라 경쟁제한적 의도·목적을 함께 요구하고 있다. 판례 중에도 일정한 경쟁제한 효과가 발생했음을 인정하면서도 사업자의 행위에 정당한 이유가 있는 점을 이유로 경쟁제한적 의도나 목적을 부정한 사례

---

113 Competition Bureau Canada, "*Competition Bureau statement regarding its investigation into alleged anti-competitive conduct by Google*" (2016. 4. 19.).
114 Taiwan FTC Newsletter, "*The Legality of Google's Vertical Search Service from the Perspective of Monopolistic Enterprises*" (2015. 12), p. 3.
115 *Streetmap.Eu Ltd v Google Inc and Others*, [2016] EWHC 253, paras. 142-176.

가 있다(SK텔레콤 DRM 사건).[116] 경쟁제한적 의도·목적은 처분의 적법을 주장하는 공정위가 증명해야 한다는 점을 고려하면[117] 이러한 의도·목적을 판단할 때 중요한 요소가 되는 요소, 즉 사업자의 행위가 정당한 능률경쟁에 해당하는지, 소비자 후생 증진을 위한 것인지 등의 사정이 충분히 고려될 필요가 있다.

Ⅳ. 결론

온라인 플랫폼이 우리 경제활동에서 차지하는 비중은 더욱 커질 것이다. 소비자들은 온라인 플랫폼을 통해 재화나 서비스를 비교하고 선택하며, 판매자는 소비자가 모여드는 온라인 플랫폼을 찾아다닌다. 플랫폼 사업자는 양면시장에서 형성된 고객 그룹을 이용하여 사업을 확장해나가면서 기존 플랫폼을 '활용'할 유인을 가지며, 이 과정에서 경쟁수단의 불공정성이나 시장지배력의 확대에 대한 우려가 제기될 수 있다.

다만 전 세계적으로 온라인 플랫폼 시장은 치열한 경쟁상황이 함께 관찰된다는 점도 간과될 수 없다. 주요 테크기업은 GAFA(구글, 아마존, 페이스북, 애플)에서 시작하여 FAANG(페이스북, 아마존, 애플, 넷플릭스, 구글)을 거쳐 MAGA(마이크로소프트, 애플, 구글, 아마존)으로 가고 있고, 기존 사업영역의 경계가 사라지면서 독보적인 1등 사업자의 지위가 확고히 유지될지는 미지수이다. 플랫폼 사업자는 때로는 서로의 사업모델을 모방하고, 때로는 차별화된 사업모델을 내놓으면서 혁신과 발전을 거듭하기도 한다. 온라인플랫폼에 대한 규제가, '외형적 성장'에 대한 막연한 우려에서 출발하여 과다집행의 오류를 낳지 않도록 해야 할 것이다.

---

116 서울고등법원 2007. 12. 27. 선고 2007누8623 판결; 대법원 2011. 10. 13. 선고 2008두1832 판결.
117 대법원 2011. 9. 8. 선고 2009두15005 판결 등.

참고문헌

Ⅰ. 단행본·연구보고서

권오승·서정, 독점규제법(제4판), 법문사, 2020.

김형배, 공정거래법의 이론과 실제, 삼일, 2019.

Alison Jones, Brenda Sufrin, Niamh Dunne, EU Competition Law: Text, Cases, and Materials (seventh edition), oxford university Press (2019).

Herbert Hovenkamp, Federal antitrust policy: the law of competition and its practice (fifth edition), St. Paul, Minn: West Pub. Co. (2016).

Pablo Ibáñez Colomo, The Shaping of EU Competition Law, Cambridge University Press (2018).

Ⅱ. 논문

강지원, "EU의 온라인 플랫폼 시장 불공정거래행위 규율 강화", 외국입법동향과 분석 제22호(2020. 1.)

이상윤, "디지털 시장법(Digital Markets Act) 초안(proposal)의 주요 내용과 의의", 고려대학교 ICR 센터 (2020. 12.).

이상윤, "유럽연합의 플랫폼 규제 동향 – "Digital Services Act"와 "New Competition Tool" –", 외법논집 제44권 제3호(2020. 8.).

이상윤·이황, "검색 중립성과 경쟁법 집행원리", 경쟁법연구 제40권(2019).

이황, "디자인 변경에 대한 경쟁법 규제와 구글쇼핑 사건", 선진상사법률연구 제90호(2020).

최승재, "지적재산권 라이센스 거절의 규율과 필수설비 판단기준", 법학논고 제30권(2009. 6.).

Bo Vesterdorf, "Theories of self-preferencing and duty to deal-two sides of the same coin", Competition Law & Policy Debate,

Volume 1 (2015).

Daniel A. Crane, "Search Neutrality as an Antitrust Principle", Public Law and Legal Theory Working Paper Series Working Paper No. 11-016 (2011).

Laura A. Granka, "The Politics of Search: A Decade Retrospective", The Information Society, volume 26 (2010).

Nicolas Petit, "Theories of Self-Preferencing Under Article 102 TFEU: A Reply to Bo Vesterdorf", Competition Law & Policy Debate 1 CLPD (2015).

Nicolo Zingales, "Antitrust intent in an age of algorithmic nudging", Journal of Antitrust Enforcement, Volume 7, Issue 3 (2019).

Pablo Ibáñez Colomo, "Self-Preferencing: Yet Another Epithet in Need of Limiting Principles", World Competition Volume 43, Issue 4 (2020).

III. 기타자료

공정거래위원회 보도자료, "공정위, 「온라인플랫폼 공정화법」 제정안 입법예고", 시장감시국 시장감시총괄과(2020. 9. 28.)

공정거래위원회 보도자료, "부당하게 자사 서비스를 우선 노출한 네이버 쇼핑·동영상 제재", 시장감시국 서비스업감시과(2020. 10. 6.).

공정거래위원회 보도자료, "온라인 플랫폼 사업자의 불공정 행위를 심사하는 데 필요한 지침 마련한다", 시장감시국 시장감시총괄과(2020. 5. 25.).

공정거래위원회 보도자료, "'온라인 플랫폼 중개 거래의 공정화에 관한 법률' 제정 추진", 경쟁정책국 경쟁정책과(2020. 6. 25.)

Competition Bureau Canada, "Competition Bureau statement regarding its investigation into alleged anti-competitive conduct by Google" (2016. 4. 19.).

EU press release, "Antitrust: Commission probes allegations of antitrust violations by Google" (2010. 11. 30.).

Federal Trade Commission, "Statement of the Federal Trade Commission Regarding Google's Search Practices In the Matter of Google Inc. FTC File Number 111–0163" (2013. 1. 3.)

Kent Walker, "The European Commission decision on online shopping: the other side of the story", Google official blog (2017. 6. 27.).

Official Journal of the European Union, "Case T–612/17: Action brought on 11 September 2017 — Google and Alphabet v Commission" (2017. 9. 11.).

Simon Van Dorpe, "Google leaves court bruised, not broken", Politico (2020. 2. 14.).

Sam Schechner, "Google Rolls Out Search, Shopping Ad Changes in Europe", The Wall Street Journal(Sep. 27, 2017).

Taiwan FTC Newsletter, "The Legality of Google's Vertical Search Service from the Perspective of Monopolistic Enterprises" (2015. 12).

데이터와 개인정보 보호에 관한
경쟁법 적용 문제
- 독일 페이스북 사건을 중심으로

데이터와 개인정보 보호에 관한 경쟁법 적용 문제 – 독일 페이스북 사건을 중심으로

김지홍·김승현

Ⅰ. 서론

대형 온라인플랫폼에 대한 규제 또는 제재의 시도가 전세계에서 동시다발적으로 일어나고 있다. Big Tech 기업에 대한 정치적 규제 시도가 2019년 상반기에만 450개나 있었다는 사실이 단적으로 말해준다.[1] 온라인플랫폼이 21세기 시장경제의 핵심이자 대세이기 때문이며, 기존의 법과 제도가 새로이 등장한 온라인플랫폼 규제에 부족하거나 맞지 않기 때문이기도 하다.

온라인플랫폼을 둘러싼 여러 논의 가운데 빅데이터와 개인정보 보호 문제가 있다. "개인과 조직이 점점 더 많이 디지털 장치를 사용하여 디지털화된 활동을 하면서 디지털 흔적을 남기게 되었고, 이러한 흔적을 이용하여 컴퓨터가 형성하고 처리하여 네트워크를 통해 전송되는 데이터의 소비, 이용 및 창출이 현대 경제적·사회적 활동의 핵심적 특징이 되었는데,"[2] 이를 경쟁법상 어떻게 바라보고 규제할 수 있는지 논란이 되는 것이다. 영국 경쟁시장청(CMA)이 2015. 6. 「소비자 정보의 상업적 이용(The Commercial Use of Consumer Data)」[3]이란 보고서를 내었는가 하

---

[1] Hogan Lovells, "Digital Avant-Garde: Germany's Proposed 'Digital Antitrust Law'",
https://www.hoganlovells.com/~/media/germany_folder-for-german-team/artikel/2019_12_cpi-antitrust-chronicle_ritz-schoening_digitalavant-garde.pdf (2019. 12.), p. 2.
[2] 이호영, "빅데이터의 경쟁법적 함의에 관한 연구", 법경제학연구 제15권 제3호(2018. 12.), 294면.

면, 미국 FTC는 2016. 1. 「빅데이터 활용이 경쟁과 소비자에게 미치는 영향(Big Data, A Tool for Inclusion or Exclusion)」[4]을, 독일과 프랑스 경쟁당국은 공동으로 「경쟁법과 데이터(Competition Law and Data)」[5]라는 연구보고서를 내었고, 2016. 10.에는 「빅데이터: 디지털 시대의 경쟁정책 변화(Big Data: Bringing Competition Policy to the Digital Era)」[6]라는 제목의 OECD 보고서가 출간되기도 하였다.[7] 우리 공정거래위원회도 「4차 산업혁명에 따른 경쟁법 현대화 방안」, 「빅데이터 분야 경쟁실태 조사 및 비교연구」 등 연구용역보고서를 2018년 연달아 제출받았다.

논란의 핵심은 기술진보와 이를 통해 확보한 빅데이터의 혜택을 충분히 누리면서도 개인의 프라이버시를 어떻게 지키고 보호할 것인가이다.[8] 이에 관해서는 "시장의 경쟁과 자정 기능에 전적으로 맡기자"는 견해부터 "경쟁법과 소비자보호법을 통합하여 경쟁법의 렌즈로 프라이버시 문제를 바라보자"는 견해까지 다양한 스펙트럼이 존재한다.[9]

데이터와 개인정보 보호에 관한 경쟁법적 접근에 가장 적극적인 것은 독일이라 할 수 있는데, 그 태풍의 눈에 독일 페이스북 사건이 위치한다. 이 글에서는 페이스북 사건의 내용 및 경과를 살펴보고, 그 배경

---

3 https://assets.publishing.service.gov.uk/government/uploads/system/uploads/attachment_data/ file/435817/The_commercial_use_of_consumer_data.pdf.

4 https://www.ftc.gov/system/files/documents/reports/big-data-tool inclusion-or-exclusion-understanding-issues/160106big-data-rpt.pdf.

5 http://www.autoritedelaconcurrence.fr/doc/reportcompetitionlawanddatafinal.pdf.

6 http://www.oecd.org/competition/big-data-bringing-competition-policyto-t he-digital-era.htm.

7 그밖에도 일본 공정취인위원회의 「데이터와 경쟁정책에 관한 연구보고서(データと競争政策に関する検討会報告書, Report of Study Group on Data and Competition Policy)」, 네덜란드 경제부의 「빅데이터와 경쟁(Big data and competition)」 등 빅데이터/개인정보와 경쟁정책에 관한 세계 각국의 연구자료는 일일이 열거하기 어려울 만큼 많다.

8 Maureen K. Ohlhausen & Alexander Okuliar, "Competition, Consumer Protection, and the Right [Approach] to Privacy", Antitrust *Law Journal* Vol. 80, p. 122.

9 Ibid. p. 122.

에 깔려 있는 데이터와 개인정보 보호에 관한 경쟁법적 논의를 살펴본 다음, 페이스북 사안이 한국에서 문제된다면 어떻게 처리될 수 있고 처리되어야 하는지에 대하여 짚어 본다.

Ⅱ. 독일 페이스북 사건의 주요 내용과 분석

1. 개관: 경쟁당국의 이목과 독일의 선도적 규제

페이스북(Facebook)은 전세계 20억 명의 이용자를 확보하고 있는 미국 기반 소셜미디어 사업자다. 2004년 당시 19세의 하버드 학부생들이 설립한 이래 10여 년 만에 시가총액 세계 5위 기업으로 올라섰고, 현재 정보기술(IT) 분야에서 가장 강력한 기업으로 꼽히는 'GAFA'(Google, Amazon, Facebook, Apple)의 일원이다.

페이스북의 핵심 상품은 소셜네트워크 서비스인 'Facebook.com'으로, 세계 인구의 3분의 1이 페이스북 계정을 만들어 이용하고 있다. 페이스북은 소셜네트워크 서비스를 무상으로 제공하여 다수의 이용자 집단을 확보한 다음, 이들에게 온라인광고를 보여주는 대가로 광고주로부터 광고료 수입을 얻는 전형적인 온라인플랫폼사업자의 수익구조를 취한다. 이용자로부터 수집한 데이터를 기반으로 관심사, 구매력 등을 반영한 '맞춤형 광고'를 제공한다는 점이 특징적이다. 이러한 방법으로 페이스북이 올리는 개인 이용자 1명당 평균수익은 분기당 미화 7.37달러,[10] 온라인광고 매출은 연 696억 달러에 달한다.[11]

페이스북은 소셜네트워크 사업에서 성공한 이후 인접 시장의 기업을

---

10 2018년 12월 기준. Facebook, "Facebook Q4 2018 Results", https://s21.q4cdn.com/399680738/files/doc_financials/2018/Q4/Q4-2018-Earnings-Presentation.pdf.

11 2019년 기준. Facebook, "Facebook 2019 Annual Reports", https://www.annualreports.com/Company/facebook.

인수하는 방법으로 확장을 도모해왔다. 현재 인스타그램(Instagram: 이미지 공유 중심 SNS), 왓츠앱(WhatsApp: 인스턴트 메신저) 등을 종속회사로 보유하고 있다. 지난 10년간 다운로드 수가 가장 많았던 상위 4개 모바일앱(페이스북, 페이스북 메신저, 왓츠앱, 인스타그램)이 전부 페이스북과 페이스북 종속회사 그룹의 소유다.[12]

이러한 페이스북에 대해 세계 각국의 경쟁당국이 주목하면서 규제의 날을 세우고 있다. 미국 FTC는 2019. 6. 페이스북에 대한 반독점법 위반 조사 개시를 알렸다. 그 다음 달인 2019. 7.에는 호주 경쟁당국(ACCC)이 페이스북의 데이터 처리 등에 대한 감독 강화를 권고하는 보고서를 발표하였다. EU집행위원회는 2019. 12. 페이스북의 데이터 수집 문제 등에 관하여 예비 조사를 개시하였는데, 2020. 7. 페이스북이 과도한 자료제출요구에 반발하면서 EU집행위원회를 EU일반법원에 제소할 정도로 치열한 전개가 이루어지고 있다.[13] 영국 경쟁당국(CMA)도 2020. 6. 페이스북에 대한 조사 개시를 알렸다.

이 중 선도적으로 규제의 칼을 댄 것이 독일 연방카르텔청(Bundeskartellamt)이다. 독일 연방카르텔청은 2016. 3. 페이스북의 데이터 수집·처리에 대한 조사를 개시하였고, 3년만인 2019. 2. 6. 페이스북을 시장지배적지위 남용행위로 제재했다. 연방카르텔청장 Andreas Mundt는 이 사건을 "지난 60년간 독일 경제에서 특별히 중요한 케이스"로 꼽으면서, 디지털 경제에서 경쟁법 집행 방향과 경쟁당국의 역할에 대한 전환점을 보여주었다고 자평하였다.[14]

---

12 BBC, "Facebook owns the four most downloaded apps of the decade", https://www.bbc.com/news/technology-50838013_(2019. 12. 18.).

13 Bloomberg, "Facebook Wins Temporary Halt to EU Antitrust Data Demands", https://www.bloomberg.com/news/articles/2020-07-28/facebook-wins-temporary-halt-to-eu-antitrust-data-demands-kd5pdw1x (2020. 7. 28.).

14 ZDF Heute, 60 Jahre Bundeskartellamt-"Wettbewerb ist wichtig fur den Verbraucher", 2018.1.15.: "Welcher Fall in den vergangenen 60 Jahren war fur die deutsche Wirtschaft besonders wichtig?". 유영국, "개인정보 보호와 경쟁법 적용 - 연방카르텔청의 Facebook 결정 및 뒤셀도르프 고등법원의 결정

페이스북은 독일 연방카르텔청 결정에 불복하여 소송을 제기함과 동시에, 연방카르텔청이 부과한 시정조치에 대하여 집행정지를 신청하였다. 흥미롭게도 집행정지 사건의 각 심급마다 판단이 뒤집혔다. 먼저, 뒤셀도르프 고등법원(Oberlandesgericht Düsseldorf)은 2019. 8. 26. 연방카르텔청의 결정을 강한 어조로 비판하면서, '연방카르텔청 판단의 적법성에 중대한 의문이 있다'는 이유로 페이스북의 신청을 인용하였다. 이에 따라 본안판결 시까지 시정조치의 집행이 정지되었을 뿐 아니라, 같은 법원이 진행 중인 본안소송에서도 페이스북의 승소가 유력하게 점쳐졌다. 그런데 독일 연방대법원(Bundesgerichtshof; BGH)은 2020. 6. 23. 다시 뒤셀도르프 고등법원의 판단을 뒤집고 집행정지 결정을 취소하였다. 독일법상 집행정지 사건에 대한 연방대법원의 심사범위가 매우 제한적이라는 점에서 고등법원 결정이 그대로 확정되리라는 예측이 지배적이었는데, 이를 뒤엎은 결과였다. 독일 연방카르텔청장은 즉각 환영 성명을 발표했다.[15]

이처럼 독일 페이스북 사건에서 경쟁당국과 법원의 판단은 엎치락뒤치락을 반복하고 있다. 연방카르텔청과 연방대법원의 경우에도 최종 결론은 같이 하였지만, 그 판단에 이르는 근거는 상이하다. 이러한 양상은 대량의 데이터 수집에 기반한 사업모델이 문제되는 맥락에서 경쟁법 적용 문제를 둘러싸고 진행 중인 치열한 논란을 반영하고 있다. 아래에서 각 판단의 주요 내용을 살펴본다.

(VI-Kart 1/19 (V))을 중심으로 -", 경쟁법연구 제40권(2019), 317면에서 재인용.

15 Herbert Smith Freehills, "German Supreme Court overturns interim relief ruling and provisionally confirms abuse of dominance by Facebook", https://hsfnotes.com/crt/2020/06/24/german-supreme-court-overturns-interim-relief-ruling-and-provisionally-confirms-abuse-of-dominance-by-facebook/ (2020. 6. 24.).

2. 독일 연방카르텔청의 판단16

가. 행위사실

페이스북 개인 이용자들은 소셜네트워크를 이용할 때 비용을 지불하지는 않지만, 회원가입 시 페이스북의 데이터정책을 비롯한 이용약관에 동의해야 한다. 그런데 이 약관에 따르면, 이용자는 페이스북이 아닌 ⅰ) '페이스북 종속회사 그룹'(인스타그램, 왓츠앱 등)의 웹사이트·모바일앱 및 ⅱ) 'Facebook Business Tools17를 활용하는 제3자'의 웹사이트·모바일앱에서도 자신의 데이터를 수집하여 이를 페이스북 내부에서 수집된 데이터와 병합 처리하는 데 동의하도록 되어 있다(이하 '이 사건 약관'). 즉, 이용자가 페이스북 소셜네트워크를 이용하기 위해서는 인스타그램이나 Facebook Business Tools가 접목된 외부 사이트·앱에 접속할 때마다 그곳에서 수집된 데이터가 페이스북 계정으로 전송·병합되게끔 만든 것인데(이하 '이 사건 행위'), 연방카르텔청은 바로 이 부분을 문제 삼았다.

나. 시장획정과 지배적지위

연방카르텔청은 이 사건의 관련시장을 독일의 개인 소셜네트워크 시장(private social network market)으로 획정했다. 이때, 관련 상품시장과 관련하여 페이스북의 사업모델이 '다면 네트워크 플랫폼'이라는 점이 문제되었다. 연방카르텔청은 페이스북이 ⅰ) 개인 이용자뿐 아니라 ⅱ) 광고주(맞춤형 광고를 제공하는 사업자), ⅲ) 퍼블리셔(자사 컨텐츠 홍보 페이지를

---

16 Bundeskartellamt, 2. 6. 2019, Case B6-22/16. Bundeskartellamt's decision of Feb 6, 2019, Facebook, B6-22/16 ("BKartA, 2019"). 이 결정문의 영문 버전이 연방카르텔청 홈페이지에 게재되어 있으며, 본 논문은 이를 기초로 작성되었다. (https://www.bundeskartellamt.de/SharedDocs/Entscheidung/EN/Entscheidungen/Missbrauchsaufsicht/2019/B6-22-16.pdf?__blob=publicationFile&v=5)).

17 페이스북이 웹사이트 운영자·개발자들에게 제공하는 사전 설계 프로그래밍 인터페이스(API)를 말한다. 이를 이용하면, 제3자가 운영·개발하는 웹사이트·모바일앱에도 페이스북의 "좋아요", "공유하기" 버튼이나 "페이스북으로 로그인"과 같은 인터페이스를 접목시킬 수 있다.

창설하는 기업·단체), iv) 개발자(Facebook Business Tools를 활용하여 자사 웹사이트·모바일앱에 페이스북 기능을 통합시키는 운영자)라는 네 개의 면을 가지고 있는 다면플랫폼이며, 개인 이용자 그룹과 나머지 세 그룹 사이에는 간접적 네트워크 효과가 발생한다고 인정했다. 그러나 다른 세 그룹은 개인 이용자와 수요 측면에서 유사성이 없으므로 별개의 시장을 구성한다고 보아야 하며, 이 사건에서는 소셜네트워크 시장 중 개인 이용자 측면만 문제된다고 보았다. 페이스북은 위 시장에 속하는 경쟁사업자의 범위에는 '소셜미디어'로 불리는 트위터, 인스타그램 등도 포함되어야 한다고 주장하였으나, 연방카르텔청은 이들 서비스의 기능이나 기술적 특징에 차이가 있다는 이유로 별개의 시장에 속한다고 보았다. 이처럼 시장을 좁게 획정함에 따라, 아래에서 보는 페이스북의 시장점유율도 치솟게 되었다.

시장지배적지위와 관련해서는 해당 시장이 '무료' 서비스 시장이라는 점이 문제되었다. 연방카르텔청은 광고를 수입원으로 하는 온라인 플랫폼의 경우에는 금전을 지급하는 형태의 가격경쟁 이외의 양상으로도 경쟁이 가능한 시장환경인지 살펴볼 수 있고, 특히 '개인정보 등 데이터의 처리 범위'가 시장지배력을 측정하는 주요 지표가 될 수 있다고 강조했다. 한편, 페이스북은 일일접속자 기준 점유율이 95%를 상회할 뿐 아니라, 동일시장에 있던 경쟁업체들이 퇴출된 반면 페이스북 이용자는 갈수록 증가하고 있다는 점에서 독점사업자로 향하는 임계점에 있다고 보았다.

특히, 연방카르텔청은 경쟁사가 진입하기 어려운 '데이터 진입장벽'이 이미 형성되었다고 강조했다. 페이스북은 해당 시장에서 중요한 직접적 네트워크 효과(이용자-이용자 사이)와 간접적 네트워크 효과(이용자-광고주 사이)를 모두 활용하여 데이터를 축적함으로써 경쟁사가 따라올 수 없는 고도화된 맞춤형 광고를 제공할 수 있다는 것이다. 이에 대해 페이스북은 소셜네트워크 시장의 동태적 측면에 비추어 신규사업자의 성공이 얼마든지 가능하다고 강조하였으나, 연방카르텔청은 동태성은 인터넷 산업 전반의 특징에 불과하므로 사업자가 이를 근거로 개별 사건에서의 시장지배적지위를 부정할 수는 없다고 보았다.

다. 시장지배적지위 남용과 적용법조

연방카르텔청은 이 사건 행위가 시장지배적지위 남용에 관한 일반조항인 독일 경쟁제한방지법(GWB) 제19조 제1항에 위반된다고 판단했다. ⅰ) 유럽연합의 개인정보 보호 규정인 General Data Protection Regulation(이하 'GDPR')에 위반되는 약관이 존재하고, ⅱ) 이것이 시장지배력의 발현으로 인한 것이라면, 경쟁제한방지법 제19조 제1항에 위반되는 남용적 거래조건 설정에 해당한다는 것이다. 이에 따라 연방카르텔청은 ⅰ) 이 사건 약관이 GDPR에 위반된다는 점을 인정하는 데 결정문의 대부분을 할애한 다음, ⅱ) 페이스북이 GDPR 위반의 약관을 관철할 수 있었던 것은 시장지배력이 발현된 결과라고 논증하였다.

'GDPR 위반'이 곧 '경쟁법 위반'으로 이어진다는 연방카르텔청의 논리는 독일 연방대법원의 두 판례에 의존하고 있다. 본래 독일 경쟁제한방지법은 제19조 제1항에서 "사업자의 시장지배적지위 남용행위는 금지된다"는 일반조항을 두고, 같은 조 제2항 각호에서 개별적인 남용행위 유형을 구체화하는 형식을 취한다. 그런데 독일 연방대법원은 ⅰ) 시장지배적사업자가 우리 민법 제103조 위반에 해당하는 약관을 관철한 행위가 문제된 VBL-Gegenwert 사건에서, 경쟁제한방지법 제19조 제1항의 일반조항에 근거하여 남용행위가 성립한다고 판단한 바 있다. 이에 연방카르텔청은 민법뿐 아니라 GDPR 위반의 약관이 문제되는 경우에도 마찬가지로 일반조항에 따른 남용행위가 성립할 수 있다고 보았다. ⅱ) 한편, 독일 연방대법원은 Pechstein 사건에서 경쟁법 위반 여부를 판단하기 위해 이익형량을 함에 있어서는 헌법상 기본권도 고려해야 한다고 보았는데, 연방카르텔청은 여기에 개인 이용자들의 기본권인 '개인정보 자기결정권'도 포함될 수 있다고 보았다.

연방카르텔청은 이 사건에 적용될 법리는 위와 같은 독일 특유의 판례법과 경쟁제한방지법 조항에서 도출된 것이라고 선을 그으면서, 유럽연합기능조약(이하 'TFEU') 제102조는 적용하지 않았다.

라. 남용행위 및 위법성 판단

연방카르텔청은 이 사건 약관은 독일 경쟁제한방지법이 말하는 '가격'과는 관련이 없고, '거래조건'에 해당한다고 보았다. 이 사건 약관에 따른 개인정보 제공 및 그에 대한 동의는 이용자가 일정한 비용을 지불하는 것과 같은 성격을 갖고 있고, 나아가 그러한 개인정보 제공 및 이용 동의가 페이스북 수입의 원천이 된다는 점에서 이를 '가격'으로 볼 소지가 있다. 이에 대하여 연방카르텔청은 ⅰ) 가격은 제한된 예산을 전제로 한 개념인 반면 데이터는 무한정 복제가 가능하다는 점, ⅱ) 가격의 경우 소비자가 얼마를 지불하는지 인식하고 가격 형성에 영향을 미칠 수 있지만 데이터는 누구에게 무엇을 얼마나 제공하고 있는지 인식하기 어렵다는 점을 고려하여, '가격'보다는 '거래조건'으로 처리하는 것이 타당하다는 결론을 내렸다.

연방카르텔청은 이러한 거래조건이 GDPR 위반이라는 근거로 GDPR이 요구하는 개인정보 제공에 대한 '유효한 동의'가 존재하지 않는다는 점을 들었다.[18] 페이스북은 이용자들의 서비스 이용 조건으로 약관에 대한 동의를 요구하는데, 페이스북의 시장지배적지위를 고려할 때 이용자들로서는 동의 외에 다른 대안이 없으므로, 이를 자발적인 동의로 볼 수 없다는 것이다. 그리고 이러한 GDPR 위반의 약관을 관철할 수 있었던 것은 페이스북이 구축한 소셜네트워크 시장에서의 확고한 지위와 규범적 인과관계가 인정된다는 점에서 '시장지배력의 발현'으로 볼 수 있다고 판단했다. 연방카르텔청이 시행한 조사에 따르면, 개인 이용자 75%가 소셜네트워크 선택에서 '데이터 처리'가 중요한 요소라고 답변했음에도 불구하고, 페이스북의 경우 다른 대체재가 없기 때문에 대부분이

---

18 GDPR Art. 6 Lawfulness of processing

  1. Processing shall be lawful only if and to the extent that at least one of the following applies:

  (a) the data subject has given consent to the processing of his or her personal data for one or more specific purposes; (⋯).

약관을 읽어보지도 않은 채 동의를 하였다는 것이다.

연방카르텔청은 이로써 현실적·잠재적인 '경쟁자 배제효과'가 발생한다고 보았다. 이 사건 행위로 인해 페이스북은 소셜네트워크 외부(종속회사 그룹, Facebook Business Tools를 이용하는 제3자)로부터 엄청난 규모의 추가 데이터 소스를 얻게 되고, 이를 페이스북 계정과 병합함으로써 경쟁상 우위를 확보하여 진입장벽을 높일 수 있다는 것이다. 이를 통해 광고주에게도 더 나은 맞춤형 광고를 제공하게 되어, 인접시장인 광고시장으로도 시장지배력 전이가 발생할 수 있다고 보았다. 한편, 인스타그램·왓츠앱 또한 페이스북과 사실상의 기능적 통합이 일어난 상태이므로, 페이스북의 강화된 지배력이 이들이 속한 시장으로도 전이될 가능성이 있다고 보았다.

연방카르텔청은 '개인 이용자에 대한 착취 효과'도 인정했다. 다만, 이용자들은 서비스를 무상으로 이용하므로 '금전적 손해'가 아닌 '개인정보 자기결정권의 침해'가 착취의 내용이라고 보았다. 즉, 이용자들에게는 페이스북 외부의 데이터까지 수집·처리되도록 할지 통제할 수 있는 가능성을 상실하는 피해가 발생하였고, 개인정보 유출 시 발생하는 폐해는 수집되는 데이터의 양과 질에 비례한다는 점에서 잠재적 손해 발생의 위험도 크게 증가했다고 보았다. 비록 대규모 데이터에 기반한 사업모델이 효율성을 증진시킨다는 점이 일반적으로 인정되기는 하나, 그와 이익형량을 해보더라도 이 사건 행위에 따른 데이터 처리 범위는 여전히 과도하고 남용적이라고 판단했다.

마. 시정조치

연방카르텔청은 페이스북에 대하여 현행 약관의 실행을 금지하고, 12개월 내에 새로운 약관을 도입하도록 하는 시정조치를 부과했다. 새로운 약관은 이용자의 '동의' 하에서만 페이스북 종속회사 그룹 및 Facebook Business Tools 관련 제3자로부터 데이터를 수집·병합할 수 있도록 하는 내용이어야 하며, 이러한 조건을 수락해야만 페이스북 서비스를 이용할 수 있다는 조건이 붙을 경우에는 '유효한 동의'로 보지 않는다는 점을 명확히 했다. 한편, 과징금은 별도로 부과하지 않았다.

3. 뒤셀도르프 고등법원의 판단[19]

연방카르텔청의 판단은 6개월만에 뒤셀도르프 고등법원에서 뒤집혔다. 뒤셀도르프 고등법원은 시장획정 및 지배적지위에 대해서는 별도로 심사하지 않고 연방카르텔청의 판단을 그대로 전제하였다. 다만, 그러한 전제 하에서도 페이스북의 행위는 '배제남용'과 '착취남용' 각 측면에서 모두 경쟁을 저해한다고 볼 수 없다면서 "연방카르텔청 판단의 적법성에 중대한 의문이 있다"는 결론을 내렸다.

먼저, 뒤셀도르프 고등법원은 '시장지배적사업자의 데이터 보호법 위반은 곧 경쟁법 위반이 된다'는 식의 논리는 위험하며, 별도로 '경쟁' 그 자체에 대한 폐해가 증명되어야 한다고 강조했다. 그런데 이 사건의 경우 시장지배적사업자가 유효경쟁에서 발생하는 것과 거리가 먼 거래조건을 요구했다는 점 자체가 입증되지 않았다고 보았다. '경쟁상황이었더라면 페이스북 약관이 어떤 모습이었을지'에 대해 연방카르텔청이 아무런 의견도 제시하지 못했기 때문이다. 이용자들 중 80%가 페이스북 약관을 읽지 않는다는 사실은 페이스북의 시장지배력이 발현된 결과라고 볼 근거가 없으며, 오히려 데이터 처리 방식에 대한 대다수 이용자들의 무관심을 보여준다고 보았다. 특히, 이용자들이 약관에 대한 동의 여부를 결정하는 시점은 아직 페이스북을 이용하여 그 지배력 하에 들어가기 전이라는 점에서 약관에 대한 수용과 페이스북의 시장지배력 간 인과관계를 인정하기 어렵다고 보았다.

뒤셀도르프 고등법원은 이 사건 행위로 배제남용이 성립하지 않는다면서, '데이터 진입장벽'이 형성되었다는 연방카르텔청의 판단을 반박했다. 해당 시장에서는 직접적인 네트워크 효과가 강력하므로 '이용자의 숫

---

19 OLG Düsseldorf, Beschl. v. 26. 8. 2019-VI-Kart 1/19 (V).

자'가 중요한 진입장벽으로 작용하는 반면, 경쟁사 Google+가 전체 인터넷 데이터 수집량의 3분의 1을 확보하고도 퇴출당한 데서 알 수 있듯이 '데이터 보유량' 자체는 결정적인 진입장벽이 될 수 없다고 평가했다. 또한, 연방카르텔청은 페이스북이 처리하는 여러 데이터 중 '페이스북 소셜네트워크 외부에서 수집·병합하는 추가적인 데이터' 부분만 문제 삼은 것인데, 이러한 '추가적 데이터'에 ⅰ) 어떤 유형·얼마나 많은 양의 정보가 포함되는지, ⅱ) 그로 인해 페이스북의 기존 데이터베이스의 품질이 얼마나 향상되는지, ⅲ) 그로 인해 잠재적 경쟁자의 진입이 얼마나 어렵게 되는지가 모두 증명되지 않았다고 지적했다.

뒤셀도르프 고등법원은 착취남용 또한 성립하지 않는다고 판단했다. ⅰ) 소비자가 페이스북에 추가적인 데이터를 제공한다고 하더라도 여전히 해당 데이터를 보유하면서 누구에게나 또다시 제공할 수 있다는 점에서, '경제적 약화'라는 전통적 측면에서의 '착취'는 발생하지 않았다고 보았다. ⅱ) 나아가, '개인정보 자기결정권'이라는 측면에서도 착취가 발생하지 않았다고 판단했다. 페이스북이 문제된 정보처리방식을 약관에 숨김 없이 명시하였고, 이용자는 그러한 처리에 동의하였다는 점에서, 스스로 의사결정을 내린 이용자들이 데이터 통제력을 상실했다고는 볼 수 없다는 것이다. 연방카르텔청은 페이스북의 '가입 전제조건'으로 동의가 필요하다는 사실을 문제 삼았으나, 뒤셀도르프 고등법원은 이는 이용자들이 데이터를 제공할지 혹은 서비스를 이용하지 않을지 이익형량을 해봐야 한다는 것을 의미할 뿐, 동의가 강제되었다는 의미는 아니라고 판단했다. 이용자들이 약관을 읽지 않았다는 것도 그 자체로 이용자들이 이익형량을 통해 선택한 '편의'라는 것이다.

결국 시장지배적지위 남용행위가 성립하지 않는다는 취지로 집행정지 결정이 내려짐에 따라, 페이스북은 본안소송이 진행되는 동안 연방카르텔청의 시정조치를 따르지 않을 수 있게 되었다.

4. 독일 연방대법원의 판단[20]

1년 뒤, 독일 연방대법원은 뒤셀도르프 고등법원의 집행정지 결정을 파기하면서 연방카르텔청의 손을 들어주었다. 연방대법원은 "페이스북이 이 사건 약관을 통하여 시장지배적지위를 남용했다는 점에 대하여 중대한 의문이 존재하지 않는다"고 판단했다.

독일 연방대법원의 결정은 페이스북의 경쟁법 위반 여부를 판단함에 있어 GDPR 위반 여부에 대해 언급하지 않았다는 점에서 연방카르텔청과 중요한 차이가 있다. 당초 이 사건의 핵심은 '경쟁법 바깥에 있는 법률, 즉 데이터보호법 위반이 시장지배적사업자에 의하여 자행된 경우 경쟁법상 남용행위로 볼 수 있는지' 여부였고, 연방카르텔청은 페이스북의 약관이 GDPR 위반이라는 점을 입증하기 위해 관련 당국 및 전문가들과 철저히 협업하면서 공을 들였다. 그러나 연방대법원은 "페이스북의 GDPR 위반 여부는 경쟁법 위반이 문제된 이 사안과 관련이 없는 문제다."라고 선을 그었다.

대신, 연방대법원은 페이스북이 이용자들에게서 '진정한 선택권'을 박탈하고, "전부 또는 전무(all or nothing)"의 양자택일을 요구했다는 점이 사건의 핵심이라고 보았다. 페이스북은 이용자에게 ⅰ) 추가적 데이터까지 제공하고 더욱 고도화된 맞춤형 서비스를 제공받을지, 혹은 ⅱ) 페이스북 내부 데이터만 제공하고 그에 한정된 맞춤형 서비스만 제공받을지 선택의 자유를 주지 않았다는 것이다. 페이스북의 시장지배적지위 및 직접적 네트워크 효과로 인해 이용자가 다른 소셜미디어 플랫폼으로 전환하기 위한 장벽이 매우 높다는 점을 고려할 때, 이러한 '소비자 주권 박탈'과 '개인정보 자기결정권 침해'가 곧 '착취적 남용행위'를 구성한다고 판단했다. 연방대법원은 다수의 이용자가 개인정보를 덜 공개하기를 원한다는 설문결과를 인용하면서, 시장에서 경쟁이 정상적으로 작동하고 있었더라면 이러한 약관의 채택과 유지가 불가능했을 것이라고 보아 시

---

20 BGH June 25, 2020, Ref. KVR 69/19.

장지배력과의 인과관계를 인정했다.

연방대법원은 '배제남용' 또한 성립한다고 판단했다. 페이스북은 ⅰ) 개별이용자에게 소셜네트워크를 제공하고, ⅱ) 기업에게 소셜네트워크 상의 광고 기회를 제공하는 두 개의 시장에서 활동하는데, 전자를 통해 수집한 데이터를 기반으로 후자에서 맞춤형 광고를 제공한다는 점에서 두 시장은 상호의존적이라고 보았다. 이러한 시장에서는 '데이터의 양과 질'이 경쟁의 필수적인 요소가 되는데, 이 사건 약관은 부당한 방법으로 페이스북 데이터베이스의 양과 질 모두를 증대시킴으로써 고착효과(lock-in effect)를 강화시켜 전환을 가로막고, 온라인광고 시장에 영향을 준다는 점에서 경쟁 자체를 저해할 우려가 있다고 보았다. 이때, 페이스북의 소셜네트워크 시장에서의 지배적 지위로 인한 폐해가 제3의 시장인 온라인광고 시장에서 나타난다는 점만으로 배제효과를 인정하기에 충분하며, 별도로 온라인광고 시장에서까지 시장지배적 지위를 보유하고 있을 필요는 없다고 보았다.

이 결정 직후 연방카르텔청은 "데이터가 위법하게 수집·이용될 경우, 시장지배력의 남용을 막기 위해 경쟁법적 개입이 가능하다는 것을 보여준 결정"이라면서 환영 성명을 냈다.[21] 다만, 연방카르텔청은 "경쟁법과 데이터 보호법은 서로 함께 가는 것"이라고 덧붙였는데,[22] 연방대법원이 데이터 보호법 위반과 경쟁법 위반 사이의 관계에 대해 침묵한 것에 관한 아쉬움이 엿보이는 지점이다.

---

21 Herbert Smith Freehills, *op. cit.*
22 Huton Andrews Kurth, "German BGH Decision Confirms Interplay Between Collection of Personal Data and Competition Law", The National Law Review,
  https://www.natlawreview.com/article/german-bgh-decision-confirms-interplay-between-collection-personal-data-and (2020. 6. 30.).

5. 독일 페이스북 사건에 대한 평가 및 향후 전망

독일 연방대법원이 집행정지 결정을 파기함에 따라, 페이스북은 12개월 내로 기존 약관을 시정해야 하는 입장이 되었다. 이에 페이스북이 독일 내에서만 다른 국가들과 다른 약관을 적용할 것인지 이목이 집중되고 있는데, 페이스북은 후속 조치에 대해 명확한 입장을 내놓지 않고 있다.[23] 현재 본안소송을 담당하고 있는 뒤셀도르프 고등법원이 판결을 내리기까지는 수 년이 소요될 것으로 예상된다. 해당 법원의 카르텔 재판부가 연방대법원의 입장을 잘 따르지 않는 것으로 알려져 있어 어떠한 결론이 나올지 예측불허라고 보는 견해도 있는 반면,[24] 연방대법원이 집행정지 사건에서 이례적으로 법률적 해석을 명확히 밝힌 마당에 그에 반하는 판단을 내리기는 어려우리라는 전망도 있다.[25] 뒤셀도르프 고등법원이 연방대법원의 판단을 비껴가기 위해 TFEU 제102조의 해석이 필요한 사건이라는 취지로 사건을 유럽사법재판소(ECJ)로 보낼 가능성도 제기되는데, 이 경우 이 절차에만 최소 18개월이 더 소요될 것으로 예상된다.[26]

독일 경쟁당국의 페이스북 결정에 대해서는 지지론과 비판론이 팽팽하게 맞서고 있다. 후술하는 것처럼, 데이터보호 문제에 대한 적극적인 경쟁법 집행을 주창하는 측에서는 '소비자후생'의 범위에 '개인정보 자기결정권', '프라이버시권'을 포함시킨 최초의 사건이라는 점에 중대한 의의가 있다고 평가한다.[27] 그동안 EU집행위원회가 양면시장 중 유료시장 부

23 Anne C. Witt, "The Implications for Facebook After Germany's 'Anti-Competitive' Ruling", Law.Com,
   https://www.law.com/international-edition/2020/09/07/the-implications-for-facebook-after-germanys-anti-competitive-ruling/ (2020. 9. 7).
24 Oppenhoff, "Connect, German Federal Supreme Court confirms Facebook's abuse of market power", 2020. 6. 25.
   (https://www.oppenhoff.eu/en/news-detail/german-federal-supreme-court-confirms-facebooks-abuse-of-market-power).
25 Anne C. Witt, *op. cit.*
26 Ibid.
27 Ibid.

분의 경쟁제한에 착목한 반면, 독일 경쟁당국이 선도적으로 'zero-price' 부분인 개인 이용자 측면에 제재를 가했다는 점도 주목받는 지점이다.[28] 영국 경쟁당국(CMA)는 그 동안 페이스북이나 구글 등이 맞춤형 광고를 위해 개인정보를 수집·처리함에 있어 소비자의 통제권이 지나치게 제약되었으며, 이는 위 플랫폼들이 충분한 경쟁압력을 받지 않고 있다는 증거라면서 페이스북 결정에 전면적으로 동조하는 입장을 밝혔다.[29]

한편, 다양한 층위에서 비판도 제기된다. ⅰ) 경쟁당국까지 나서서 데이터보호법 위반 여부를 판단할 경우 규제당국 간 권한과 법해석의 충돌이 발생한다거나, ⅱ) 개인정보 문제가 왜 경쟁법 위반으로 연결되는지 설득력이 부족하다는 지적도 있다. ⅲ) 특히, 개인정보를 함부로 처리하는 문제는 오히려 소규모 사업자들이 범하기 쉽다는 점에서 개인정보 남용과 '시장지배력'을 결부짓는 것은 타당하지 않다고 한다.[30] ⅳ) 페이스북과 사실상 대체재로 기능하는 플랫폼들을 고려하지 않은 채 시장을 지나치게 좁게 획정한 나머지 시장력이 과장되게 평가되었다거나, 무료로 서비스를 이용하는 이용자의 숫자는 지배력을 인정하는 근거가 되어서는 안 된다는 비판도 제기된다.[31] ⅴ) 데이터 보호와 같은 디지털 시대

---

28 최난설헌, "디지털 시장에서의 독과점 규제 적용 가능성에 대한 검토 - 독일의 Facebook 사례를 중심으로 -", 법학논총 제42권 제2호(2018), 410-411면.

29 CMA, *Online platforms and digital advertising*, 2020. 7, p. 318.

30 이상윤, "독일 경쟁당국(BKartA), 페이스북(Facebook)의 개인정보 처리행위는 독일 경쟁법 상 착취남용에 해당한다고 결정", 고려대학교 ICR 센터,
https://www.icr.re.kr/blank-clrv/jso2rbw528/%EC%9C%A0%EB%9F%BD%EC%97%B0%ED%95%A9-%EA%B2%BD%EC%9F%81%EB%B2%95-%EB%8F%99%ED%96%A5-%EC%8B%9C%EB%A6%AC%EC%A6%8816%EB%8F%85%EC%9D%BC-%EA%B2%BD%EC%9F%81%EB%8B%B9%EA%B5%ADBKartA-%ED%8E%98%EC%9D%B4%EC%8A%A4%EB%B6%81Facebook%EC%9D%98-%EA%B0%9C%EC%9D%B8%EC%A0%95%EB%B3%B4-%EC%B2%98%EB%A6%AC%ED%96%89%EC%9C%84%EB%8A%94-%EB%8F%85%EC%9D%BC-%EA%B2%BD%EC%9F%81%EB%B2%95-%EC%83%81-%EC%B0%A9%EC%B7%A8%EB%82%A8%EC%9A%A9%EC%97%90-%ED%95%B4%EB%8B%B9%ED%95%9C%EB%8B%A4%EA%B3%A0-%EA%B2%B0%EC%A0%95 (2019. 2.)

31 주진열, "디지털 플랫폼 사업자의 빅데이터와 관련한 시장지배력 및 프라이버시 문제

의 새로운 화두는 특정 국가의 경쟁당국이 혼자 나서기보다, 여러 경쟁당국 간의 긴밀한 논의를 통해 다양한 법 영역을 동시적으로 고려하면서 함께 대응해야 할 문제였다는 견해도 있다.[32] 실제로 OECD는 독일 페이스북 사건에 대해 "프라이버시 침해가 어떤 사업자로 하여금 독점력을 획득하거나 유지하도록 하는 데 합리적인 도움이 될 수 있는지 여부, 프라이버시 침해가 다른 경쟁자들이 접근할 수 없는 사적인 정보를 추출하도록 하고 그 데이터를 사용해서 경쟁자를 봉쇄하거나 진입장벽을 높임으로써 배제적 남용행위로 판단될 수 있는지 여부는 여전히 논의 중인 문제"[33]라면서 유보적인 태도를 취하기도 했다.

각국의 경쟁당국들도 상반된 입장을 드러내고 있다. 예를 들어, 영국과 싱가포르 경쟁당국은 최근 발간한 보고서에서 데이터약관과 시장지배력의 관계를 둘러싸고 독일 법원이 심급 별로 충돌했던 입장을 그대로 대변하는 모습을 보여주었다. 싱가포르 경쟁당국(CCCS)은 이커머스 플랫폼에 대한 시장조사(Market Study) 보고서에서, 소비자의 83%가 '데이터 처리 방식과 제공처를 투명하게 공개해야 한다'면서도 정작 대부분이 '그러한 내용을 담은 데이터 약관을 읽지 않는다'는 모순된 응답을 보였다고 지적했다. 이 같은 조사결과에 대하여 싱가포르 경쟁당국은 아직까지는 소비자의 이커머스 플랫폼 선택에서 '데이터 보호'가 실질적으로 주요 요소가 아니고 경쟁의 핵심 변수가 될 수 없다는 뜻으로 해석하고, 경쟁당국의 개입은 시기상조라는 결론을 내렸다.[34] 반대로, 영국 경쟁당국(CMA)은 동일한 현상이 드러난 설문결과에 대하여 "온라인플랫폼이 기본값으로 설정해둔 약관에 동의하도록 강요·유도(nudge)한 결과"라는

에 대한 고찰", 경쟁법연구 제39권(2019), 174-175면.

32 유영국, 앞의 논문, 306면.

33 황태희 외, "빅데이터 분야 경쟁실태 조사 및 비교연구" [과제 최종보고서], 공정거래위원회(2018. 12.), 123면.

34 CCCS(The Competition and Consumer Commission of Singapore), E-Commerce Platforms Market Study: Findings and Recommendations, 2020. 9., pp. 42-45.

해석을 내렸다. 소비자에게 데이터 제공 범위를 결정할 선택의 폭을 열어두지 않음으로써 소비자후생과 경쟁에 부정적인 영향이 발생하고 있으므로, 경쟁당국의 개입이 필요하다고 본 것이다.[35]

이처럼 극명한 대립의 배경에는 데이터와 개인정보 보호, 경쟁법의 관계에 대한 논의가 자리하고 있다. 아래에서 이를 구체적으로 살펴본다.

Ⅲ. 데이터와 개인정보 보호에 관한 경쟁법적 논의

1. 개관: 데이터, 개인정보 보호와 경쟁법

가. 데이터의 개념과 특징

'데이터(data)'에 대한 하나의 정의는 존재하지 않는다. 넓은 의미에서는 컴퓨터 매체에 저장될 수 있는 일체의 정보를 말하는데,[36] 디지털 경제에서는 특히 기업의 '생산요소'라는 맥락에서 데이터가 문제된다. '생산요소로서의 데이터'를 ⅰ) 회원가입 시 수집하는 이름·전화번호와 같은 '개인정보(personal data)', ⅱ) 오픈마켓의 상품정보나 승차공유 서비스의 목적지 정보와 같이 서비스 제공에 필요한 '운영정보(operational data)', ⅲ) 소비자가 온라인플랫폼에서 무엇을 검색했는가와 관련된 '검색정보(search data)', ⅳ) 소비자가 언제 어떤 상품·서비스를 얼마에 구입했는지와 같은 '거래정보(transactional data)' 등 네 가지로 분류하기도 한다.[37]

'빅데이터(big data)'라는 용어가 쓰이는 경우도 많다. 마찬가지로 일치된 정의는 없지만, 주로 '3V'라는 속성, 즉 데이터의 속도(Velocity), 다양성(Variety) 및 크기(Volume)가 개념요소로 제시된다.[38] 공정거래위

---

35 CMA, *op. cit.*, pp. 177-178, 210.
36 Autorité de la concurrence & Bundeskartellamt, *Competition Law and Data*, 2016. 5., p. 4.
37 CCCS, *op. cit.*, pp. 82-84.
38 Autorité de la concurrence & Bundeskartellamt, *op. cit.*, pp. 4-5.

원회도 2018. 11. 행정예고한 기업결합 심사기준 개정안에서 '빅데이터'를 "다양한 목적으로 사업자들이 수집하여 통합적으로 관리, 분석, 활용하는 대규모 정보자산"으로 정의하고, "일반적으로 데이터의 양이 대규모이며, 빠른 속도로 생성·처리되고, 다양한 형태를 지니는 등의 특징이 있다."라고 규정하여 이러한 개념을 따른 바 있다.[39] 다만, 단순히 데이터의 양이 많다는 이유만으로 빅데이터가 되는 것은 아니며 '분석'을 통한 '가치창출'이 내재되어야 한다고 보는 견해가 일반적이다. 이러한 점에서 빅데이터의 개념요소로 '가치(Value)'를 추가하여 '4V'라고 일컫기도 한다.[40]

빅데이터의 장점으로는 서비스 품질 개선과 혁신을 가능케 한다는 점이 꼽힌다. 사업자가 소비자에 대하여 더 많이, 더 정확하게 알게 된 결과를 토대로 신상품을 출시하거나 맞춤형 서비스를 제공할 수 있다. 종전까지 활동하지 않던 시장이라 하더라도, 중첩되는 데이터를 토대로 용이하게 신규 진입하여 성공할 수 있는 경우도 있다.[41] OECD 보고서에 따르면, 데이터 역량을 높이기 위해 기업결합은 2008~2012년 사이에 2배 이상 증가했다.[42]

반면, 데이터와 관련된 우려로서 주로 프라이버시 문제가 논의된다. 기업이 대량보유하고 있던 개인정보가 유출되거나 악용될 수 있다는 점, 소수자 등 특정 소비자에 대한 차별 취급의 근거가 될 수 있다는 점, 제

---

39 기업결합 심사기준 일부개정〈안〉 행정예고(공정거래위원회 공고 제2018-135호), II. 11.항. 다만, 최종 심사기준에서는 "정보자산"을 "다양한 목적으로 수집되어 통합적으로 관리, 분석, 활용되는 정보의 집합"이라고 정의하고, "빅데이터"는 별도로 정의하지 않았다[기업결합 심사기준(공정거래위원회고시 제2019-1호)].

40 이호영, 앞의 논문, 296-297면; 오승한, "빅데이터 산업의 개인정보침해 행위에 대한 경쟁법의 적용가능성", 경쟁법연구 제38권(2018), 36면.

41 Katherine Forrest, "Big Data and Online Advertising: Emerging Competition Concerns", Competition Policy International (2019. 4.), p. 4; 이봉의·최난설헌, "4차 산업혁명에 따른 경쟁법 현대화 방안" [정책연구용역보고서], 공정거래위원회 (2018. 10.), 297-298면.

42 최난설헌, "기업결합 심사에 있어서 빅데이터의 경쟁법적 의미", 외법논집 제41권 제4호(2017. 11.), 325면.

대로 된 동의 없이 개인정보를 이용함으로써 '개인정보 자기결정권'이 침해될 수 있다는 점 등이 지적된다.[43] 최근에는 이와 별개로 데이터를 둘러싼 경쟁상 우려 역시 강조되고 있는데, 이에 대해서는 아래에서 살펴본다.

나. 데이터, 개인정보 보호와 경쟁법의 관계

데이터의 수집, 처리 및 상업적 이용은 최근까지 경쟁법이 아닌 데이터보호법 영역의 문제로 취급되어 왔다. 페이스북 사건에서 문제된 EU의 GDPR이나 우리나라의 개인정보 보호법, 정보통신망보호법 등을 통해 정보주체인 소비자의 '사전 동의'를 요구함으로써, 데이터 프라이버시 문제를 사전규제 방식으로 접근해 온 것이다.[44]

그런데 이용자들의 사전 동의에 절대적 가치를 부여하는 방식에는 한계가 있으며, 데이터 프라이버시 문제를 해결하기 위해서는 경쟁법에 따른 보충이 필요하다는 견해가 대두되었다. 독과점적인 시장구조로 인해 소비자들이 데이터 제공에 비자발적으로 동의를 하게 되는 경우나, 사전동의를 받아낸 후 데이터를 남용하는 경우도 규제할 필요가 있다는 것이다. 2016년 미국 대선에서 페이스북이 특정 후보와 연계된 데이터 회사에 유권자 개인데이터를 유출한 사실이 드러나 큰 논란이 되었는데, 이후로도 이용자들이 마땅한 대체 서비스를 찾지 못해 페이스북을 계속 이용했던 사례가 대표적으로 꼽힌다. 이를 막겠다면서 사전규제를 더욱 강화하는 수단을 취할 경우, 새로 진입하는 중소사업자들의 비용이 지나치게 증가하여 이미 대량의 데이터를 축적한 기존사업자를 보호하는 결과가 초래될 수 있다.[45] 따라서 이러한 지점에서는 경쟁법이 사후적으로 개입하여 데이터 보호법과 역할을 분담할 필요가 있다는 것이다.

---

43 이호영, 앞의 논문, 298-299면.
44 Katherine Forrest, *op. cit.*, p. 5; 오승한, 앞의 논문, 41-42면.
45 박성범·최인선, "빅데이터와 경쟁법, 새로운 영역인가?", 경쟁과 법 제6호(2016. 4.), 127면; 오승한, 앞의 논문, 42-46면.

개인정보 보호 문제는 이미 플랫폼사업자들 간의 경쟁 영역으로 편입되었다는 분석이 일반적이다. 서치엔진 'DuckDuckGo'는 "당신을 추적·감시하지 않는 서치엔진"이라는 광고를 내걸고, 개개인의 검색 히스토리를 관리하지 않는다는 점을 서비스의 특징으로 부각하면서 급성장하였다. 애플 CEO 팀 쿡은 "우리는 당신의 이메일 내용이나 웹활동 습관을 광고주에게 팔지 않는다. 애플은 보안과 프라이버시를 모든 하드웨어, 소프트웨어, 서비스 설계의 근간으로 삼고 있다."라는 서한을 홈페이지에 게재하기도 했다.[46] 이에 따라 개인정보 보호를 단순히 소비자보호 영역의 문제가 아닌 '비가격경쟁' 영역으로 보고, 이러한 경쟁을 제한하는 행동에 대해 경쟁법적으로 접근해야 한다는 견해가 대두되고 있다. 예를 들어, 미국 FTC의 Jones Harbour 위원은 Google/DoubleClick 사건에서 경쟁사업자가 줄어들 경우 비가격적 경쟁요소로서 '프라이버시 보호 경쟁'에 대한 인센티브가 감소할 우려가 있다고 보아, 구글과 더블클릭 간 방화벽을 설치할 필요가 있다는 의견을 제시한 바 있다.[47]

데이터 그 자체가 야기하는 경쟁법상 문제도 주목의 대상이다. 최근 미국 FTC 법무책임자(General Counsel) Alden Abbott은 데이터 프라이버시는 소비자보호법 영역에서 담당할 문제라면서도, 일정한 경우 데이터에 대한 경쟁법적 접근이 필요하다는 입장을 밝혔다. 데이터를 창출하는 데 소요되는 비용이 높아서 해당 데이터에 접근하려는 경쟁사에 대한 진입장벽으로 작용하는 경우나, 기업결합 사건에서 두 기업이 서로 병합시키려는 데이터셋을 보유하고 있는 경우가 그 예이다.[48] OECD는 데이터가 야기하는 대표적인 경쟁법적 문제로 ⅰ) 네트워크 효과와 ⅱ) 학습

---

46 Ohlhausen & Okuliar, *op. cit.*, pp. 133-134.

47 Pamela Jones Harbour, U.S. FTC Commissioner, Dissenting Statement, Google/DoubleClick, FTC File No. 071-0170, at 1 (2007). Ohlhausen & Okuliar, *op. cit.*, pp. 134-136에서 재인용.

48 Alden F. Abbott, U.S. FTC General Counsel, "Big Data and Competition Policy: A US FTC Perspective", Penn Wharton China Center, https://www.ftc.gov/system/files/documents/public_statements/1543858/big_data_and_competition_policy_china_presentation_2019.pdf (2019. 7. 6.)

효과를 들었다. ⅰ) 데이터를 많이 습득한 사업자가 이를 토대로 더 나은 서비스를 제공하고, 이에 따라 더 많은 이용자를 끌어들여 다시 데이터 보유량을 늘리는 네트워크 효과가 발생한다는 것이 첫 번째 우려 사항이다. ⅱ) 데이터 보유량이 많아지면 학습량이 기하급수적으로 증가한다는 점에서도, 결과적으로 선발주자가 '승자독식'하는 상황이 발생할 수 있다고 지적한다.[49]

2. 해외 경쟁당국의 경쟁법 집행 사례

현재까지 데이터가 정면으로 문제된 경쟁법 집행 사례는 많지 않다. 독일 페이스북 결정 이전까지는 기업결합 사건이 대부분을 차지하고 있으며,[50] 이 중 대다수는 데이터 자체가 '상품'으로 거래되는 경우여서 플랫폼사업자의 '생산요소' 혹은 '자산'으로써 데이터가 문제되는 경우와 맥락이 다르다.[51] 아래에서는 기존 경쟁법 집행 사례 중 주목할 만한 사건들을 살펴본다.

가. Google/DoubleClick 사건(미국·EU, 2007)[52]

경쟁법과 데이터 보호를 다룬 최초의 사례로, 미국과 EU 경쟁당국은 모두 구글과 더블클릭 간의 기업결합을 조건 없이 승인했다. 당시 쟁점은 두 회사가 합병할 경우 막대한 데이터를 보유하게 되는데, 이로 말미암아 온라인 광고시장에서 경쟁사업자보다 우위를 점할 것인지 여부였다.

미국 FTC의 다수의견은 ⅰ) 개인정보를 취득한 후 다른 용도로 사

---

49 공정거래위원회, "[OECD] 빅데이터 라운드테이블", 해외경쟁정책동향 제124호(2017. 1. 16.), 5-6면.
50 이호영, 앞의 논문, 304면.
51 예를 들어 톰슨/로이터 인수 사건(2007), LexisNexis의 리드엘세비어와 경제적 위험관리서비스의 초이스포인터의 합병 사건(2008), 네비게이션 회사 톰톰의 지도DB 회사 텔레아틀라스 인수 사건(2007) 등은 모두 데이터 자체가 상품이었던 경우다.
52 U.S. FTC File No. 071-0170; European Commission decision of 11/03/2008, Case No. COMP/M.4731-Google/DoubleClick.

용하지 못한다는 계약상 의무가 있고, ⅱ) 유사한 데이터를 다른 경로를 통해서도 얻을 수 있는 만큼 문제될 게 없다고 보았다.53 당시 전자개인정보센터(이하 'EPIC')는 프라이버시 보호 우려를 제기하면서 합병 불승인을 요구하였으나, 이에 대해 FTC 다수의견은 프라이버시 보호를 이유로 기업결합을 제한할 근거는 경쟁법상 존재하지 않는다면서, "FTC가 합병기업의 개인정보 보호 영역을 규제할 경우 급속히 발전하는 시장에서 경쟁 촉진에 심각한 장애를 초래할 수 있다"고 못을 박았다.54 이에 대해 Jones Harbour 위원이 비가격경쟁의 일환인 '프라이버시 보호 경쟁'의 감소를 우려하면서, 이 사건은 소비자보호법과 경쟁법이 교차하는 영역으로서 미국 FTC가 적극 개입할 필요가 있다는 반대의견을 제시하였음은 앞서 살펴본 바와 같다.

EU집행위원회는 양 기업의 데이터가 통합됨으로써 시장봉쇄효과가 야기될 수 있는지 검토하였으나, 이때 데이터 통합으로 인해 발생할 수 있는 비가격적 측면인 프라이버시 문제는 고려하지 않았다. 기업결합 승인 결정은 시장에서의 유효경쟁이 방해되는지 여부에만 초점을 맞추어 이루어지는 것이고, 프라이버시 보호 문제는 별도로 존재하는 데이터 보호법의 적용을 받을 문제라고 판단한 것이다.55 이에 대해 유럽데이터보호감독국(이하 'EDPS')은 2014년 보고서에서, 위 사건 이후 폭발적인 데이터 수집이 디지털 경제를 특징지은 것을 고려할 때 Google/Double Click 사건의 EU집행위원회 판단 기조는 더 이상 유지되어서는 안 된다는 견해를 밝혔다. 기업결합 시 개인정보의 가치를 무형 자산으로 평가하는 새로운 모델을 도입해야 하며, 개인정보 수집을 최소화하고 프라이버시 침해를 막기 위한 시정조치를 적극적으로 고려해야 한다는 것이다.56

---

53 이호영, 앞의 논문, 305면.

54 D. Daniel Sokol & Roisin E. Comerford, "Antitrust and Regulating Big Data", *George Mason Law Review* Vol. 23, No. 5(2016), p. 1152; Ohlhausen & Okuliar, *op. cit.*, p. 136.

55 최난설헌, 앞의 논문, 332~333쪽; Sokol & Comerford, *op. cit.*, p. 1152.

56 European Data Protection Supervisor(EDPS), Privacy and competitiveness in

나. Facebook/WhatsApp 사건(미국·EU, 2014)[57]

페이스북이 모바일 메신저 사업자인 왓츠앱을 인수한 사건으로, 미국과 EU집행위원회 모두 기업결합을 승인했다. 당시 쟁점은 페이스북이 왓츠앱 이용자정보를 이용해 맞춤형 광고의 정확도를 높이게 되면 온라인 광고시장의 경쟁이 제한될지 여부였다. EU집행위원회는 ⅰ) 이를 위해서는 왓츠앱 개인정보정책을 변경해야 하고, ⅱ) 양사 데이터를 병합하는 것이 쉽지 않으며, ⅲ) 이미 온라인광고 시장에서 경쟁자가 많고 유사한 데이터도 다수 존재한다는 이유로 경쟁제한 우려가 없다고 보았다.[58] 그러나 결국 EU집행위원회의 ⅱ), ⅲ) 예측과 달리 페이스북이 왓츠앱 데이터를 페이스북 데이터와 병합함으로써 독일 페이스북 사건이 벌어진 셈이다.

EPIC은 위 사건에서도 의견서를 제출하여, 왓츠앱의 경우 이용자들에게 '이용자 데이터를 광고 목적으로 활용하지 않겠다'는 약속을 하고 있었는데, 페이스북이 왓츠앱 정보를 고객 프로파일링 사업모델에 활용하겠다는 입장을 밝혔다는 점을 지적하였다. 이에 대해 미국 FTC는 이는 소비자보호법 영역의 문제일 뿐이라고 선을 그었다. 이를 고려할 경우 경쟁법 집행의 객관성이 떨어지고 개인정보 보호 법제와 충돌 문제가 발생할 수 있다는 것이다. 이에 따라 FTC는 인수를 승인하면서, 기존 개인정보 보호정책을 유지할 것과 그렇게 하지 않을 경우 기존 소비자에게 탈퇴(opt-out)할 기회를 줄 것을 권고하였다.[59]

---

the age of big data: The interplay between data protection, competition law and consumer protection in the Digital Economy, 2014. 3., pp. 29-32.

57 European Commission decision of 03/10/2014, Case No. COMP/M.7217-Facebook/WhatsApp.

58 이호영, 앞의 논문, 310면.

59 Ohlhausen & Okuliar, *op. cit.*, p. 137; 최난설헌, 앞의 논문, 334-338면.

다. GDF-Suez 사건(프랑스, 2014)[60]

프랑스 경쟁당국이 데이터를 수단으로 삼은 경쟁제한행위를 인정하고, 경쟁사와 데이터를 공유하라는 시정조치를 내린 사안이다. 프랑스의 독점적 가스공급자였던 GDF-Suez는 가스 공급시장에 대한 자유화 조치가 실행되자, 과거에 수집하여 보유하고 있던 고객 데이터를 이용하여 대용량 수요자들에게 접근한 뒤 경쟁사보다 나은 거래조건을 제시하였다. 프랑스 경쟁당국은 이 같은 GDF-Suez의 행위가 독점적 지위를 계속 유지하고자 하는 경쟁제한행위에 해당한다고 보았다. 프랑스 경쟁당국은, 경쟁사들도 GDF-Suez와 동일한 수준의 정보 하에서 소비자에게 거래조건을 제시할 수 있게끔 '경쟁사들에게 종래 수집한 고객데이터 일부(특히 가스 수요와 관련된 데이터)에 대한 접근권을 부여하라'는 시정조치를 GDF-Suez에 부과했다.

이때 프랑스 경쟁당국은 개인정보 보호법상 제약으로 인해 '소비자들의 승인 하에서만' 이러한 데이터를 제공하도록 조건을 달았는데, 결과적으로 대다수의 소비자들은 GDF-Suez의 경쟁사에 대한 데이터 제공을 승인하지 않았다.[61]

라. Microsoft/LinkedIn 사건(EU, 2016)[62]

EU집행위원회가 '프라이버시 보호 수준'을 '비가격 경쟁 요소'로 인정한 사례다. 마이크로소프트는 전문직 소셜네트워크 서비스(Professional Social Network, 이하 'PSN') 사업자인 링크드인을 인수하고자 하였는데, EU집행위원회는 PSN 시장에서 경쟁이 제한될 수 있다고 보아 조건부 승인 결정을 내렸다.

이 결정에서 EU집행위원회는 전문직 종사자들의 경력을 공유하는 PSN 서비스의 경우, 경력관리 손상을 방지하기 위하여 서비스 선택에서

---

60 Autorité de la concurrence, Décision 14-MC-02 de 09. 09. 2014.
61 Autorité de la concurrence & Bundeskartellamt, op. cit., p. 20.
62 European Commission decision of 06/12/2016, Case No. M.8124-Microsoft/LinkedIn.

프라이버시 보호가 핵심적인 요소를 차지한다고 판단함으로써 경쟁의 척도로서 '프라이버시'의 중요성을 명시적으로 인정하였다. EU집행위원회는 이 기업결합으로 인해 PSN 서비스 시장에서 봉쇄효과가 발생함으로써 링크드인보다 높은 수준의 프라이버시 보호를 제공하는 경쟁자가 배제되거나 진입이 곤란해질 우려가 있고, 이 경우 소비자가 중시하는 경쟁요소인 프라이버시 보호에 관한 선택권이 제약될 것이라고 보았다. 이에 EU집행위원회는 경쟁 PSN 서비스 사업자가 마이크로소프트의 오피스 프로그램과 상호운용성을 유지하고, 마이크로소프트 클라우드에 저장된 사용자 데이터를 이용할 수 있도록 허용하는 등의 조건으로 기업결합을 승인하였다.[63]

마. 기존 경쟁법 집행 사례에 대한 평가

기존 경쟁법 집행 사례들은 데이터와 경쟁법의 관계에 관한 거시적인 통찰의 결과물이라기보다는, 사안에 따라 그때그때 대응해나간 측면이 있다. 이 때문에 데이터와 경쟁법의 관계에 대해 상반된 시각을 지닌 각 진영에서는 기존 집행 사례를 서로 자신의 입장에 맞추어 해석하고 있다. 예를 들어 Google/DoubleClick 사건을 놓고 "미국과 유럽 경쟁당국 모두 데이터 프라이버시 이슈는 경쟁법으로 다룰 영역이 아니라고 보았다"는 논거로 삼는 견해가 있는 반면,[64] 이를 초기 단계의 시행착오로 규정하면서 데이터의 무형자산으로서의 가치나 데이터 결합으로 인해 초래되는 경쟁법상 문제를 경쟁당국이 뒤늦게나마 학습하게 된 계기라고 평가하는 견해도 있다.[65] 프랑스·독일 경쟁당국의 경우에는 2016년 펴낸 보고서에서 Google/DoubleClick, Facebook/WhatsApp 사건을 '경쟁법적 이슈를 촉발시키기에 충분한 사건'이었다고 규정하면서, 적극적인 집

---

63 European Commission decision of 06/12/2016, Case No. M.8124-Microsoft/LinkedIn, para. 104-105, 349-350; 오승한, 앞의 논문, 52-53면; 이호영, 앞의 논문, 311-312면.
64 Darren S. Tucker & Hill B. Wellford, "Big Mistakes Regarding Big Data", *The Antitrust Source* (2014. 12), p. 8.
65 EDPS, *op. cit.*, pp. 29-30.

행의 발판으로 삼고자 하는 시각을 보였다.[66]

아래에서는 이렇게 대립하는 두 시각에 기초하여, 각 입장에 따른 경쟁법적 쟁점을 구체적으로 짚어본다.

3. 경쟁법 집행에 대한 두 시각: 적극론과 신중론

가. 개관

플랫폼사업자의 데이터 활용 및 개인정보 보호 문제에 경쟁법이 개입해야 하는지 여부를 둘러싸고 '적극론'[67]과 '신중론'[68]이 대립한다. 양 입장은 관련시장 및 시장지배력 판단 시 데이터에 관한 고려 방법, 데이터가 진입장벽으로 기능하는지 여부, 프라이버시 보호 수준 저하를 통한 착취남용 성립 여부, 데이터 축적으로 인한 배제남용 성립 문제, 적절한 개입방법과 시정조치 등을 두고 견해를 달리한다.

적극론은 플랫폼사업자의 데이터 구축과 개인정보 보호 문제에 경쟁법이 적극적으로 개입해야 한다는 입장이다. 그 필두에 선 Newman은 데이터를 "정보경제 시대의 뉴 오일"이라고 규정하면서,[69] 특정 영역을 지배하여 이용자 정보를 수집하고 이를 처리할 능력이 있는 소수의 플랫폼사업자에게 데이터가 집중될 것이라고 본다. 따라서 '개인정보 보호'는 더 이상 시민의 자유와 관련된 문제가 아니라, 거대사업자들의 독점력을 약화시키고 개개인에게 정당한 경제적 보상을 주게끔 하는 문제로 비화

---

66 Autorité de la concurrence & Bundeskartellamt, *op. cit.*, p. 65.

67 대표적으로, Nathan Newman, "Search, Antitrust, and the Economics of the Control of User Data", Yale *Journal on Regulation*, Vol. 30, No. 3 (2014); Lina Kahn, "Amazon's Antitrust Paradox", *The Yale Law Journal*, Vol. 126, No. 3 (2017. 1.); EDPS, *op. cit.*; 오승한, 앞의 논문 등 참조.

68 대표적으로, Tucker & Wellford, *op. cit.*; Sokol & Comerford, *op. cit.*; Joe Kennedy, "The Myth of Data Monopoly: Why Antitrust Concerns About Data Are Overblown," Information Technology & Innovation Foundation (2017. 3.); 주진열, 앞의 논문 등 참조.

69 Nathan Newman, *op. cit.*, p. 4.

했다는 것이다.[70] 이러한 입장은 데이터가 가지는 경제적 가치에 주목한다. 보스턴컨설팅그룹에 따르면 2020년 기준 EU소비자의 개인정보가 갖는 가치는 1조 유로에 이른다.[71] 이에 EU의 데이터보호감독국(EDPS)은 페이스북의 SNS 서비스와 같은 온라인서비스는 이용자들에게 '개인정보'의 지불을 요구한다는 점에서 '무료'가 아니라는 견해를 제시한다. 개인정보가 재화 · 서비스와 교환되는 통화(通貨)의 역할을 하므로 이에 기반한 가격−비용 분석이 이루어져야 한다는 것인데, 데이터에 착안하여 '가격' 자체를 새로이 정의하려는 시도다.[72]

적극론을 주창하면서 세계적으로 주목받고 있는 Lina Khan은 '소비자효용'도 새로운 관점으로 볼 필요가 있다고 주장한다. 과거의 전통적인 경쟁정책은 단기적 가격효과에 입각한 소비자효용만을 목표로 삼고 있다는 지적이다.[73] 미국 DOJ 출신인 Forrest는 보다 구체적으로 "부당한 데이터 조작 없이 재화 · 서비스를 이용할 수 있는 소비자의 자유"도 '소비자효용'을 구성한다는 견해를 제시한다. 과거와 같이 '가격'과 '생산량'만 가지고 소비자효용을 평가할 수는 없으며, 이를 넘어 기업이 어떻게 대량의 정보를 취득하고 사용 · 거래하는지까지 소비자효용에 영향을 미치는 요소로 보고 검토해야 한다는 것이다.[74]

반면, 신중론은 데이터의 속성 자체에서부터 규제에 신중해야 할 필요성이 도출된다고 본다. 데이터는 수집 · 구매 비용이 낮고, 비독점적 · 비소진적일 뿐 아니라, 수집 후 90일만 지나도 70%가 시의성을 상실하는데, 이러한 특징 자체가 '경쟁친화적'이라는 것이다. 비록 이러한 속성이 데이터 관련 경쟁법 위반을 완전히 막아주지는 못하겠지만, 적어도 법원이나 경쟁당국이 '데이터가 경쟁법상 문제의 원인이 되었다'고 지목하기에 앞서 이러한 특징을 충분하고 신중하게 고려할 필요가 있다는 입

70 Ibid., p. 15.
71 Boston Consulting Group, The Value of our Digital Identity, 2012. 11, p. 55.
72 EDPS, *op. cit.*, pp. 8-9.
73 Lina Khan, *op. cit.*, pp. 710-712.
74 Katherine Forrest, *op. cit.*, p.5.

장이다.[75] 미국 정부 보고서에 따르면 빅데이터를 모든 규모의 조직이 골고루 사용하고 있으며, 여기에는 전형적인 대형 플랫폼사업자뿐 아니라 중소기업, 소상공인까지 두루 포함되는 것으로 나타났다.[76] 미국 FTC의 전(前) 위원장인 Edith Ramirez도 "빅데이터는 더 이상 소수 거대기업의 전유물이 아니다(Big data is no longer the province of a few giant companies)"라고 지적한 바 있다.[77]

이러한 맥락에서, 신중론의 대표주자인 미국 FTC 위원 Ohlhausen은 "데이터가 쌓이면 위험하다"는 식의 접근은 경쟁법적으로 적절한 기준이 아니라고 우려한다. ⅰ) 데이터 축적은 그 자체로 효율성과 소비자 효용을 증대하는 효과를 갖고, ⅱ) 만일 이를 기업결합기준으로 제시한다면 주관적이고 자의적인 판단이 내려질 위험이 크며, ⅲ) 데이터 통합에 따른 혁신이 위축될 수 있다는 것이다.[78]

나. 관련시장 획정 및 시장지배력

구체적인 쟁점으로 내려오면, 양 입장은 우선 관련시장 획정과 시장지배력 판단에 데이터를 어떻게 고려해야 하는지를 두고 대립한다.

적극론은 사업자가 보유하고 있는 데이터와 그에 대한 분석능력은 그 사업자가 판매하는 상품·서비스와 별개의 '상품'이 될 수 있다고 본다. 그 결과 빅데이터 보유는 기존 상품·서비스 시장의 지배력을 확장하는 데 기여할 수 있고, 기존 시장이 아닌 새로운 시장이 문제되게 할 수 있다고 한다.[79] 반면, 소극론은 거래대상도 아닌 '생산요소'에 불과한

---

75 Tucker & Wellford, *op. cit.*, pp. 3-4.
76 Executive Office of the President, *Big Data: Seizing Opportunities, Preserving Values*, The White House (2014. 5.), pp. 5-6, 22-38, 39, 48.
77 Edith Ramirez, U.S. FTC Chairwoman, "The Privacy Challenges of Big Data: A View From the Lifeguard's Chair", Technology Policy Institute Aspen Forum (2013. 8. 19.).
78 Ohlhausen & Okuliar, *op. cit.*, pp. 151-152.
79 Katherine Forrest, *op. cit.*, p. 3.

데이터를 두고 시장을 획정하는 것은 기존 경쟁법 틀을 뒤흔든다는 입장이다. '상품'도 없고 '시장'도 없는 상황에서 개인정보로 구성된 상품시장을 획정하는 것은 논리적으로 불가능하며, 개인정보 자체를 고객에게 판매할 때에만 관련 상품시장 획정에 고려할 수 있다는 것이다.[80] 앞서 살펴본 Facebook/WhatsApp 사건(2014)에서 EU집행위원회는 "개인정보가 거래의 대상이 되지 않으므로 시장획정에 고려할 필요가 없다."고 판단하였는데,[81] 이는 신중론의 입장에 선 집행례라고 볼 수 있다.

　　시장지배력 판단의 핵심은 특정 사업자가 '반경쟁적 행동' 내지 '소비자효용을 감소시키는 행동'을 할 수 있는 힘을 보유하고 있는지에 있다. 종래에는 이를 '가격 인상', '생산량 감소'를 기준으로 판단하였으나, 데이터 남용이 문제되는 디지털 경제에서는 '개인정보를 얼마나 수집하고 어떻게 활용하는지'가 중요하게 고려되어야 한다는 것이 적극론의 입장이다.[82] 이에 따라 적극론은 시장지배력 판단에 '개인정보를 수집·활용할 수 있는 정도'를 고려해야 한다고 주장한다. 그러나 단순히 데이터의 총량이나 인용 횟수만을 가지고 시장지배력을 판단할 수는 없으며, 달리 데이터를 통해 시장지배력을 추정할 수 있는 적절한 방법을 현재로서는 찾기 어렵다는 점은 적극론도 수긍하는 지점이다.[83] 한편, 데이터가 '진입장벽'으로 기능하는지 여부를 둘러싸고도 견해가 첨예하게 대립하는데, 이에 대해서는 아래 배제남용 부분에서 살펴본다.

　　다. 배제남용: 데이터 축적으로 인한 진입장벽과 경쟁제한 문제

　　적극론은 데이터가 경쟁을 구조적으로 제약하는 진입장벽으로 기능한다고 본다. 이용자를 많이 확보한 사업자는 대량의 데이터를 통해 서

---

80 Tucker & Wellford, *op. cit.*, pp. 5-6; Ohlhausen & Okuliar, *op. cit.*, pp. 143-145.
81 European Commission decision of 03/10/2014, Case COMP/M.7217-Facebook/WhatsApp, p. 72.
82 Katherine Forrest, *op. cit.*, p. 6.
83 EDPS, *op. cit.*, pp. 30-31.

비스 품질을 쉽게 향상시키고, 이를 통해 더 많은 이용자를 끌어들이는 '이용자 피드백 루프' 효과를 누린다. 이와 동시에, 이렇게 수집한 데이터를 통해 더 좋은 광고서비스를 제공하고 더 많은 수익을 올림으로써 이용자를 유인하는 '수익화 피드백 루프' 효과가 창출된다.[84] 이는 신규사업자의 진입을 어렵게 하며, 이로 인해 무료서비스 시장에서는 소비자들의 선택권이 제한되고, 광고시장에서는 비용이 상승하는 경쟁제한효과가 발생한다는 것이다. 이는 페이스북 사건에서 독일 연방카르텔청이 취한 입장과도 같다.

데이터를 활용한 새로운 유형의 배제남용행위도 제시된다. 가장 대표적으로 지적되는 것이 '데이터 접근거절'이다. 시장지배적사업자가 데이터보호법령을 구실로 삼아 경쟁사업자의 데이터 접근을 제약하거나 차별적으로 접근을 허용함으로써 경쟁제한 효과가 야기될 수 있다는 것이다. 예를 들어 오픈마켓 사업자가 온라인 소매업을 동시에 영위할 경우, 해당 통합사업자는 오픈마켓 플랫폼에서 발생한 경쟁 입점업체의 판매 데이터에 접근함으로써 수요가 높은 상품군을 발굴하고 경쟁력 있는 가격을 매길 수 있다. 만일 이러한 데이터가 해당 오픈마켓을 이용하는 경쟁 입점업체들에게는 제한적으로만 제공된다면, 온라인 소매업 영역에서는 오픈마켓 사업자가 구조적으로 우위를 점하는 문제가 발생할 수 있다.[85]

플랫폼 사업자들의 사업영역 확장과 서비스 간 융합이 활발해지면서 이러한 우려의 목소리가 더욱 힘을 얻는 추세다. 대표적으로 구글이 검색엔진 개발 후 지메일, 유튜브, 구글TV, 안드로이드 OS와 크롬 등 사업영역을 확장해왔다는 점이 지적된다. 이는 ⅰ) 더 많은 광고노출 공간(예: 지메일 화면 광고, 유튜브 광고 등)을 확보시켜 줌과 동시에, ⅱ) 맞춤형 광고에 필요한 더 많은 이용자 데이터(예: 구글TV 중 월스트리트 채널을 시청하는 이용자의 데이터)도 확보시켜준다. 결국 주변시장으로의 확대는 주변시장의 독점으로까지 이어지지 않더라도, 경쟁사업자들이 유사한

---

84 이호영, 앞의 논문, 324면.
85 Autorité de la Concurrence & Bundeskartellamt, *op. cit.*, pp. 18–19.

규모와 품질의 사용자 정보를 얻기 어렵게 만듦으로써 경쟁 자체를 어렵게 만드는 구조적 장벽이 된다는 것이 적극론의 지적이다.[86]

　반면, 신중론자들은 데이터 축적은 진입장벽을 만들거나 경쟁사업자를 봉쇄하지 않으며, 시장지배력을 유지·확대시키는 요인도 아니라고 본다. 그 이유는 데이터 자체의 성격에서 유래한다. 사업자 A가 데이터를 많이 수집하였다고 해서 사업자 B가 데이터를 수집하기 어려워지는 것은 아니며, 사업자 B의 데이터 수집을 방해할 수도 없다. 이는 유전(油田)이 한정되어 있고, 유전이 없는 사업자는 정유사업에 뛰어들기 어려운 것과 대조된다. 결국 데이터가 디지털 경제에서 중요한 '생산요소'인 것은 맞지만, 그러한 생산요소에 대한 '배타적 독점'이 불가능하다는 점에서 데이터를 통한 경쟁자 배제 가능성은 낮다는 것이 신중론의 입장이다.[87] 싱가폴 경쟁당국(CCCS)이 바로 이러한 견해를 취하여, 2020년 공식 보고서에서 신규사업자들에 대한 심층적 조사를 근거로 "적어도 현재까지 이커머스 플랫폼에서 '데이터 부족'은 중요한 진입장벽이 되지 못한다"는 분석결과를 공표한 바 있다.[88]

　애초부터 데이터 진입장벽에 관한 논의는 잘 나가는 온라인 사업자들이 대량의 데이터를 축적했다는 사실에서 오는 '착시효과'에 불과하다는 것이 신중론의 비판이다. 마치 잘 나가는 기업들의 공장 부지가 넓다는 이유로 "공장 넓이는 진입장벽으로 작용한다"고 단정짓는 것이나 마찬가지의 오류가 빚어졌다는 것이다.[89] 신중론은 ⅰ) 온라인 서비스를 개발하기 위해 반드시 대량의 데이터가 필요한 것은 아니며, ⅱ) 필요하다고 가정하더라도 누구나 손쉽게 이를 확보할 수 있는 한편, ⅲ) 기존 데이터를 이미 많이 보유하고 있다는 점은 경쟁력에 그다지 도움이 되지 않는다고 지적한다.

---

86 Nathan Newman, *op. cit.*, pp. 40-41.
87 Sokol & Comerford, *op. cit.*, pp. 1135-1137; 이호영, 앞의 논문, 324면.
88 CCCS, *op. cit.*, p. 42.
89 Tucker & Wellford, *op. cit.*, p. 7.

ⅰ) 우선, 페이스북, 스냅챗, 틴더 등 '축적된 데이터'가 아닌 '소비자에 대한 통찰'만으로 신규기업이 성공할 수 있음을 방증하는 사례가 많다. 좋은 아이디어가 있으면 이용자가 모이고 데이터를 확보하게 되는 것이지, 미리 대량의 데이터를 보유해두는 것은 성공에 필수적인 요소가 아니라는 것이다. ⅱ) 신규진입자가 데이터를 수집·확보하는 것도 어렵지 않다. 야후가 구글보다 수십억 명의 이용자를 더 보유하면서 맞춤형 검색결과를 제공하고 있었음에도 구글에 따라 잡혔다는 사실이 일례로 제시된다. 지금 '공룡'으로 지적받는 구글, 페이스북 등의 존재가 오히려 스타트업에서 출발하더라도 손쉽게 데이터를 수집·처리하면서 성장할 수 있음을 보여주는 증거라는 것이다. 특히 현실에서는 데이터 브로커 등 제3자로부터 데이터를 구입하거나 대형기업과 제휴하여 데이터를 확보하는 거래가 활발히 일어나고 있으며, 데이터 가격도 나날이 감소하고 있다는 점이 지적된다. ⅲ) 데이터 '가치'의 수명이 짧다는 점, 즉 오래된 이용자 정보의 활용도는 급격히 떨어지고 중요한 것은 '최신 정보'라는 점도 신중론이 강조하는 지점이다. 이러한 요인은 이미 데이터를 많이 축적해둔 기존사업자의 지배력을 약화시키고, 신규기업의 진입을 용이하게 만든다고 한다.[90]

이를 토대로, 신중론은 데이터로 초래되는 경쟁제한성의 가장 큰 논거인 '이용자 피드백 루프', '수익화 피드백 루프' 효과 역시 과장되었다고 지적한다. 광고주도 대형사업자의 광고공간에만 노출되는 것을 선호하지 않는다. 더구나 광고에 주로 활용되는 CPC(Cost per Click) 방식은 여러 공간에 광고를 노출하더라도 클릭으로 이어진 경우에만 비용이 과금되도록 하기 때문에, 멀티호밍을 활발하게 만든다. 이러한 멀티호밍 효과가 피드백 루프 효과를 상쇄한다고 본다.[91]

---

90 Tucker & Wellford, *op. cit.*, pp. 7-9; Sokol & Comerford, *op. cit.*, pp. 1136-1138; 주진열, 앞의 논문, 180-184면.
91 Sokol & Comerford, *op. cit.*, pp. 1149-1150.

라. 착취남용: 개인정보 보호 수준 저하를 통한 경쟁제한 문제

개인정보 보호 수준의 저하 내지 프라이버시 침해를 '착취남용'으로 규제해야 한다는 것이 적극론의 입장이다. 개인정보 보호도 비가격경쟁 요소 중 하나이므로 그에 관한 경쟁을 제한하는 행위는 경쟁법상 제재대상이 될 수 있다고 본다. 경쟁법은 결국 '소비자후생'을 목적으로 한다는 점에서 시장지배력을 이용해 소비자후생의 일종이라 할 수 있는 프라이버시를 침해하는 결과를 초래할 경우 적극적으로 개입할 정당성도 인정된다.[92] 특히, 이용자들이 프라이버시 친화적 서비스인지 여부를 품질로 고려하고자 해도 현실적으로 개인정보 약관을 일일이 읽기가 어렵다. 따라서 프라이버시와 관련된 품질 경쟁(얼마나 개인정보를 잘 보호하는 서비스인가)은 소비자의 선택에 의해 자생적으로 일어나기 어렵다는 점이 지적된다. 사업자들이 개인정보 보호 수준을 경쟁상 우위를 얻기 위한 주요 요소로 고려하지 않고, 오히려 하향평준화가 일어나는 경향이 있으므로, 경쟁당국의 개입이 반드시 필요하다고 본다.[93]

반면, 신중론은 '경쟁'의 제한과 무관한 '개인정보·프라이버시 침해 우려'는 경쟁법 위반의 판단기준으로 삼을 수 없다는 입장이다. 개인정보 보호가 거래에서 중요한 요소인 것은 맞지만, 이는 거래에서 '제품의 안전성'이 중요한 요소인 것이나 마찬가지다. 이러한 요소는 경쟁법에서 직접 다루지 않고 소비자 보호를 위한 개별 법령에서 다루어왔는데, 개인정보만 그와 달리 접근할 이유가 없다는 것이다. 특히 사업자의 데이터 활용은 소비자들에게 편익을 가져오는 반면, 프라이버시 보호는 반대로 비용을 증가시키기 때문에 이를 강화하는 것이 반드시 소비자에게 이익이 된다고 보기도 어렵다는 점이 지적된다. 따라서 경쟁질서와 관련성이 모호한 프라이버시 침해가능성을 경쟁법과 연결시키기보다는, 데이터 보호법을 통해 사업자와 소비자 사이의 불공정한 약관을 시정하는 등의 방식으로 접근하는 것이 타당하다는 것이 신중론의 입장이다.[94]

---

92 이호영, 앞의 논문, 302-305면.
93 EDPS, *op. cit.*, pp. 26-27.

마. 시정조치

적극론이 문제 삼는 행위를 경쟁법 위반으로 규정하더라도, 이에 대응하는 마땅한 시정조치가 없다는 것이 신중론의 지적이다. 적극론자들이 제시하는 대표적인 시정조치로는 ⅰ) 데이터 접근권 보장(data access), 데이터 공유(data sharing), 데이터 풀링(data pooling) 등을 통해 다른 사업자와 데이터를 공유하도록 하거나 ⅱ) 소비자의 진정한 의사를 파악하기 위해 개인정보 제공에 관해 강화된 동의를 요구하거나 ⅲ) 시장지배적사업자의 데이터 수집을 제한하거나 ⅳ) 사업 부문 간 분리를 통해 데이터 병합·처리를 제한하는 것 등이 있다. 예를 들어, 영국 경쟁당국(CMA)은 2020년 온라인플랫폼에 대한 시장조사(Market Study) 최종 보고서에서 구글로 하여금 경쟁 서치엔진에 데이터를 공유하도록 하고, 페이스북으로 하여금 경쟁 소셜미디어와 상호운용성(interoperability)을 확대하도록 하는 시정조치를 제안하였다.[95] 미국 FTC는 과거 보고서에서 구글 크롬 브라우저에 "내 데이터를 광고주에게 제공하지 말라", "추적하지 말라(Do Not Track)"는 옵션을 띄우는 방안을 제시한 바 있다.[96]

신중론은 이러한 개입방법이 적정하지 않다고 이야기한다. ⅰ) 데이터 공유를 강제할 경우 사업자가 데이터 원천을 개발할 인센티브가 떨어질 뿐 아니라, 이용자들이 동의하지도 않은 신생기업에게 이용자정보가 제공됨으로써 그 자체로 새로운 프라이버시 문제가 야기될 수 있다. 미국 FTC 법무책임자(General Counsel)도 데이터 공유 조치는 '누가, 어떤 정보를, 언제, 누구와 얼마나 신속하게, 어떤 조건으로' 공유해야 하는지 행정당국에게 모두 결정하도록 함으로써 엄청난 행정비용을 초래할 뿐 아니라, 데이터를 공유하는 사업자들 간 담합 위험까지 초래할 수 있다

---

94 이호영, 앞의 논문, 319면; Ohlhausen & Okuliar, *op. cit.*, pp. 154–155; Sokol & Comerford, *op. cit.*, pp. 1157–1159; 주진열, 앞의 논문, 190–192면.

95 CMA, *op. cit.*, p. 5.

96 Federal Trade Commission, Protecting Consumer Privacy in an Era of Rapid Change: Recommendations for Businesses and Policymakers, FTC Report, 2012. 3, p. 4.

고 우려한 바 있다.[97] ii) 소비자의 선택권을 보장하겠다면서 반복적으로 동의 여부를 클릭하도록 요구할 경우 사용자경험(user experience)을 해칠 수 있고, iii) 사업자의 데이터 수집 자체를 제한하면 서비스 품질이 떨어지고 혁신이 저해되어 주객이 전도되는 결과를 낳으며, iv) 사업 부문 간 분리 역시 데이터 병합과 고도화된 맞춤형 서비스를 통한 시너지 효과를 막는다는 점이 지적된다.[98]

신중론은 데이터 문제를 경쟁법적 관점에서 접근할지 결정할 때는 적절한 시정조치가 존재하는지, 시정조치가 그 자체로 지나친 비용이나 경쟁에 대한 위협을 야기하지는 않는지를 먼저 검토해보아야 한다고 강조한다. 경쟁법은 기본적으로 개인정보 관련 문제를 해결하기 위해 만들어진 법이 아니며, 반경쟁적 행위를 막고 경쟁적인 환경을 조성하기 위해 존재하는 것이므로, 데이터 영역에서는 경쟁법적 구제수단이 효과적일 수 없다는 것이다.[99]

4. 일부 국가들의 경쟁법 집행기준 수립 시도

이렇듯 적극론과 신중론이 첨예하게 대립하는 가운데, 일부 적극적인 국가에서는 입법을 통해 새로운 집행기준을 수립하고자 시도 중이다.

선두주자는 역시 페이스북을 제재했던 독일이다. 독일 정부는 2020. 1. '경쟁법의 디지털화'를 표어로 삼아 경쟁제한방지법 제10차 개정안을 발표했다. 디지털 시장과 데이터 관련 이슈를 반영하기 위해 기존 경쟁법을 개정하겠다는 것으로, 그 골자는 다음과 같다. i) 첫째, 데이터를 시장지배적지위의 판단요소로 명시하고, 필수설비 원칙을 확대하여 '데이터에 대한 접근 거절'을 시장지배적지위 남용행위 유형으로 규정했다.[100] ii) 둘째, 특정 거대 디지털플랫폼 사업자에 대해서는 경쟁당국

---

97 Alden F. Abbott, *op. cit.*, p. 7.
98 Tucker & Wellford, *op. cit.*, pp. 9-11.
99 Ibid., pp. 9-10; 이호영, 앞의 논문, 315-316면.
100 개정안 제19조 제2항 제4호는 "지배적 사업자가 특정 상품·용역의 공급자·구매자

이 보다 엄격한 경쟁법 규율을 부과할 수 있게 했다. 경쟁당국으로 하여 금 "여러 시장에 걸쳐 경쟁에 상당한 중요성을 갖는 기업"을 지정할 수 있게 하여 아직 지배력을 가지고 있지 않은 다른 시장에서도 일정한 남용행위를 금지할 수 있도록 하였으며, 여기 '수집된 데이터를 이용한 타기업 방해', '상호운용이나 데이터 이동 방해를 통한 경쟁 저해' 등을 포함시켰다. iii) 셋째, 각종 데이터를 취합·분석함으로써 수요와 공급을 잇는 중개 활동을 하는 다면플랫폼사업자에 대하여 보다 구체적인 규제를 마련하고, '중개능력'이라는 개념을 시장지배적지위 판단기준으로 도입했다. iv) 마지막으로, 시장지배적사업자에 이르지 않더라도 '상대적 시장지배력'이 있는 사업자도 규제할 수 있게 했다. 디지털 시장은 네트워크 효과와 확장성으로 말미암아 쏠림현상이 일어나기 쉽고, 한 번 기울어진 시장은 돌이키기 어렵다는 이유다. 이때 "특정 사업자의 사업활동이 다른 사업자가 지배하는 데이터에 의존하는 경우"에도 의존적 지위를 인정했다.[101]

프랑스도 독일과 유사하게 특정 플랫폼사업자를 '시스템적 플랫폼 (systemic platform)'으로 지정한 뒤 이들에 대해서는 남용행위에 관한 입증책임을 전환하는 방식의 규제체계 개편을 시도하고 있다. 프랑스 경쟁당국은 최근 유럽연합의 경쟁법제에도 위와 같은 접근을 도입할 것을 촉구하는 보고서를 발표하였다.[102]

일본의 경우, 공정취인위원회의 지침 형태로 2019. 12. 「디지털플랫폼의 개인정보 관련 우월적 지위 남용기준」을 공포했다. 요체는 플랫폼 사업자가 '우월적 지위'를 이용하여 개인정보를 부당하게 '취득·이용'하는

로서 다른 사업자에게 상품·용역을 공급함에 있어 관련 상·하방 시장에서 활동하기 위해 필수적인 데이터, 네트워크, 인프라에 대한 접근을 거절하고, 그러한 거절이 그 상·하방 시장에서 유효한 경쟁을 제거할 우려를 낳는 경우, 그러한 거절이 정당화되지 않는 한 지배적 지위 남용이 될 수 있다"라고 규정한다.

101 Hogan Lovells, *op. cit.* ; 공정거래위원회, "[독일] 디지털 시장을 겨냥한 경쟁법 개정 추진", 해외경쟁정책동향 제169호(2020. 6. 1.), 7-10면.
102 이상윤, "유럽연합의 플랫폼 규제동향", 외법논집 제44권 제3호(2020. 8), 310-311면.

경우 거래상 지위 남용로 제재될 수 있다는 것이다. 이때 '우월적 지위'는 해당 디지털플랫폼 사업자를 대체할 수 있는 사업자의 존부, 해당 서비스의 이용을 중단하는 것이 실질적으로 가능한지, 해당 디지털사업자가 가격·품질 등 거래조건을 임의로 좌우할 수 있는지 등을 기준으로 판단하도록 했다. 우월적 지위가 인정되는 경우, 금지되는 개인정보의 부당한 '취득·이용'은 ⅰ) 소비자의 의사에 반하여 이용목적을 달성하기 위한 범위를 넘어서는 개인정보를 수집하거나, ⅱ) 보안을 위한 적절한 예방조치가 없거나, ⅲ) 서비스 이용대가로 제공받는 개인정보 외에도 추가 개인정보를 제공하도록 하는 경우, ⅳ) 동의한 범위를 넘어서 개인정보를 사용하는 경우를 말한다.[103]

EU 차원에서는 디지털 플랫폼을 규제하기 위한 거시적이고 새로운 체계를 마련하기 위한 시도가 진행 중이다. ⅰ) 우선, 유럽의회에서 통과되어 2020. 7.부터 시행 중인 「온라인 플랫폼 시장의 공정성 및 투명성 강화를 위한 EU 이사회 규칙」(이하 'EU 플랫폼규칙')[104]은 플랫폼사업자와 이용사업자와의 관계에서 빈번하게 문제되는 행위에 관해 사전에 투명하게 공개하고 구체적으로 설명할 의무를 부과한다. 이 중에는 플랫폼사업자가 수집한 데이터에 관하여 이용사업자에게 어떤 수준의 데이터 접근권을 보장하는지 명시하도록 하는 내용이 포함되어 있다. 여기서 더 나아가, 2019. 12. 취임한 EU집행위원회 von der Leyen 위원장은 임기 내 6대 정책 목표 중 하나로 「디지털 서비스법」(이하 'DSA')의 도입을 제시했다. DSA는 소수의 대형 플랫폼이 기존 사업활동으로 얻은 대량의 데이터를 활용하여 손쉽게 인접 시장으로 진출한 뒤 쏠림현상을 만들어

---

103 한국인터넷진흥원, "일본 공정거래위원회, 디지털 플랫폼 사업자의 우월적 지위 남용에 대한 대응 방침 발표", 인터넷 법제동향 제148호(2020. 1.), 18면 이하; 공정거래위원회, "[일본] 공취위, 디지털플랫폼의 개인정보 관련 우월적 지위남용 기준", 해외정책동향 제167호(2020. 4. 9.), 1–3면.

104 Regulation (EU) 2019/1150 of the European Parliament and of the Council of 20 June 2019 on promoting fairness and transparency for business users of online intermediation services.

냄으로써 소비자의 선택권을 저해한다는 문제의식을 배경으로 한다. 이에 대응하기 위해 특정 불공정거래행위에 대한 금지목록을 만들어서 규율하거나, 플랫폼에 데이터 접근이나 개인 데이터 이동권과 관련된 구체적인 의무를 부과하는 방안 등이 논의되고 있다.[105]

이러한 움직임과 대조적으로, 미국은 플랫폼 사업자나 데이터 문제를 규제하기 위한 별도의 경쟁법 규정을 두고 있지 않다. 물론, 미국에서도 최근 온라인 플랫폼 사업자의 데이터 독점 및 개인정보 보호 문제에 대한 강력한 규제를 주창하는 일부 움직임이 거세지면서 "반독점 혁명 운동(New democracy antitrust revolution)"이라고 불리기도 한다. 미국 연방의회가 2020. 7. GAFA 최고경영자들에 대한 청문회를 개최하고, Elizabeth Warren 등 일부 민주당 의원이 기존 경쟁법으로는 GAFA 규제가 어렵다면서 새로운 규제입법의 필요성을 주창하기도 하였다.[106] 그러나 아직까지는 미국 연방독점규제법이 매우 포괄적으로 규정되어 있으므로, 개별 사건에서 기존 법체계를 통해 디지털 플랫폼과 데이터 이슈를 충분히 규제할 수 있다고 보는 입장이 주류적이다.[107] 유럽이 자체적인 플랫폼사업자를 배출하지 못한 것과 달리, 세계적인 플랫폼 사업자들이 대체로 미국 기업이라는 점도 이러한 온도차의 원인으로 지목된다.

중국은 2019. 6. 국가시장감독관리총국령으로 「시장지배적지위 남용행위금지 임시규정」을 공포하여, 인터넷 등 신경제업종 사업자의 시장지배적지위 보유 여부 판단기준을 추가하였다. 이때 판단요소로 관련 데이터 장악 및 처리능력, 네트워크 효과, 고착 효과, 이용자 수 등을 고려할 수 있다고 명시하였다. 다만, 중국의 경우 정부 차원에서 인터넷 공

---

105 이상윤, 앞의 논문, 309-315면.
106 주진열, "데이터 독점 문제에 관한 고찰", 데이터 독점과 경쟁·소비자 이슈 학술심포지엄 발표자료(2020. 8. 24.), 13-17면.
107 최창수, "디지털 플랫폼 독점규제 글로벌 입법동향", 최신 외국입법정보 통권 제115호, 국회도서관(2020), 6-7면; 임용, "미국의 플랫폼 규제 동향과 전망 - 학계 논의", 미국의 플랫폼 규제 동향과 전망 세미나 자료집, 고려대학교 ICR센터(2020. 9. 10.).

간을 통제하기 때문에 구글, 페이스북 등 미국 IT기업의 서비스를 이용할 수 없고, 아마존도 2019년 중국 온라인 판매사업에서 철수한 상태다. 따라서 위 규정의 대상은 자국 인터넷기업이 될 것인데, 과연 중국이 자국 기업에 대한 지원 일변도에서 벗어나 자국 기업에 대한 경쟁법 집행을 실제로 강화할 것인지에 대해서는 전망이 엇갈리고 있다.[108]

한국 공정거래위원회 역시 데이터와 개인정보 보호 문제에 관하여 일찍부터 관심을 가지고 연구해 왔다. 「4차 산업혁명에 따른 경쟁법 현대화 방안(2018. 10)[109]」, 「빅데이터 분야 경쟁실태 조사 및 비교연구(2018. 12.)[110]」등 2018년 연달아 제출된 공정위 연구용역보고서가 이를 증명한다. 공정거래위원회는 2019. 2. 기업결합심사기준을 개정하여, 빅데이터의 개념("다양한 목적으로 수집되어 통합적으로 관리, 분석, 활용되는 정보의 집합")을 '정보자산'으로 정의하면서, 이를 기업결합에 따른 경쟁제한성 판단 시 고려사항 중 하나로 정하기도 하였다.[111] 하지만 '기업결합'

---

108 최창수, 앞의 글, 11면.
109 이봉의·최난설헌, 앞의 보고서.
110 황태희 외, 앞의 보고서.
111 기업결합심사기준(2019. 2. 27.).
　　VI. 경쟁제한성 판단기준
　　1. ~ 4. (생략)
　　5. 정보자산을 수반하는 기업결합의 경쟁제한성 판단 시 고려사항
　　기업결합 후 결합당사회사가 정보자산을 활용하여 시장지배력을 형성강화유지하는 경우 관련시장에서의 경쟁이 실질적으로 제한될 가능성이 있다. 이 경우 기업결합 유형별 경쟁제한성 판단 요건을 고려하되, 다음과 같은 사항 등을 추가로 고려하여 판단할 수 있다.
　　가. 결합을 통하여 얻게 되는 정보자산이 다른 방법으로는 이를 대체하기 곤란한 지 여부
　　나. 해당 결합으로 인하여 결합당사회사가 경쟁사업자의 정보자산 접근을 제한할 유인 및 능력이 증가하는지 여부
　　다. 결합 이후 정보자산 접근 제한 등으로 인하여 경쟁에 부정적 효과가 발생할 것이 예상되는지 여부
　　라. 결합당사회사가 정보자산의 수집·관리·분석·활용 등과 관련한 서비스의 품질을 저하시키는 등 비가격 경쟁을 저해할 가능성이 높아지는지 여부

을 넘어 시장지배적지위남용이나 불공정거래행위 등에 관한 규정 제정 시도는 2020. 11. 현재 특별히 이루어지고 있지 않은 것으로 보인다.[112] 아직 이 문제에 관하여 규정을 제정할 만큼 충분한 이론적 정리나 경험의 축적이 이루어지지 않았다고 판단한 때문으로 추측된다.

Ⅳ. 페이스북 사안과 우리나라 시장지배적지위 남용 규정의 적용가능성

1. 적용법조의 문제

독일의 경쟁제한방지법(GWB)과 달리, 한국 공정거래법에는 시장지배적지위 남용행위를 규제하는 '일반 규정'이 없다. '열거주의'를 채택하고 있는 한국법제상 공정거래법 제3조의2 제1항 각호[113] 중 하나에 포섭될 수 있을 때에만 페이스북 사안을 공정거래법 위반으로 규제할 수 있다.

공정거래법 제3조의2 제1항 제1호 내지 제4호에는 해당할 여지가 없고, 그나마 생각해 볼 수 있는 것은 제5호이다. 제5호 후단은 "부당하게 … 소비자의 이익을 현저히 저해할 우려가 있는 행위"를 금지유형의 하나로 제시하고 있는데, '착취남용'에 대한 보충적 규정으로 해석된다.[114] 이때 '소비자의 이익'에는 "소비자의 경제적 이익은 물론이고 소비

---

112 전자신문은 2019. 8. 26. "공정위가 빅데이터 시장에서 발생하는 시장지배력 남용 등 불공정거래행위를 적발·제재할 규정을 마련 중이다"라는 취지로 보도하였는데, 공정위는 즉시 해명 보도자료를 내어 관련된 규정 개정은 추진되고 있지 않다고 밝히기도 하였다.

113 공정거래법 제3조의2(시장지배적지위의 남용금지) ①시장지배적사업자는 다음 각 호의 1에 해당하는 행위(이하 "濫用行爲"라 한다)를 하여서는 아니 된다.
   1. 상품의 가격이나 용역의 대가(이하 "價格"이라 한다)를 부당하게 결정·유지 또는 변경하는 행위
   2. 상품의 판매 또는 용역의 제공을 부당하게 조절하는 행위
   3. 다른 사업자의 사업활동을 부당하게 방해하는 행위
   4. 새로운 경쟁사업자의 참가를 부당하게 방해하는 행위
   5. 부당하게 경쟁사업자를 배제하기 위하여 거래하거나 소비자의 이익을 현저히 저해할 우려가 있는 행위

114 이봉의·전종익, "독점규제법 제3조의2 제1항 제5호 후단 소비자이익 저해행위 금지

자의 자유로운 선택권이나 부수적인 편의성 등 비경제적 이익도 포함한다"고 한다.[115]

연방카르텔청과 독일연방대법원의 입장은 페이스북의 행동이 소비자들의 '개인정보 자기결정권'을 침해하는 '착취남용'에 해당한다는 것이다. 그렇다면, 페이스북 사안을 한국에서 규제할 경우, 개인정보 제공 및 이용에 관한 '소비자의 자유로운 선택권'을 현저하게 저해할 우려가 있는 행위로서 제5호가 적용될 가능성이 높다.

다만 이에 대해서 "제5호는 개별 소비자의 이익을 직접 보호하고자 하는 데 있는 것이 아니므로 프라이버시를 직접 보호하기 위해 제5호를 적용할 수 없다"는 반대론[116]과 제5호의 문언이 매우 추상적이며, 시행령이나 심사기준에서 이를 구체화하는 아무런 규정도 두고 있지 않아 동호 적용 가능성 판단이 쉽지 않다는 신중론[117]도 있다.

2. 소비자이익 저해의 '현저성'과 '부당성' 문제

페이스북 사안이 실제 제5호 후단의 요건을 충족하는지는 또 다른 문제이다. 제5호 후단 위반이 되기 위해서는 소비자이익 저해의 정도가 '현저'하며 '부당'해야 한다.

소비자이익 저해의 '현저성'에 대하여 우리 대법원은 "당해 상품이나 용역의 특성, 당해 행위가 이루어진 기간·횟수·시기, 이익이 저해되는 소비자의 범위 등을 살펴, 당해 행위로 인하여 변경된 거래조건을 유사시장에 있는 다른 사업자의 거래조건과 비교하거나 당해 행위로 인한 가격상승의 효과를 당해 행위를 전후한 시장지배적사업자의 비용 변동의 정도와 비교하는 등의 방법으로 구체적·개별적으로 판단하여야 한다."는 기준을 제시하고 있다.[118]

의 위헌성 판단: 명확성의 원칙을 중심으로", 법학 제49권 제3호(2008), 265쪽 등.
115 권오승·서정, 독점규제법 이론과 실무, 법문사, 2017, 178면.
116 주진열, 앞의 논문, 194면.
117 최난설헌, 앞의 논문, 421면.

독일 연방카르텔청에 의하면, 페이스북은 관련시장(국내 개인용 소셜 네트워크 서비스 시장)의 95%를 독점하고 있어 소비자들로서 페이스북의 개인정보 이용동의 요구를 거절할 방법이 없고, 페이스북의 개인정보 이용동의 징구는 유럽연합의 개인정보 보호규정(GDPR)에 위반되었다는 것이므로, 소비자이익 저해의 정도가 '현저'하다 볼 여지가 있다. 한편 "시장지배적사업자의 소비자이익을 저해할 우려가 있는 행위가 존재하고, 그로 인한 소비자 이익의 저해 정도가 현저하다면 통상 … 부당하다고 볼 경우가 많"다는 것이 대법원의 판시이므로,[119] 부당성 역시 인정될 여지가 있다.

하지만 현저성과 부당성이 인정되기 어렵다는 반론도 상당히 설득력 있다.

대법원은 "다른 사업자의 거래조건과 비교", "당해 행위로 인한 가격상승(소비자피해)의 효과"를 중요한 기준으로 제시하고 있는데, 과연 시장지배적사업자가 아닌 다른 소셜네트워크 서비스 사업자 혹은 온라인사업자들의 개인정보 취득 및 이용에 관한 약관이 페이스북의 그것과 많이 다른지, 그 같은 비지배적 사업자의 이용약관은 소비자들이 동의하지 않거나 않을 수 있는지에 대하여 의문이 있다. "큰 사업자들이 작은 사업자들보다 더욱 체계적이고 계획적인 방법으로 개인정보 보호법을 위반한다는 증거를 찾기 어렵고 오히려 반대의 경우가 많다"는 Justus Haucap 교수의 지적[120]이나 문제의 원인은 "데이터 처리방식에 대한 대다수 이용자들의 무관심"에 있다는 뒤셀도르프 고등법원의 지적에 고개가 끄덕여진다.

착취남용 규제에 관한 경쟁당국 및 법원의 신중한 입장 역시 중요

---

118 대법원 2010. 5. 27. 선고 2009두1982 판결.
119 대법원 2010. 5. 27. 선고 2009두1982 판결.
120 Justus Haucap, "The Facebook Decision: First Thoughts by Haucap" (2019. 2. 7.) available at
https://www.d-kart.de/en/blog/2019/02/07/the-facebook-decision-first-thoughts-by-haucap/.

한 고려요소이다. 법 제3조의2 제1항 제1호에서 소비자이익을 저해하는 '착취남용'의 대표적 유형으로 '부당한 가격결정'을 명시하고 있지만, 실제 부당한 가격결정을 이유로 규제한 사례는 거의 없다. 어느 정도면 적정한 가격이고 어느 정도면 부당한 가격인지 그 기준을 제시하기 어렵기 때문이다. 온라인사업자의 개인정보 취득 및 이용 방법, 그리고 그에 관한 소비자 동의 징구 절차도 비슷한 문제가 있다. 눈부시게 빠른 속도로 발전하는 기술과 사업형태 등에 비추어 볼 때 경쟁당국이 언제, 어떻게 개인정보를 취득하여 어디까지 공유하는 것은 적법하고 이를 넘어서면 위법하다고 선언한다는 것은 대단히 조심스러운 문제다. 특히 모든 사업자에게 사전적으로 적용되는 정책 규범이 아니라 시장지배적사업자에 대해서만 이루어지는 사후적 규제가 된다면 더더욱 쉽지 않아진다.

'개인정보 자기결정권' 침해의 경우 '부당성'을 어떠한 기준에 따라 어떻게 판단할지도 문제된다. 대법원은 제5호의 규제 근거로 "시장지배적사업자의 과도한 독점적 이익 실현행위로부터 소비자를 보호할 필요성"을 제시하면서, 그 판단기준으로 "독점적 이익의 과도한 실현" 의도 및 가능성을 제시하고 있다.[121]

이는 '경제적 이익'에 관한 착취남용을 전제로 한 판시인데, 이 같은 기준을 '비경제적 이익'에 해당하는 '개인정보 자기결정권' 침해에 적용한다면, "독점적 이익의 과도한 실현"에 준하는 "개인정보 자기결정권의 과도한 침해" 의도와 가능성이 인정되어야 할 것이다. 앞서 살펴본 것처럼, "독점적 이익의 과도한 실현"을 위한 '부당한 가격결정' 규제 사례가 드물진대, 개인정보 자기결정권의 침해에 대한 규제 역시 신중하지 않으면 안 될 것이다.

실제로 법원은 제5호 후단의 '소비자이익 저해행위' 규정 적용에 대해서 신중한 입장으로 보인다. 씨제이케이블넷 소속 종합유선방송사업자들이 그 시장지배적 지위를 이용하여 인기 채널을 저가 묶음상품에서 제외시킴으로써 소비자들로 하여금 고가의 묶음상품에 가입하도록 유도한

---

121 대법원 2010. 5. 27. 선고 2009두1982 판결.

행위에 대하여, 서울고등법원과 대법원은 소비자이익이 '현저히' 침해되었다고 볼 수 없다고 판단했다.[122] 티브로드강서방송이 저가의 단체계약 상품에 대하여 신규계약을 중지하는 방법으로 종전의 단체계약 가입자들로 하여금 비싼 일반상품에 가입하도록 유도한 사건에서도 "수신료 상승률이나 유료방송시청 중단의 정도는 단지 이 사건 행위를 전후하여 소비자 이익이 변화된 정도에 불과한 것으로서 유사시장에서의 거래조건 등과 비교한 내용이 아니"라는 이유로 현저성을 인정하지 않았다.[123]

그렇다면, 비지배적 사업자들의 개인정보 취득과 이용이 페이스북의 그것과 현저히 달랐다는 점이 확인되지 않는 이상, 소비자들의 개인정보 자기결정권이 충분히 보장되지 않았거나 않았을 우려가 있다는 사정만으로는 '부당하고 현저한 소비자이익 저해'가 인정되기 어려울 수 있다.

3. 시장지배적지위 남용 규정 적용의 적절성 문제

시장지배적지위를 가진 온라인플랫폼 사업자의 개인정보 취득 및 이용에 대하여 현행법상 시장지배적지위 남용행위로 규제할 수 있다고 하더라도, 과연 그렇게 하는 것이 바람직하거나 적절한지는 또 다른 문제이다.

적극론이 제기하는 것처럼, 정보경제의 시대를 맞아 온라인플랫폼 사업자의 데이터 구축과 개인정보 보호 문제에 대하여 경쟁당국이 각별한 관심을 가져야 하는 것은 분명하다. 시대가 변화하고 있는 만큼 '단기적 가격효과'만 제한적으로 살피는 경쟁법의 전통적 입장을 재고해 볼 필요가 있는 것도 사실이다.

하지만, '개인정보 보호'라는 정책적 목표가 어떻게 경쟁법의 목표로 포섭될 수 있으며, 어떠한 경우 경쟁법 위반으로 이어질 수 있는지 논란의 여지가 많은 것은 분명하다. 독일 연방카르텔청의 지적처럼, 시장지

---

122 서울고등법원 2008. 8. 20. 선고 2007누23547 판결; 대법원 2010. 2. 11. 선고 2008두16407 판결.
123 대법원 2010. 5. 27. 선고 2009두1983 판결.

배적 지위를 갖는 플랫폼 사업자의 이용약관에 대하여 소비자들이 '동의'하는 것 외에 다른 선택의 여지가 없어 보이는 것은 사실이지만, 그렇다고 비지배적 플랫폼 사업자의 이용약관에 대해서는 소비자들이 자발적으로 '동의'하거나 자유롭게 '동의'를 거부하고 있다고 할 수 있는지는 의문이다. 비지배적 플랫폼 사업자의 개인정보 취득과 동의 징구는 방치해도 되는 것인지, 플랫폼 사업자가 시장에서 갖는 지위의 차이에 따라 누구는 시장지배적지위 남용으로 규제하고 누구는 약관규제법이나 개인정보 보호법 등 일반법 위반으로 규제하는 것이 정당화될 수 있는지도 논란의 소지가 있다.

연방카르텔청 판단의 핵심은 개인정보 취득 및 이용에 대한 소비자들의 '유효한 동의'가 있어야 한다는 것인데, 소비자들의 온라인서비스 이용행태에 비추어 볼 때 비지배적 플랫폼사업자의 이용약관의 경우에도 '유효한 동의'가 인정되지 않는 경우가 상당할 것으로 생각된다. 이러한 비지배적 플랫폼사업자의 서비스를 이용하는 소비자들 역시 '보호'받아야 마땅하며, 이를 위해 「개인정보 보호법」과 「약관의 규제에 관한 법률(이하 '약관규제법')」이 마련되어 있다.

예컨대, 개인정보 보호법은 '개인정보처리자'에 대하여 "정보주체의 동의를 받은 경우"에만 개인정보를 수집·이용할 수 있으며 특히 제3자에게 제공하기 위해서는 별도의 동의를 받아야 한다고 명시하고 있다.124 나아가 소비자들이 동의하는 내용이 무엇인지 알기 쉽도록 동의를 받는 방법에 대해서 세세하게 정하는 한편,125 이 같은 동의 없이 개인정보를 이용·제공한 경우 관련 매출액의 100분의 3 범위 내에서 과징금을 부과할 수 있도록 하고 있다.126 연방카르텔청이 페이스북 결정에서 의도한 '유효한 동의' 확보는 '시장획정'이나 '시장지배적지위'에 대한 판단, 혹은 경쟁배제에 대한 판단을 굳이 하지 않더라도 개인정보 보호법 적용 및

---

124 개인정보 보호법 제15조, 제17조.
125 개인정보 보호법 제22조.
126 개인정보 보호법 제39조의15.

집행으로도 충분히 가능한 것이다. 이렇게 과징금 상한마저 동일한 상황에서 굳이 불필요한 논란을 무릅쓰고 개인정보 보호법이 아닌 공정거래법을 적용해야 할 실익이 있을지 의문이다.

독일 연방카르텔청이 페이스북에 부과한 시정명령은 불공정한 약관의 시정이었는데, 이는 우리 약관규제법에 의해서도 충분히 가능하다. 약관규제법은 '사업자'에게 고객이 내용을 쉽게 알 수 있도록 약관을 작성하고 그 중요내용에 대하여 별도로 설명할 의무를 부과하는 한편,[127] "고객에게 부당하게 불리한 조항"이 포함되어 있는 경우, 공정거래위원회는 해당 불공정약관조항에 대하여 삭제·수정 등 시정에 필요한 조치를 권고할 수 있게 하고 있다. 특히 해당 사업자가 공정거래법상 시장지배적사업자에 해당하거나 계약당사자로서의 지위가 현저하게 우월하거나 고객이 다른 사업자를 선택할 범위가 제한되어 있어 약관을 계약의 내용으로 하는 것이 사실상 강제되는 경우 시정조치를 명할 수 있고, 이를 따르지 않는 경우 2년 이하의 징역 또는 1억 원 이하의 벌금이라는 형사처벌까지 할 수 있게 되어 있다.[128] 페이스북이 '시장지배적지위'에 있다는 사실을 엄격히 증명하지 않더라도 공정거래위원회는 약관규제법에 따라 해당 약관에 대한 시정을 권하거나 명령할 수 있는 것이다.

사정이 이러하다면, 굳이 논란을 무릅쓰고 공정거래법상 시장지배적지위 남용행위 규정을 적용할 실익은 적다고 생각된다. 공정거래위원회가 빅데이터와 개인정보 보호 문제에 관하여 지속적으로 연구·검토하고 있으면서도 그에 관해 별도의 규정 제정을 서두르지 않고 있는 배경에는 이 같이 기존 법제만으로도 충분히 규율 가능하다는 판단이 깔려 있지 않은가 싶다.

---

127 약관규제법 제3조 제1항.
128 약관규제법 제17조의2, 제1항, 제2항, 제32조.

참고문헌

I. 국내문헌

1. 단행본

권오승 · 서정, 독점규제법 이론과 실무, 법문사, 2017.

2. 논문

박성범 · 최인선, "빅데이터와 경쟁법, 새로운 영역인가?", 경쟁과 법 제6호 (2016. 4.).

오승한, "빅데이터 산업의 개인정보침해 행위에 대한 경쟁법의 적용가능성", 경쟁법연구 제38권(2018).

유영국, "개인정보 보호와 경쟁법 적용 - 연방카르텔청의 Facebook 결정 및 뒤셀도르프 고등법원의 결정(VI-Kart 1/19 (V))을 중심으로 -", 경쟁법연구 제40권(2019).

이기종, "디지털 플랫폼 사업자 간의 기업결합 규제 - EU의 Facebook/WhatsApp 사건을 중심으로 - ", 상사판례연구 제29권 제1호(2016).

이봉의 · 최난설헌, "4차 산업혁명에 따른 경쟁법 현대화 방안" [정책연구용역 보고서], 공정거래위원회 (2018. 10.).

이상윤, "유럽연합의 플랫폼 규제동향", 외법논집 제44권 제3호(2020. 8).

이호영, "빅데이터의 경쟁법적 함의에 관한 연구", 법경제학연구 제15권 제3호(2018).

주진열, "디지털 플랫폼 사업자의 빅데이터와 관련한 시장지배력 및 프라이버시 문제에 대한 고찰", 경쟁법연구 제39권(2019).

최난설헌, "기업결합 심사에 있어서 빅데이터의 경쟁법적 의미", 외법논집 제41권 제4호(2017. 11.).

최난설헌, "디지털 시장에서의 독과점 규제 적용 가능성에 대한 검토 - 독일
의 Facebook 사례를 중심으로 -", 법학논총 제42권 제2호(2018).
홍대식, "온라인 플랫폼 시장과 경쟁법적 쟁점", 경쟁법연구 제34권(2016).
황태희 외, "빅데이터 분야 경쟁실태 조사 및 비교연구" [과제 최종보고서],
공정거래위원회(2018. 12.), 123면.

3. 기타 문헌

공정거래위원회, "[OECD] 빅데이터 라운드테이블", 해외경쟁정책동향 제124
호(2017. 1. 16.).
공정거래위원회, "[독일] 디지털 시장을 겨냥한 경쟁법 개정 추진", 해외경쟁
정책동향 제169호(2020. 6. 1.).
공정거래위원회, "[일본] 공취위, 디지털플랫폼의 개인정보 관련 우월적 지위
남용 기준", 해외정책동향 제167호(2020. 4. 9.).
이상윤, "독일 경쟁당국(BKartA), 페이스북(Facebook)의 개인정보 처리행위
는 독일 경쟁법 상 착취남용에 해당한다고 결정", 고려대학교 ICR
센터,
https://www.icr.re.kr/blank-clrv/jso2rbw528/%EC%9C%A0%EB
%9F%BD%EC%97%B0%ED%95%A9-%EA%B2%BD%EC%9F%81%E
B%B2%95-%EB%8F%99%ED%96%A5-%EC%8B%9C%EB%A6%AC
%EC%A6%8816%EB%8F%85%EC%9D%BC-%EA%B2%BD%EC%9F
%81%EB%8B%B9%EA%B5%ADBKartA-%ED%8E%98%EC%9D%B4
%EC%8A%A4%EB%B6%81Facebook%EC%9D%98-%EA%B0%9C%
EC%9D%B8%EC%A0%95%EB%B3%B4-%EC%B2%98%EB%A6%AC
%ED%96%89%EC%9C%84%EB%8A%94-%EB%8F%85%EC%9D%B
C-%EA%B2%BD%EC%9F%81%EB%B2%95-%EC%83%81-%EC%B
0%A9%EC%B7%A8%EB%82%A8%EC%9A%A9%EC%97%90-%ED%
95%B4%EB%8B%B9%ED%95%9C%EB%8B%A4%EA%B3%A0-%EA
%B2%B0%EC%A0%95 (2019. 2.).
임용, "미국의 플랫폼 규제 동향과 전망 - 학계 논의", 미국의 플랫폼 규제
동향과 전망 세미나 자료집, 고려대학교 ICR센터(2020. 9. 10.).

주진열, "데이터 독점 문제에 관한 고찰", 데이터 독점과 경쟁·소비자 이슈 학술심포지엄 발표자료(2020. 8. 24.).

최창수, "디지털 플랫폼 독점규제 글로벌 입법동향", 최신 외국입법정보 통권 제115호, 국회도서관(2020).

한국인터넷진흥원, "일본 공정거래위원회, 디지털 플랫폼 사업자의 우월적 지위 남용에 대한 대응 방침 발표", 인터넷 법제동향 제148호(2020. 1.).

II. 외국문헌

1. 단행본

ACCC, Digital Platform Inquiry – Final Report, 2019. 6.

Autorité de la concurrence & Bundeskartellamt, Competition Law and Data, 2016. 5.

Boston Consulting Group, The Value of our Digital Identity, 2012. 11.

CMA, Online platforms and digital advertising, 2020. 7.

CCCS, E-Commerce Platforms Market Study: Findings and Recommendations, 2020. 9.

EDPS, Privacy and competitiveness in the age of big data: The interplay between data protection, competition law and consumer protection in the Digital Economy, 2014. 3.

European Commission, Competition Policy for the Digital Era, 2019.

Executive Office of the President, Big Data: Seizing Opportunities, Preserving Values, The White House, 2014. 5.

Federal Trade Commission, Protecting Consumer Privacy in an Era of Rapid Change: Recommendations for Businesses and Policymakers, FTC Report, 2012.

OECD, Big Data: Bringing Competition Policy to the Digital Era, 2016.

2. 논문

Darren S. Tucker & Hill B. Wellford, "Big Mistakes Regarding Big Data", The Antitrust Source (2014. 12).

D. Daniel Sokol & Roisin E. Comerford, "Antitrust and Regulating Big Data", George Mason Law Review Vol. 23, No. 5(2016).

Joe Kennedy, "The Myth of Data Monopoly: Why Antitrust Concerns About Data Are Overblown," Information Technology & Innovation Foundation (2017. 3.).

Lina Kahn, "Amazon's Antitrust Paradox", The Yale Law Journal, Vol. 126, No. 3 (2017. 1.).

Maureen K. Ohlhausen & Alexander Okuliar, "Competition, Consumer Protection, and the Right [Approach] to Privacy", Antitrust Law Journal, Vol. 80(2015).

Nathan Newman, "Search, Antitrust, and the Economics of the Control of User Data", Yale Journal on Regulation, Vol. 30, No. 3 (2014).

Katherine Forrest, "Big Data and Online Advertising: Emerging Competition Concerns", Competition Policy International (2019. 4.).

3. 기타 문헌

Alden F. Abbott, U.S. FTC General Counsel, "Big Data and Competition Policy: A US FTC Perspective", Penn Wharton China Center,
https://www.ftc.gov/system/files/documents/public_statement s/1543858/big_data_and_competition_policy_china_presentation _2019.pdf (2019. 7. 6.).

Anne C. Witt, "The Implications for Facebook After Germany's 'Anti-Competitive' Ruling", Law.Com,

https://www.law.com/international-edition/2020/09/07/the-i
mplications-for-facebook-after-germanys-anti-competitive-
ruling/ (2020. 9. 7).

BBC, "Facebook owns the four most downloaded apps of the
decade",
https://www.bbc.com/news/technology-50838013 (2019. 12.
18.).

Bloomberg, "Facebook Wins Temporary Halt to EU Antitrust Data
Demands",
https://www.bloomberg.com/news/articles/2020-07-28/facebo
ok-wins-temporary-halt-to-eu-antitrust-data-demands-kd
5pdw1x (2020. 7. 28.)

Edith Ramirez, U.S. FTC Chairwoman, "The Privacy Challenges of
Big Data: A View From the Lifeguard's Chair", Technology
Policy Institute Aspen Forum (2013. 8. 19.).

Facebook, "Facebook Q4 2018 Results",
https://s21.q4cdn.com/399680738/files/doc_financials/2018/Q4
/Q4-2018-Earnings-Presentation.pdf.

Facebook, "Facebook 2019 Annual Reports",
https://www.annualreports.com/Company/facebook.

Herbert Smith Freehills, "German Supreme Court overturns interim
relief ruling and provisionally confirms abuse of dominance
by Facebook",
https://hsfnotes.com/crt/2020/06/24/german-supreme-court-
overturns-interim-relief-ruling-and-provisionally-confirms-
abuse-of-dominance-by-facebook/ (2020. 6. 24.).

Hogan Lovells, "Digital Avant-Garde: Germany's Proposed 'Digital
Antitrust Law'",
https://www.hoganlovells.com/~/media/germany_folder-for-g
erman-team/artikel/2019_12_cpi-antitrust-chronicle_ritz-sch
oening_digitalavant-garde.pdf (2019. 12.).

Huton Andrews Kurth, "German BGH Decision Confirms Interplay Between Collection of Personal Data and Competition Law", The National Law Review,

https://www.natlawreview.com/article/german-bgh-decision-confirms-interplay-between-collection-personal-data-and (2020. 6. 30.).

Pamela Jones Harbour, U.S. FTC Commissioner, Dissenting Statement, Google/DoubleClick, FTC File No. 071-0170 (2007).

ZDF Heute, 60 Jahre Bundeskartellamt-"Wettbewerb ist wichtig fur den Verbraucher", 2018.1.15.: "Welcher Fall in den vergangenen 60 Jahren war fur die deutsche Wirtschaft besonders wichtig?".

플랫폼 노동에 관한 법적 규제
– 미국 우버(Uber) 사례의 시사점

플랫폼 노동에 대한 법적 규제
- 미국 우버(Uber) 사례의 시사점

민창욱*

Ⅰ. 들어가며

디지털 플랫폼에서 불공정한 거래를 규제하고 거래상대방을 보호하기 위한 논의가 한창이다. 공정거래위원회는 2020. 9. 「온라인 플랫폼 중개거래의 공정화에 관한 법률」을 입법예고하면서 '플랫폼'(온라인 플랫폼 중개서비스업자)과 '입점업체'(온라인 플랫폼 이용사업자) 간 거래관계의 투명성과 공정성을 제고하겠다고 밝혔다.[1] 플랫폼이 입점업체에 계약서를 교부하게 하고, 서비스를 해지할 때 사전 통지하도록 하며, 거래조건을 불이익하게 변경하는 행위 등은 '거래상 지위남용'으로 규제하겠다는 것이다. 또한 정부는 2020. 12. 관계부처 합동으로 "사람 중심의 플랫폼 경제를 위한 플랫폼 종사자 보호 대책"을 발표하면서 가칭 「플랫폼 종사자 보호 및 지원 등에 관한 법률」의 제정을 추진하겠다고 밝혔다.[2] 플랫폼을 매개로 노무를 제공하는 자(이하 '플랫폼 종사자'[3])에게 적용할 표준계약서를 만들고, 이용계약기간을 변경할 때 플랫폼 종사자에게 사전 고

---

* 법무법인(유) 지평 공공정책팀 변호사. 다수의 노동관계 소송 및 인사노무 컨설팅을 수행하였으며, 2020년 UC버클리 공공정책대학원에서 석사학위(Master of Public Affairs)를 받았다. 이 글은 필자 개인의 견해로 법무법인(유) 지평의 입장과는 무관함을 밝힌다.
1 공정거래위원회, "공정위, 「온라인플랫폼 공정화법」 제정안 입법예고", 보도자료(2020. 9. 28.).
2 관계부처 합동, "사람 중심의 플랫폼 경제를 위한 플랫폼 종사자 보호 대책"(2020. 12.).
3 이 글에서 '플랫폼 종사자'는 디지털 플랫폼에서 일하는 노무제공자(worker)를 중립적 의미에서 지칭하는 표현으로 사용한다. 즉, 이 글에서 '플랫폼 종사자'는 노무제공자의 법적 지위가 '근로자'인지 '개인사업자'인지를 염두에 둔 개념이 아님을 밝힌다.

지하도록 하며, 플랫폼 종사자의 기본적 권익을 보호하기 위한 입법을 시도하겠다는 것이다.

정부가 발표한 두 개의 법률안은 유사한 내용을 담고 있다. 차이가 있다면 전자의 법률안은 플랫폼과 '사업자'(입점업체) 사이 '거래의 공정성'에 방점을 둔 반면, 후자의 법률안은 플랫폼을 매개로 노무를 제공하는 '사람'(종사자)을 '보호'하는 데 중점을 두고 있다는 점이다. 그렇다면 플랫폼에서 일하는 '1인 사업자'(개인사업자)에 대해서는 어떤 법률이 적용되어야 할까. 1인 사업자도 '사업자'이므로 플랫폼과 공정하게 거래할 수 있도록 유도하는 것이 우선일까, 아니면 그는 '사람'이므로 플랫폼에서 일하는 과정에서 기본적 권익을 '보호'받을 수 있도록 제도를 설계해야 하는 것일까. 혹시 두 개의 법률안은 '거래의 공정성'과 '권익 보호'라는 표현만 달리 사용하고 있을 뿐이지 같은 내용을 말하고 있는 것은 아닐까. 여러 가지 의문이 든다.

디지털 플랫폼을 통해 노무를 제공하는 자를 어떻게 바라볼 것인지는 매우 예민한 이슈이다. 국내 노동법학계에서는 이미 수년 전부터 '플랫폼 노동' 또는 '디지털 특고'에 관한 논란이 계속되었다. 주된 쟁점은 노동법상 '근로자'와 '개인사업자'의 중간적 지위에 있는 이른바 '유사 근로자' 또는 '특고'[4]를 어떻게 보호할 것인가이다. 디지털 플랫폼에서는 '표준적 고용관계'(standard employment[5])에서 벗어나 매 건마다 임시적으로 노무를 제공하는 '긱 노동자'(gig worker[6])들이 확산되고 있는데, 이들

4　산재보험법상 '특수형태근로종사자'를 지칭한다. 자세한 내용은 본 논문 Ⅳ. 3.에서 상술한다.

5　표준적 고용관계란 이른바 '정규직'으로, 국제노동기구(ILO)는 이를 "a job that is continuous, full-time, with a direct relationship between employer and employee."라고 정의하고 있다.
　https://www.ilo.org/infostories/Stories/Employment/Non-Standard-Employ ment#what-is-non-standard-employment

6　1920년대 미국 재즈 공연장에서 필요에 따라 즉석으로 연주자를 섭외하는 공연을 긱 (gig)이라고 하였는데, 플랫폼에서 기업의 필요에 따라 임시적으로 노무를 제공하는 자들을 긱 노동자(gig worker)라고 부른다.

중 상당수는 형식적으로 개인사업자로 분류되어 노동법과 사회보험법상 보호를 받지 못하고 있다. 이에 대하여 혹자는 입법을 통해 노동법상 근로자의 범위를 늘려야 한다고 말하고, 혹자는 특고에 관한 법률을 보다 세련되게 다듬어야 한다고 하며, 혹자는 개인사업자 지위를 유지하되 공정거래법 등 경쟁법상 보호를 보다 두텁게 제공해야 한다고 주장한다. 그동안 많은 논의가 있었지만 연구자들 사이에서 견해의 차이를 좁히지는 못한 것 같다.

이 글은 우버(Uber) 사례를 중심으로 '긱 노동' 또는 '플랫폼 노동'에 관한 미국의 입법례를 살펴보고, 한국에 대한 시사점을 도출하는 것을 목적으로 한다. 미국에서 우버 기사는 근로자(employee)가 아니라 독립계약자(independent contractor)로 분류되어 노동법의 보호를 받지 못한다. 즉, 우버 기사는 일정한 고용기간이나 근로시간을 보장받지 못한 채 고객의 호출에 따라 건별로 일하며(on-demand work), 최저임금·연장근로수당·실업보험·산재보험이 적용되지 않아 저소득과 고용불안을 겪고 있다. 이러한 상황에서 캘리포니아 주는 우버 기사의 법적 지위를 근로자로 전환하는 입법(AB 5)을 제정하였고, 워싱턴 주 시애틀 시는 우버 기사를 독립계약자로 두되 단체교섭권을 부여하거나 최저보수를 보장하는 조례를 제정하였다. 그런데 지난 11월 3일 미국 대선과 함께 실시된 캘리포니아 주 주민투표에서 우버가 제안한 대체입법안(Preposition 22)이 58%의 득표율로 통과되면서 우버 기사는 독립사업자의 지위를 유지하게 되었다. 우버의 본고장인 캘리포니아 주에서는 간접민주주의로 제정된 입법(AB 5)을 직접민주주의 절차(주민투표)를 통해 뒤집으면서 플랫폼 노동을 둘러싼 논란이 계속되고 있다.

이 글의 구성은 다음과 같다. 우선 우버의 사업 모델을 택시 사업과 비교하여 설명한 후, 우버의 '혁신'은 무엇이며 우버의 사업에 대해 어떠한 비판이 제기되고 있는지 살펴본다(Ⅱ.항). 다음으로 '플랫폼 노동'을 규제하기 위해 캘리포니아 주가 택한 입법례와 워싱턴 주 시애틀 시가 택한 입법례를 비교·분석한다(Ⅲ.항). 이후 한국의 노동법·사회보장법·

공정거래법이 플랫폼 노동을 현재 어떻게 규율하고 있는지 검토하고, 미국의 입법례를 한국에 적용하는 방안에 대한 그간의 논의와 필자의 견해를 제시한다(Ⅳ.항). 특히 한국의 공정거래법은 미국의 경쟁법과는 달리 수직적 거래관계에서 거래 상대방을 보호하는 '거래상 지위 남용' 법리를 두고 있는데, 이 법리가 한국의 플랫폼 종사자에 대하여 어떻게 효과적으로 적용될 수 있는지에 검토한다. 한국에서도 배달앱 기사의 고용불안 및 저임금 문제, 타다 또는 카카오카풀과 택시업계 사이의 갈등 문제 등 디지털 플랫폼에서 발생하는 불평등 또는 불공정에 대한 논란이 계속되고 있다. 미국의 선례를 잘 살펴 한국의 상황에 맞는 입법을 도입할 필요가 있다.

Ⅱ. 우버의 사업모델

1. 우버의 사업모델 - 택시와의 비교

우버는 정보통신기술과 스마트폰을 활용하여 승객과 운전자의 위치를 실시간으로 파악하여 서로를 연결하여 주는 모바일 플랫폼 서비스를 제공한다.[7] 우버를 매개로 운송서비스를 제공하는 운전자는 대부분 자신의 자가용을 사용한다. 자신이 소유한 유휴자원(자동차)을 타인(승객)과 공유하여 자원활용을 극대화한다는 점에서 우버의 사업모델은 공유경제(sharing economy)에 기반하고 있다고 평가되기도 한다. 우버 서비스의 이용 방법은 아래와 같다.[8]

---

[7] Rebecca E. Elliott, "Sharing App or Regulation Hack (Ney)?: Defining Uber Technologies, Inc.", The Journal of Corporation Law, 41(3), p. 729.

[8] 박재연, "기술혁신으로 인한 새로운 서비스 규제 방안", LAW & TECHNOLOGY 제13권 제4호(2017. 7.), 18면.

순번	내용
①	우버 이용자는 우버 앱을 다운로드한 뒤, 자신의 이름과 신용카드 정보 등을 입력한다.
②	우버 이용자가 앱을 통하여 자신이 가고자 하는 목적지를 입력하고 배차를 요청하면, 우버는 이용자 근처에 있는 우버 기사에게 콜 요청을 하면서 이용자의 이름·위치·등급에 관한 정보를 제공한다.
③	우버 기사가 이용자의 콜 요청에 응하면 우버 이용자와 우버 기사가 매칭되며, 이때 우버 이용자는 기사의 이름·사진·번호판·등급·예상요금에 관한 정보를 수령한다.
④	이용자가 차량에 탑승하여 운송 서비스가 개시되면, 우버의 서버는 시간·거리 등에 따라 요금을 계산하고 이를 이용자의 신용카드로 청구한다.
⑤	이용자가 목적지에 도착하면 우버 기사를 평가하고, 서비스 과정에서 발생한 불만사항은 우버에 접수된다.

[표 1] 우버 서비스의 이용 방법

우버 서비스는 '카카오택시 서비스'와 유사해 보인다. 그런데 우리는 '카카오택시'를 택시기사와 승객을 연결해주는 '플랫폼업체'라고 생각하지, '운송업체'(택시회사)라고 생각하지는 않는다. 그럼 우버는 어떠할까. 우버는 단순히 운전자와 승객을 연결해 주는 '플랫폼업체'에 불과한가, 아니면 운송서비스를 직접 제공하는 '운송업체'에 해당하는가. 우버와 카카오택시의 거의 유일한 차이점은 승객이 우버를 부르면 '자가용'이 오지만 카카오택시를 부르면 '택시'가 온다는 것이다. 운전자의 차량이 '자가용'인지 '택시'인지에 따라 모바일 앱을 운영하는 회사의 성격이 '플랫폼업체'에서 '운송업체'로 바뀌어야만 하는 것일까.

우버는 자신이 운송업체가 아니라고 한다. 자신들은 모바일 앱을 통해 승객과 운전자를 매개하는 '네트워크 서비스'만을 제공하므로 '여객운송 서비스'를 직접 제공하는 택시와는 다른 성격의 사업을 수행한다고 주장한다. 미국은 전통적으로 택시산업을 규제해 왔다. 승객의 안전성을 확보하기 위해 서비스·안전 규제(Quality Control)를, 택시의 공급량을 조정하기 위해 수량 규제(Quantity Control)를, 적정한 기사의 보수 및 승객의 요금을 유지하기 위해 가격 규제(Economic Control)를 실시하고 있다.[9] 그런데 우버는 자신들은 택시회사가 아니라는 이유로 이러한 QQE(Quality, Quantity, and Economic Control) 규제를 회피하며 서비스를 제공하기 시작하였다.

우버의 본사가 위치한 미국 캘리포니아 주에서는 우버를 택시와 동등하게 규제해야 한다는 여론이 적지 않았다. 특히 택시 기사들의 반발이 거셌다. 그럼에도 캘리포니아 주는 우버 서비스를 전통적인 '여객운송 서비스'로 간주하여 일괄적으로 QQE 규제를 적용하는 것이 바람직하지만은 않다고 판단하였다. 우버가 기존 택시회사와 경쟁함으로써 시장에서 소비자후생이 증대된 측면이 분명히 존재하기 때문이다. 그래서 캘리포니아 주는 '여객운송 서비스'와 '네트워크 서비스'의 성격을 동시에 보유하는 우버를 규율하기 위해 제3의 유형인 '교통네트워크회사'(Transportation Network Company, TNC)란 범주를 신설하였다.[10]

캘리포니아 주 공공서비스 위원회(California Public Utilities Commission, 이하 'CPUC')는 2013년 세계 최초로 교통네트워크회사(TNC)를 합법화하였다. CPUC는 교통네트워크회사의 개념요소로 "미리 약속된 교통서비스를, 유상으로 제공하고, 온라인 앱을 사용하여 고객과 운전자를 연결하며, 운전자는 자신의 자가용을 이용한다"는 점을 제시하면서, 택시와의 차이점으로 "미터기와 택시표시등을 사용할 수 없고, 거리에서 배회 영업(street hailing) 할 수 없으며, 자신이 택시 서비스를 제공한다고 광고할 수 없다"는 점을 언급하였다.[11] 이러한 CPUC의 기준에 따르면, 교통네트워크회사는 운전자가 영업용 차량이 아닌 자신의 자가용을 사용하여 사전에 앱을 통해 약속된 운송 서비스만을 제공한다는 점에서 택시와 차이점을 지닌다.

---

9 심종섭, "미국과 호주의 사례분석을 통한 TNC 도입의 경제적 효과와 시사점", 이슈페이퍼 2019-11, 한국교통연구원(2019. 12.), 5면.
10 박제연, 앞의 논문, 27면.
11 심종섭, 앞의 논문, 4면.

2. 우버 사업모델의 혁신

우버의 사업모델은 기존 택시회사보다 혁신적일까. 우버 서비스를 혁신으로 보는 논거는 크게 세 가지로 나눌 수 있다.

첫째, 공유경제 측면에서의 혁신이다. 공유경제란 '대여자(혹은 소유자, 생산자)와 수요자(혹은 이용자, 소비자)가 디지털 기술이 적용된 플랫폼을 매개로 하여 이용률이 낮은 유휴자원을 활용하는 일련의 경제활동'이라고 정의할 수 있다.[12] 자가용은 주차되어 있을 때는 유휴자원이지만, 자가용 소유자는 우버라는 플랫폼을 통해 승객들에게 운송 서비스를 제공함으로써 소득을 얻는다. 굳이 영업용 차량을 별도로 구매하지 않아도 누구나 자가용을 활용해 경제활동에 참여할 수 있다는 측면에서 우버는 혁신적일 수 있다.

둘째, 노동시장의 혁신이다. 경제협력개발기구(OECD)는 디지털 플랫폼이 두 가지 측면에서 노동시장에 경제적 효과를 불러 일으켰다고 분석하였다.[13] 우선 디지털 플랫폼은 기사·승객 간의 매칭 효율성을 높였다. 우버는 알고리즘을 활용하여 운행 서비스에 대한 수요와 공급을 효율적으로 추적할 수 있었고, 그 결과 우버 기사의 가동률(capacity utilization[14])은 택시 기사보다 50%까지 높아졌다. 또한 디지털 플랫폼은 노동시장의 진입 장벽을 낮췄다. 택시 기사는 국가가 공인한 면허를 취득해야 하지만, 우버 기사는 그러한 제한 없이 플랫폼을 통해 운행 서비스를 제공할 수 있다. 이러한 OECD의 분석에 따르면, 디지털 플랫폼을 통해 운전기사의 생산성(productivity)과 고용률(employment rate)이 모두 높아졌다고 평가할 수 있다.

---

12 최유성·안혁근, 공유경제 유형에 따른 규제개혁 대응전략, 한국행정연구원, 2018, 28면. 공유경제의 정의에 대해서는 여러 논의가 있지만, 이 글에서는 최유성·안혁근의 정의를 인용한다.

13 OECD, Gig Economy Platforms: Boon or Bane?, 2019, pp. 11-13.

14 기사가 운전한 총 시간 또는 총 주행거리 중 승객이 탑승해 있는 시간 또는 주행거리를 지칭한다.

셋째, 소비자에 대한 혁신이다. 우버 요금은 택시 요금보다 30% 정도 저렴하지만[15] 택시보다 훨씬 높은 수준의 서비스를 승객들에게 제공하였다. 승객들은 앱을 통해 간편하게 기사를 호출할 수 있고, 운전자의 신원 및 운전 경로를 실시간으로 확인할 수 있으며, 운전기사에 평점을 매길 수 있다. 특히 고객평점제도가 도입되면서 기사들은 승객들에게 제공하는 서비스에 좀 더 신경을 쓰게 되었다.

3. 우버 사업모델에 대한 비판

이처럼 우버는 택시와 경쟁을 통해 여객운송 서비스의 양적·질적 수준을 높였다는 평가를 받는다. 다만 우버의 혁신성에 대한 의문도 존재한다. 앞서 언급된 혁신 중 일부는 우버만이 독점할 성질의 혁신이 아니라는 것이다. 즉, 기존 택시회사도 '앱'을 설치하고 알고리즘을 활용하면 우버의 혁신을 충분히 구현할 수 있다. 우리나라 택시도 '카카오택시' 앱을 통해 매칭 효율성의 증대, 고객평점제도, 운전자의 신원 및 운전경로 파악 등을 실현하였다. 이런 측면에서, 우버가 주장하는 혁신 중 상당수는 일반적인 기술발전으로 인해 발생한 혁신으로서 기존 택시회사와 공유할 수 있는 내용으로 보인다.

그렇다면 기존 택시회사가 아닌 우버만이 구현할 수 있는 '혁신'이 존재할까. 필자가 보기에 우버만의 혁신은 결국 우버가 교통네트워크회사(TNC)로 분류되어 기존 택시산업의 QQE 규제를 받지 않는다는 점에서 발생한다. 즉, 우버가 공유경제 측면에서 유휴자원(자가용)을 활용해 소득을 창출할 기회를 만든 것도, 기사 공급을 늘려 노동시장에서 고용률을 높인 것도, 상대적으로 저렴한 가격에 운송서비스를 제공하는 것도 모두 우버 기사들에게 QQE 규제가 적용되지 않기 때문에 가능한 일이다. 만약 우버 기사가 택시 기사처럼 면허를 취득해야 하고, 면허 수량

---

15 Len Sherman, "Why Can't Uber Make Money?", Forbes(2017. 12. 14.).

이 한정되어 있으며, 요금을 임의로 설정할 수 없다면, 우버의 혁신 중 상당 부분은 구현할 수 없을 것이다.

한편, 우버는 택시에 대한 '보완재'라기 보다는 '대체재'이다. 미국을 포함해 우버 서비스가 도입된 많은 국가에서 승객들은 '불친절하고 비싼' 택시보다 '친절하고 저렴한' 우버 서비스를 이용하게 되었다. 세계 각국에서 우버와 택시업계 사이에 분쟁이 계속되고 있으며, 우버가 도입된 국가에서 택시의 업무 범위는 점점 줄어드는 추세이다. 그런 점에서 우버는 'QQE 규제 회피'로 인하여 이익을 얻었으며, 그 이익 중 상당수는 신규 시장을 창출해서 얻은 이익이라기보다는 기존 택시업계의 이익을 가져온 것이라는 비판이 제기된다.

물론 동종 업계에 종사하더라도 제품 경쟁력이 떨어지거나 서비스의 질이 낮은 기업은 시장에서 도태될 수 있다. 우버와 택시의 경쟁은 소비자후생의 증대를 위해 바람직한 측면이 있으며, 우버의 기술 혁신을 택시가 수용함으로써 여객운송업계 전반적으로 서비스 수준을 높일 수 있을 것이다. 다만, 우버 기사 혹은 택시 기사가 그러한 '혁신'의 과실을 누리고 있는지 의문이 제기된다. 택시 시장이 우버 시장으로 대체되면서 우버 기사들은 택시 기사들에 비해 어떠한 점에서 나아졌는가 하는 지적이다.

한 가지 분명한 사실은, 우버 기사들이 유휴자원(자가용)을 활용해서 좀더 쉽게 시장에 진입할 수 있는 기회를 얻었다는 점이다. 그러나 우버 또는 택시 시장의 수요는 한정되어 있다. 우버가 택시보다 30% 정도 저렴하게 요금을 책정하는 전략을 고수하고 있지만, 그 정도의 요금으로 기존에 버스나 지하철을 이용하는 승객들이 대중교통수단 대신 우버를 선택하기는 어렵다. 우버의 요금은 호출 당시의 승객 수요와 기사 공급에 따라 실시간으로 변동하는데,[16] 기사 공급이 많아질수록 우버 요금은 낮아지게 되고 결국 우버 기사가 가져가는 수입은 줄어들게 된다. 즉, 수

---

16 M. Keith Chen & Michael Sheldon, "Dynamic Pricing in a Labor Market: Surge Pricing and Flexible Work on the Uber Platform", The 2016 ACM Conference (2016. 7.), p. 4.

요가 한정된 시장에서 우버 기사의 공급이 과도하게 늘어나게 되면 '1인당 노동생산성'은 줄어들 수밖에 없고, 우버 기사들은 낮은 보수에 경쟁적으로 일하는 '바닥으로의 경쟁'(race to the bottom)에 내몰릴 수 있다.

우버 기사의 저소득 중 '노동(기사)의 과잉공급' 또는 우버의 '저저가 전략'(택시요금의 30%)으로 설명되지 않는 부분이 존재한다. 코로나 이전의 통계를 기준으로, 우버의 CEO와 COO는 2019년 각각 4,500만 달러와 4,730만 달러의 보수를 받았고 우버의 창업자는 2019년 IPO를 통해 520억 달러 상당의 주식을 취득하였다.[17] 반면, 미국 경제정책연구소(Economic Policy Institute, EPI)가 발간한 2018년 보고서에 의하면, 우버 기사의 시간당 '평균 보수'(average compensation)는 11.77달러로 미국 서비스업종사자의 최저 시간당 보수인 14.99달러보다 낮았다.[18] 미국 MIT의 에너지·환경 정책 센터에서 2018년 발간한 연구보고서에 따르면, 우버 기사의 시간당 '중위 수익'(median profit)은 8.55달러로 우버 기사들의 54%가 '최저임금'(minimum wage)보다도 낮은 수익을 거두었다고 한다.[19] 교통네트워크회사 업계에서도 경영진(자본)은 고소득을 올린 반면, 운전기사들(노동)은 저소득에서 벗어나지 못한 것이다. 이처럼 디지털 플랫폼에서 '자본편향적 기술 발전'에 관한 문제제기는 계속되고 있다. 디지털 플랫폼에서 기술 발전과 혁신의 혜택이 자본과 노동 사이에 공평하게 분배되지 않고 있다는 지적이다.

17 Troy Wolverton, "Uber gave CEO Dara Khosrowshahi $45 million in total pay last year, but it paid its COO even More", Business Insider (2019. 4.) 2020. 11. 26. 현재 미화 4500만 달러는 한화 498억 원이고, 520억 달러는 57조 5,900억 원이다(1000원 = 1,107.50 달러).
18 Lawrence Mishel, "Uber and the labor market: Uber driver's compensation, wages, and the scale of Uber and the gig economy", Economic Policy Institute (2018. 5.), p.2.
19 Zoepf, S., Chen, S., Adu, P. & Pozo, G., "The economics of ride-hailing: Driver revenue, expenses and taxes", MIT Center for Energy and Environmental Policy Research (2018 3.). 현재 이 연구보고서는 수정된 결과값만이 게시되어 있다.

Ⅲ. 미국의 우버에 대한 규제

1. 플랫폼 노동에 대한 규제를 바라보는 두 가지 관점

미국 캘리포니아주는 교통네트워크회사(TNC)라는 범주를 허용하면서 기존 택시회사에 비해 완화된 규제를 적용하였다. 차량 안전에 관한 규정, 운전기사의 신원 조회에 관한 규정, 소비자 보호를 위한 보험 관련 규정 등을 마련하였다.[20] 다만, 이러한 규제만으로는 우버 기사의 저소득 문제를 해결할 수 없었다. 이에 캘리포니아 주 입법자들은 우버가 벌어들인 수익을 우버 기사들과 공평하게 나눌 수 있는 방안을 고민하게 된다. 이른바 '플랫폼 노동'에 대한 규율이 시작된 것이다.

플랫폼 노동을 규율하는 목적은 디지털 플랫폼을 통해 노무를 제공하는 자들을 보호하기 위함이다. 미국의 플랫폼 노동에 대한 규제는 크게 두 갈래로 나뉜다. 하나는 우버 기사의 법적 지위를 기존의 '독립계약자'(independent contractor, 한국의 개인사업자)에서 '근로자'(employee)로 전환하여 우버 기사에게도 노동법과 사회보장법의 보호를 부여하는 방안이다. 다른 하나는 우버 기사의 법적 지위를 독립계약자로 남겨 두면서 노동법 및 사회보장법의 보호 중 일부만 제공하는 방안이다.[21]

두 가지 방안의 차이를 정확히 이해하기 위해서는 노동법의 기본 원리를 이해할 필요가 있다. 노동법은 크게 '개별적 근로관계'를 다루는 법(한국의 근로기준법, 미국의 Fair Labor Standard Act 등)과 '집단적 노사관계'를 다루는 법(한국의 노동조합법, 미국의 National Labor Relations

---

20 박제연, 앞의 논문, 27면.
21 물론, 미국에서 '독립계약자'와 '근로자' 사이에 '독립적 노무제공자'(independent worker)라는 제3의 유형을 신설하여 노동법적 보호의 일부(단결권, 단체교섭권, 차별로부터 보호 등)만을 제공하는 방안도 논의된 바 있다. 그러나 이 방안은 시론적으로만 제시되었을 뿐 구체적 입법이 이뤄지지는 않았으므로, 이 글에서 이 부분에 대한 논의는 제외한다. 자세한 내용은 Seth D. Harris & Alan B. Krueger, "A proposal for modernizing labor laws for 21st century work: The "independent worker", Brookings (2015. 12.).

Act 등)으로 나뉜다. 전자는 국가가 사용자와 근로자 사이의 개별 근로계약에 개입하여 최저임금, 휴일·휴게, 연장근로시간 등의 근로조건을 보호하는 법률이고(대한민국 헌법 제32조), 후자는 국가가 사용자와 노동조합 간의 노사관계에 개입하여 근로자의 노동3권(단결권, 단체교섭권, 단체행동권)을 보장하는 법률이다(대한민국 헌법 제33조). 전자는 국가가 직접 개별 근로계약의 최저기준을 강행규정인 법률로 규율하는 반면, 후자는 근로자가 단체를 이루어 사용자와 협상할 수 있는 절차를 마련함으로써 근로자의 교섭력을 높이고, 궁극적으로 노사가 서로 대등한 위치에서 노사자치를 통해 근로조건을 정할 수 있도록 한다.

통상 '개별적 근로관계법'과 '집단적 노사관계법'의 적용 대상은 근로자(employee)이다. 또한 근로자의 지위가 인정되면 통상적으로 실업보험이나 산재보험 등 사회보장법의 적용 대상에도 포함된다. 그렇기 때문에, 플랫폼 종사자의 법적 지위가 독립계약자에서 근로자로 변경되면 그들은 노동법과 사회보장법이 제공하는 모든 보호를 받을 수 있다. 첫째 방안이 바로 그것이다. 다만, 근로자는 사용자로부터 지휘·감독을 받기 때문에 근무일, 근로시간, 근로장소, 근무방식 등에 대해 자율성을 갖기 어렵다. 온라인 앱을 통해 본인이 원하는 시간에, 본인이 원하는 만큼만 일을 하려는 사람들에게는 사용자에게 종속된 근로자라는 지위가 달갑지 않을 수 있다. 실제로 우버가 의뢰한 여론조사에 의하면 앱 운전기사 중 3분의 2가 유연성(flexibility)이 훼손된다면 우버 기사를 그만두겠다고 응답했고, 우버는 운전기사를 근로자로 고용해야만 한다면 부득이 피고용인의 숫자를 대폭 줄이고 인력 관리를 엄격히 할 수밖에 없기 때문에 기사들은 지금의 유연성을 유지할 수 없을 것이라고 주장하였다.[22]

그래서 우버 기사의 법적 지위를 독립계약자(independent contractor)

---

22 Dara Khosrowshahi, "I Am the C.E.O. of Uber. Gig Workers Deserve Better.", The New York Times (2020. 8. 10.).
https://www.nytimes.com/2020/08/10/opinion/uber-ceo-dara-khosrowshahi-gig-workers-deserve-better.html

로 둔 채 노동법 및 사회보장법의 보호 중 일부를 제공하자는 둘째 방안
이 등장하게 된 것이다. 예를 들어, 개별적 근로관계법상 최저임금 보호
에 착안하여, 플랫폼과 플랫폼 종사자 사이의 개별 거래계약상 단가(수수
료)의 최저선을 정하려는 시도가 있을 수 있다. 또한 집단적 노사관계법
상 노동3권 보장과 유사하게, 플랫폼 종사자들이 노동조합 또는 그와 유
사한 집합체를 결성하도록 하여 플랫폼과의 단가(수수료) 교섭 시 교섭력
의 대등성을 확보하도록 유도할 수도 있다. 다만, 둘째 방안에 의하면
독립계약자의 지위를 지닌 플랫폼 종사자들에게는 경쟁법이 적용되므로
이들은 시장에서 경쟁을 제한하는 담합행위 등을 할 수 없게 된다.

캘리포니아 주는 첫째 방안을 택하여 우버 기사의 법적 지위를 독
립계약자에서 근로자로 전환하는 법안을 통과시켰다. 워싱턴 주의 시애
틀 시는 우버 기사의 법적 지위를 독립계약자로 두되 노동법적 보호의
일부만을 제공하는 둘째 방안을 선택하였다.

2. 캘리포니아 주의 사례 - 의회 법안 제5호(Assembly Bill 5, AB 5)

우버의 본사는 캘리포니아 주에 있다. 그래서 우버 기사의 근로자성에
대한 법적 분쟁이 캘리포니아 주에서 계속되어 왔다. 2015년 캘리포니아주
하급심 법원은 O'Connor v. Uber 사건[23]에서 우버 기사는 근로자이지 독
립계약자가 아니라고 판단하였고, 캘리포니아 주 노동위원회도 Berwick
v. Uber 사건[24]에서 같은 취지의 결정을 내렸다. 이 두 사건에서는 근로자
와 독립계약자를 구분할 때 1989년 캘리포니아 주 대법원 제시한 Borello
검증(Borello Test)을 적용하였다.[25] Borello 검증이란 노무 제공의 실질과
관련된 십여 개의 요소들[26]을 종합적으로 고려하여 근로자성을 검증하는 방

---

23 O'Connor v. Uber Techs., 82 F. Supp. 3d 1133 (N.D. Cal. 2015).
24 Berwick v. Uber Techs., Inc., No. 11-46739 EK, 2015 WL 4153765, at *10
   (Cal. Dept. Lab. June 3, 2015).
25 S.G. Borello & Sons, Inc. v. Dept. of Industrial Relations (1989) 48 Cal.3d
   341.

식으로서, 우리 대법원[27]의 근로자성 판단 방식과 유사하다.

그런데 캘리포니아 주 대법원은 2018년 근로자와 독립계약자를 구분하는 새로운 검증 기준을 제시하였다. 앱을 통해 배달서비스를 제공하는 물류업체인 Dynamex 배달기사들이 제기한 Dynamex v. Superior Court 사건[28](이하 'Dynamex 판결')에서, 캘리포니아 주 대법원은 기존 Borello 검증상의 근로자성 인정 기준을 대폭 완화한 ABC 검증(ABC Test)을 제시한 것이다. ABC 검증에 의하면, 사용자가 아래의 A, B, C 요건을 모두 입증할 때 해당 노무제공자(worker)[29]는 독립계약자(independent contractor)로 인정될 수 있다.

A. 노무제공자는 업무 수행과 관련하여 계약상 그리고 사실상 사용자로부터 통제(control)와 지시(direction)를 받지 않는다.

B. 노무제공자가 수행하는 업무는 사용자의 통상적인 사업 범위(usual course of business) 이외의 업무이다.

C. 노무제공자는 관례적으로 자신이 독립적으로 설립한 거래, 직업 또는 사업에 종사한다.

[표 2] ABC 검증 요건

---

26 Borello Test에서는 1) 노무제공자(worker)가 종사하는 업종이 사용자(employer)의 업종과 구별되는지, 2) 업무가 사용자의 정규적인 비즈니스의 일부인지, 3) 사용자 또는 노무제공자 중 누가 장비, 도구, 작업장 등을 제공하는지, 4) 노무제공자의 부담으로 업무를 위한 장비나 재료를 구매하는지, 5) 해당 서비스를 위해 기술이 필요한지, 6) 업무가 사용자의 지시에 의해 이뤄지는지 아니면 감독 없이 전문가에 의해 이뤄지는지, 7) 노무제공자의 경영 기법에 따라 수익이나 손실의 기회가 발생하는지, 8) 노무제공자가 얼마나 오래 업무를 담당하는지, 9) 노무제공자와 사용자 간 업무상 관계가 얼마나 연속적인지, 10) 보수의 지급 방법은 시간제인지 아니면 작업 단위별인지, 11) 쌍방이 근로관계를 맺고 있다고 생각하는지 등의 사정을 고려한다.

27 대법원 1996. 12. 7. 선고 2004다29736 판결 등.

28 Dynamex Operations West, Inc. v. Superior Court of Los Angles (2018) 4 Cal.5th 903.

29 근로자(employee) 또는 독립계약자(independent contractor)와 같은 '법적 지위'와 무관하게 중립적 관점에서 '일하는 사람'을 지칭할 때는 노무제공자(worker)라는 표현을 사용한다.

변경된 ABC 검증에 의하면, 비록 특정한 노무제공자가 (A) 사용자로부터 업무상 통제나 지시를 받지 않는다고 하더라도 (B) 사용자의 통상적 사업 범위에 해당하는 업무를 수행한다면 근로자로 인정된다. 사용자 측에서는 위 A, B, C 요건을 모두 증명해야만 독립계약자를 사용할 수 있으므로, Dynamex 판결은 근로자의 범위를 크게 확대한 것으로 평가된다. 이후 캘리포니아 주 의회는 노동법전(Labor Code) 등에 ABC 검증의 내용을 성문화하는 법안(Assembly Bill 5, AB 5[30])을 통과시켰고, 캘리포니아 주지사가 이에 서명함으로써 AB 5는 2020. 1. 1.부터 시행되었다.

AB 5는 입법 취지에서 "노무제공자를 독립계약자로 오분류(misclassification)하는 것은 중산층을 붕괴시키고 소득 불평등을 심화하는 주된 요소였다"고 지적하면서, 캘리포니아 주 대법원의 Dynamex 판결에 따라 독립계약자를 근로자로 인정함으로써 이들에게 최저임금, 산재보험, 실업보험, 유급휴가 등 기본적 권리를 보장하겠다고 명시하였다. 이를 위해 AB 5는 노동법전 중 고용관계(Sec. 2750. 3.) 및 산재보험 (Sec. 3351) 부분, 그리고 실업보험법(Unemployment Insurance Code) 중 고용과 관련된 부분(Sec. 605.5., 621)을 Dynamex 판결의 취지에 따라 개정하도록 하였다. AB 5에 따르면 "보수를 위해 노동이나 서비스를 제공하는 개인은 근로자로 간주"되며, 이러한 추정을 복멸하기 위해서는 사용자가 ABC 검증의 3가지 요건이 모두 충족됨을 입증해야 한다[노동법전 Sect. 2750. 3. (a)]. 다만, 전문면허를 지닌 의사, 치과의사, 수의사, 변호사, 건축사, 엔지니어, 회계사, 어업인 등은 '예외 직종'에 해당하여 ABC 검증이 아닌 Borello 검증에 따라 근로자성을 판단하게 된다 [노동법전 Sec. 2750. 3. (b)].[31]

---

30 https://leginfo.legislature.ca.gov/faces/billTextClient.xhtml?bill_id=201920200AB5.

31 AB 5에 대한 국문 소개는 이다혜, "미국 노동법상 디지털 플랫폼 종사자의 근로자성 판단 – 2018년 캘리포니아 대법원 Dynamex 판결을 중심으로 –", 노동법학 제72호 (2019. 12.), 225면 이하 참조.

이처럼 캘리포니아 주는 우버 기사의 법적 지위를 독립계약자에서 근로자로 전환하여 이들의 소득을 보전하는 방안을 택하였다. 다만 한 가지 유의할 점은, AB 5는 개별적 근로관계법과 일부 사회보장법(산재보험, 실업보험)상 근로자의 범위를 Dynamex 판결에 따라 조정하였을 뿐 집단적 노사관계법상 근로자의 범위를 변경하지는 않았다는 점이다. 이에 노동계 측에서는 집단적 노사관계법도 개정해야 한다고 주장하고 있다.[32] 반대로 우버 등은 2019. 12. 30. AB 5가 우버 기사를 ABC 검증의 '예외직종'에서 제외한 것은 다른 예외 직종과 불합리한 차별이라는 이유로 예비적 금지명령(preliminary injunction)을 청구하는 소송을 제기하였으나, 지방법원은 2020. 2. 10. 이를 기각하였다.[33] AB 5가 시행된 이후에도 우버가 우버 기사의 법적 지위를 근로자로 변경하지 않자, 캘리포니아 주 법무장관은 2020. 5. 5. 우버와 리프트(Lyft)를 상대로 소속 기사들을 즉시 근로자로 분류하도록 강제하는 예비적 금지명령을 청구하는 소송을 제기하였다. 지방법원은 2020. 8. 10. 법무장관의 청구를 인용하는 결정을 내렸고, 항소법원도 2020. 10. 22. 원심 판단을 유지하였다.[34]

그러자, 우버는 2020. 11. 주민투표에 부칠 AB 5에 대한 대체입법안(Preposition 22[35])을 제안한다. 대체입법안은 우버 기사들의 신분을 독립계약자로 유지하되, 우버 기사들에게 적어도 최저임금의 120% 및 1마일당 0.30달러의 비용을 지급하고, 재해보험을 제공하며, 차별과 성희롱 등으로부터의 보호 등을 제공하는 것을 내용으로 한다. 우버는 대체입법안이 우버 기사들에게 자유로운 근무환경을 제공하면서도 최저임금 이상의 근로조건을 보장한다고 주장하였다. 반면, UC버클리 노동센터는 우버

32 Sharon Block & Benjamin Sachs, "The Uber/Lyft Drivers' Association, Unionization, and Labor Law Reform", Onlabor (2019. 6. 25.).
33 Carolyn Said, "Judge denies Uber, Postmates request to halt AB5 enforcement", San Francisco Chronicle (2020. 2. 10.).
34 Carolyn Said, "Uber, Lyft lose appeal in California court over whether drivers should be employees", San Francisco Chronicle (2020. 10. 22.).
35 https://vig.cdn.sos.ca.gov/2020/general/pdf/topl-prop22.pdf

의 대체입법안에 따르더라도 우버 기사의 실질 시간당 보수는 5.64달러에 불과할 것이고 분석하였다.[36] 대체입법안은 우버 기사가 '승객의 콜을 수락한 후부터 승객이 하차할 때까지의 접속 시간'(engaged time)을 기준으로 시간당 최저임금의 120% 및 1마일당 0.30달러의 비용을 지급한다고 하였는데, 위 접속 시간은 우버 기사 전체 운행시간의 67% 정도이므로 우버 기사는 나머지 33% 비접속 시간 동안 최저임금 및 비용을 보전받지 못하기 때문이다. 다만 우버 등은 대체입법안에 대한 광고비 등으로 2억 달러가 넘는 돈을 지출하였고,[37] 최근 2020. 11. 3. 미국 대선과 함께 실시된 캘리포니아 주 주민투표에서 위 대체입법안은 58% 찬성으로 통과되었다.

3. 워싱턴 주 시애틀 시의 사례 – 2015년 및 2019년 조례(Ordinance)

가. 2015년 단체교섭에 관한 조례

우버 기사들의 소득을 보전하기 위한 조치는 캘리포니아 주보다 워싱턴 주 시애틀 시에서 먼저 시행하였다. 시애틀 시의회는 2015. 12. 우버나 리프트 등 디지털 플랫폼을 통해 일하는 독립계약자들에게 단체교섭권을 부여하는 조례(Ordinance)를 만장일치로 통과시켰다(이하 '2015년 단체교섭 조례'). 2015년 조례에 의하면, 독립계약자인 운전기사들이 노동조합을 결성하기 위해서는 시애틀시 당국에 '검증된 운전기사 대표'(Qualified Driver Representative, QDR) 지정을 신청하여야 한다. 시 당국이 QDR을 승인하면 QDR은 해당 플랫폼에 소속 운전기사들을 대표할 것이라는 사실을 알게 되는데, 그 경우 해당 플랫폼은 소속 운전기

36 Ken Jacobs & Michael Reich, The Uber/Lyft Ballot Initiative Gurantees only $5.64 on Hour, UC Berkeley Law Center(2019. 10. 31.).
37 Graham Rapier, "Uber, Lyft, and DoorDash have now spent more than $200 million on Prop. 22 — but there's still no guarantee it'll pass", Business Insider (2020. 10. 8.). 우버 등이 지출한 위 2억 달러(한화 약 2215억 원)는 캘리포니아주 주민투표 역사상 단일 안건에 지출된 비용 중 최대 규모였다고 한다.

사들의 명단과 연락처를 QDR에 제공해야 한다. 만약 해당 플랫폼에 소속된 대부분의 운전기사들이 QDR을 대표자로 인정한다는 점이 확인되면, 시 당국은 QDR을 다시 '전임 운전기사 대표'(Exclusive Driver Representative, EDR)로 인증하게 되는데, 위 EDR은 해당 플랫폼과 근무시간·보수·안전규칙 등에 관하여 단체교섭을 할 수 있다. 이후 EDR과 해당 플랫폼 사이 단체협약이 체결되면 이를 시 당국에 반드시 제출해야 하며, 시 당국이 승인하면 당사자 사이에 단체협약은 효력을 갖게 된다.[38]

우버 측과 미 상공회의소(The U.S. Chamber of Commerce)는 2017. 1. 및 2017. 3. 워싱턴 주 법원에 2015년 단체교섭 조례의 무효 및 효력정지를 구하는 소를 제기하였다. 주된 쟁점은 두 가지였는데, ① 2015년 단체교섭 조례가 독립계약자들의 가격 담합(price-fixing)을 허용하여 연방 반독점법(Sherman Antitrust Act)을 위반한 것인지와 ② 2015년 단체교섭 조례가 독립계약자들에게 노동3권을 부여한 것은 근로자에게만 노동3권을 인정한 연방 노사관계법(National Labor Relations Act, NLRA)에 위반되는지였다. 제1심 법원은 2017. 8. 원고들의 ①, ② 주장을 모두 기각하면서 2015년 단체교섭 조례를 무효로 볼 수 없다고 판단하였으나,[39] 항소법원은 2018. 5. 하급심 판결의 결론을 뒤집었다.[40] 연방 노사관계법은 주 정부가 독립계약자들에게 노동3권을 부여하는 법령을 제정하는 것을 배제하지는 않는다고 보았지만(②), 다음과 같은 이유에서 연방 반독점법에 위반된다고 보았다(①).

---

38 Isabelle Daugareilh, Christophe Degryse & Philippe Pochet, The platform economy and social law: Key issues in comparative perspective, ETUI Research Paper – Working Paper, European Trade Union (2019. 10.), 134면.

39 Chamber of Commerce of the United States of America et al vs. The City of Seattle.
   et al; 2017c. US District Court, Western District of Washington at Seattle. No. C17-0370RSL.

40 Chamber of Commerce of the United States v. Seattle, No. 17-35640 (9th Cir. 2018).

주 정부는 '반독점 면제 이론'(State Action Immunity Doctrine)에 따라 경쟁을 제한하는 법령을 제정할 수 있다. 그런데 위 면제 이론이 적용되려면 해당 경쟁제한 법률이 ⅰ) "주 정부의 정책으로 명확히 규정되고 확정적으로 공표되어야 할 것"(clearly articulated and affirmatively expressed as state policy)과 ⅱ) "주 정부에 의해 적극적으로 감독 받아야 할 것"(actively supervised by the state)이라는 두 가지 요건을 충족해야 한다[미국 연방대법원이 반독점에 대한 예외를 인정하면서 제시한 이른바 'Midcal 검증'(Midcal Test)[41]

[표 3] 쟁점 ①: 연방 반독점법 위반의 점에 대한 항소심 판결 요지

2015년 단체교섭 조례의 경우 ⅰ) 워싱턴주의 정책으로 명확히 규정되지 않았을 뿐만 아니라, ⅱ) 워싱턴주가 개별 단체협약에서 정한 가격(기사의 보수 등)을 적극적으로 감독한다는 점도 입증되지 않았기에 Midcal 검증의 두 가지 요건을 충족하지 못하였다.

결국 항소법원의 취지는 연방 반독점법에 반하여 독립계약자들의 '가격 담합'을 인정하는 법령은 시(city)가 아닌 주(state)에서 제정 및 감독해야 한다는 것이다. 이후 시애틀 시, 미 상공회의소, 우버 등 소송당사자들은 2020. 4. 13. 소를 취하하고 2015년 단체교섭 조례에 관한 법적 분쟁을 종결하기로 합의하였다.

나. 2019년 계약해지권 및 최저보수에 관한 조례

한편, 시애틀 시는 항소법원 패소 판결 이후 우버와 리프트 기사들의 저소득 문제를 해결하기 위해 다른 정책 방안을 모색하였다. 시애틀 시장은 2019. 9. 19. '요금 분배 계획'(Fare Share Plan)을 발표하였다. 이 계획은 우버와 리프트 기사들에게 최저 보수를 보장하고, 시 당국이 우버와 리프트로부터 1회 운행당 0.51달러를 징수하여 이를 주택 공급 확대나 '운전기사 분쟁해결 센터'(Driver Resolution Center) 설립 등에 투자하는 것을 골자로 한다.[42] 시애틀 시의회는 2019. 11. 25. '요금 분

---

41 Cal. Retail Liquor Dealers Ass'n v. Midcal Aluminum, Inc., 445 U.S. 97, 105 (1980).

배 계획'을 만장일치로 승인하였고, 이를 실행하기 위하여 '교통네트워크회사의 최저보수에 관한 조례'(Transportation Network Company Minimum Compensation Ordinance)와 '교통네트워크회사 운전기사의 계약해지 권리에 관한 조례'(Transportation Network Company Driver Deactivation Rights Ordinance)를 제정하였다(이하 2019년 계약해지권 조례, 2019년 최저보수 조례). 2019년 계약해지권 및 최저보수 조례는 시애틀시 법전(Seattle Municipal Code)을 개정하여 교통네트워크회사 운전기사의 계약해지권 및 최저보수에 관한 사항을 규정하도록 하였다.

2019년 계약해지권 조례[43]에 의하면, 교통네트워크회사는 운전기사에 대해 부당한 계약해지(unwarranted deactivation)를 할 수 없다. 운전 기사는 계약해지에 대해 불복할 권리가 있고, 교통네트워크 회사는 계약해지 시 그 사유와 불복 절차를 서면으로 고지해야 한다(시애틀시 법전 Sec. 14.32.050. A). 교통네트워크회사와 운전기사는 상호 합의 하에 '계약해지 분쟁에 관한 중재'(Deactivation Appeals Panel arbitration) 절차를 밟을 수도 있으며(Sec. 14.32.050. B. 내지 D.), 신설된 '운전기사 분쟁해결 센터'(Driver Resolution Center)에서는 계약해지된 운전기사에 대한 상담 또는 직접 대리(direct representation), 준법 지원, 운전기사의 권리에 대한 교육 등의 서비스를 제공한다(Sec. 14.32.060.).

2019년 최저보수 조례[44]에 의하면, 교통네트워크회사는 운전기사에게 최저보수(minimum compensation)를 지급할 의무를 부담한다. 최저보수의 기준은 500인 이상을 고용한 대기업에게 적용되는 '시간당 최저임금'(hourly minimum wage)에 '합리적인 비용'(reasonable expenses)을 더한 것인데, 그 구체적 기준은 시 당국이 별도의 평가 절차를 거쳐 결

---

42 http://www.seattle.gov/mayor/fareshare?utm_medium=email&utm_source=govdelivery.

43 https://www.seattle.gov/Documents/Departments/LaborStandards/TNC_SignedOrdinance_125976.pdf.

44 https://www.seattle.gov/Documents/Departments/LaborStandards/TNC_SignedOrdinance_125976.pdf.

정한다(시애틀시 법전 Sec. 14.31.50.). 시애틀 시는 이 조례에서 정한 바에 따라 최저보수의 기준을 평가하기 위해 연구용역을 실시하였다(Sec. 14.31.60.). 2020. 7. 발표된 연구용역 결과 최저보수의 기준은 시간당 $28.19로 평가되었는데, 이는 대기업의 시간당 최저임금 16.39달러에 운전기사들이 평균적으로 소요하는 비용 '1마일당 1.17달러'가 더해진 금액이다.[45] 시애틀 시는 위 연구용역 결과를 반영하여 교통네트워크회사들은 2021. 1. 1.부터 운전기사들에게 '최소 1마일당 1.33달러 및 1분당 0.56달러' 또는 '최소 1회 운행당 5달러' 중 많은 금액을 지급해야 한다고 발표하였다.[46] 시애틀 시는 이 최저보수가 "운전기사들이 운행을 위해 순환하거나 대기하는 모든 시간에 대해 보상을 받을 수 있도록" 책정된 금액이라고 밝혔다.[47]

Ⅳ. 한국에서의 시사점

1. 논의의 개요

미국 캘리포니아 주의 AB 5와 워싱턴 주 시애틀 시의 단체협약, 최저보수, 계약해지권 조례는 우리에게 무엇을 시사하는가. 미국 우버의 사례를 국내에 적용하려면 미국과 한국 상황의 공통점과 차이점을 분석하는 작업이 선행되어야 할 것이다. 먼저 공통점을 살펴보면, 국내에도 ① 근로자와 개인사업자 사이에 어느 한 쪽으로 분류하기 애매한 '플랫폼 종사자'들이 존재하고, ② 플랫폼 종사자들을 보호할 필요가 있다는

---

45 https://www.seattle.gov/Documents/Departments/LaborStandards/Parrott-Re ich-Seattle-Report_July-2020.pdf.

46 https://www.seattle.gov/laborstandards/ordinances/tnc-legislation/minimum -compensation-ordinance 최저보수 부분의 원문은 다음과 같다.
Minimum compensation: TNCs must pay the greater of "Minimum per mile of $1.33 and per minute amount of $0.56" or "Minimum trip payment of $5".

47 https://durkan.seattle.gov/2020/08/mayor-durkan-proposes-fare-share-wa ge-ordinance-to-ensure-uber-and-lyft-drivers-are-paid-fairly/.

논의가 존재한다. ③ 플랫폼 종사자들을 근로자로 인정하게 되면 개별적 근로관계법, 집단적 노사관계법, 기타 사회보장법의 보호를 제공할 수 있다. ④ 반면, 플랫폼 종사자들이 개인사업자라면 공정거래법이 적용되어 담합 등 반경쟁적 행위가 금지된다. 이러한 공통점을 고려하면, 플랫폼 종사자를 근로자로 전환하여 노동법 등의 보호를 제공하자는 미국의 첫째 방안(③)과 플랫폼 종사자의 법적 지위를 개인사업자로 유지하되 일부 추가적인 보호를 제공하자는 둘째 방안(④)의 논의를 국내에도 적용할 수 있을 것이다.

다만, 미국 우버의 사례를 한국에 적용할 때 주의해야 할 점들도 적지 않다. 우선 ① 한국은 교통네트워크회사(TNC)를 허용하지 않기 때문에 플랫폼 종사자들 중 '우버 기사'의 사례가 정확히 존재하지 않는다. 국내에서는 디지털 플랫폼을 매개로 일하는 음식배달 기사, 퀵서비스 기사, 대리운전 기사, 타다 기사 등을 플랫폼 종사자로 분류한다. 그런데 우버 기사는 플랫폼을 통해 고객과 연결된다는 점에서 이들과 동일하지만, 자신이 소유한 유휴자원(자가용)을 활용해 서비스를 제공한다는 점에서 차이가 있다(공유경제의 측면). 굳이 분류하자면 카카오택시 앱을 활용하는 '개인택시 기사'가 '우버 기사'와 가장 유사하다고 볼 수 있는데, 국내에서 개인택시 기사는 명확히 개인사업자로 분류[48]될 뿐만 아니라 QQE 제한을 받는다는 점에서 차이점을 보인다. 특히 시애틀시의 조례들은 우버와 리프트 등 교통네트워크회사의 기사들에게만 적용된다는 점에 유의할 필요가 있다.

또한 ② 미국에서 플랫폼 종사자 대한 보호의 필요성은 우버 기사 등의 '저소득'에서 시작되었다. 그러나 한국에서 플랫폼 종사자에 대한 논의는 '처우개선'뿐만 아니라 '고용안정'에도 중점을 두고 있는 듯하며, 이는 한국의 플랫폼 종사자가 또 다른 형태의 '비정규직'이라고 인식되기 때문으로 보인다. 관련하여 ③ 한국은 미국과 고용 보호의 수준이 다르므로, 개인사업자(independent contractor)를 근로자(employee)로 전환할

---

48 국내에서도 법인택시 기사는 근로자로 본다.

때의 법적·경제적 효과도 상이하다. 한국에서는 개인사업자와 근로자 사이의 중간적 지위로 특수형태근로종사자(이른바 '특고')가 존재한다는 점도 염두에 두어야 한다. 즉, 한국에서는 현재 개인사업자 지위에 있는 플랫폼 종사자를 특고에 편입시킬지, 아니면 근로자로 전환할지에 대해 검토도 필요하다. 마지막으로 ④ 미국의 경쟁법은 반독점 등 경쟁제한행위를 주로 규제하지만, 한국의 공정거래법은 경쟁제한행위뿐만 아니라 불공정거래행위도 규율하고 있다는 점에서 차이를 보인다. 특히 플랫폼과 플랫폼 종사자 사이의 불공정한 거래관계를 '거래상 지위남용' 법리로 규율하는 방안을 검토할 필요가 있다.

2. 플랫폼 노동에 대한 노동법의 규율

가. 현행법의 해석 및 적용에 관하여 - 근로기준법과 노동조합법

한국의 노동법은 크게 '개별적 근로관계'를 규율하는 근로기준법과 '집단적 노사관계'를 규율하는 노동조합법으로 나누어 볼 수 있다. 근로기준법과 노동조합법의 근로자 개념은 조금 다르다. 근로기준법은 근로자를 "직업의 종류와 관계없이 임금을 목적으로 사업 또는 사업장에 근로를 제공하는 자"로 정의하고 있고(법 제2조 제1항 제1호), 노동조합법은 "임금·급료, 그 밖에 이에 준하는 수입으로 생활하는 자"로 규정하고 있다(법 제2조 제1호). 전자보다 후자의 개념이 더 넓은데, 전자가 사용자에 대한 '인적 종속성'을 중시한 개념이라면 후자는 '경제적 종속성'에 중점을 둔 개념이다.[49] 즉, 사업 또는 사업장에 인적으로 종속되어 근로를 제공하고 그 대가로 임금을 제공받는 자는 근로기준법의 보호를 받는다. 다만, 사업 또는 사업장에서 종속적 근로 이외에 유사한 노무를 제공하

---

49 임종률, 노동법(제13판), 박영사, 2015, 35면. 참고로 독일에서는 인적 종속성이 인정되는 자를 근로자(Arbeitnehmer), 인적 종속성이 부정되는 자를 독립사업자로 구분하면서, 인적 종속성이 부정되지만 경제적 종속성이 인정되는 자를 유사근로자(Arbeitnehmerahnliche Person)으로 파악한다(노동법실무연구회, 근로기준법주해 제2판 제1권, 박영사, 2018, 115면).

는 대가로 일정한 수입을 얻고 있거나, 지금은 사업 또는 사업장에 소속되어 있지 않지만 향후 종속근로 또는 유사노무를 제공하고 임금 등의 수입을 얻으려는 자(구직자)도 존재한다. 이들은 근로기준법의 적용 범위에서는 제외되지만, 노동조합법상 근로자에는 포함되므로 단결권 등을 행사하여 자신들의 노동·생활 조건의 개선을 요구할 수 있다.[50]

플랫폼 종사자는 근로기준법상 근로자인가. 대법원은 2018년 스마트폰에 배달대행 프로그램을 설치하고 배달 업무를 수행하는 기사는 근로기준법상 근로자로 보기 어렵다고 판단하였다.[51] 다만 이 판결을 일반화하여 "플랫폼 종사자는 모두 근로자가 아니다"라고 단정할 수는 없다. 대법원은 근로기준법상 근로자성을 판단할 때 "전형적인 근로자의 모습에서 도출되는 다양한 징표를 추출하여 유형화한 다음, 개별 사안에서 그렇게 유형화한 징표가 나타나는지 여부를 종합적으로 판단하여 근로자성 여부를 밝히는 이른바 유형론적 방법을 사용"하고 있다.[52] 즉, 특정 노무제공자가 근로자인지는 개별 사안에서 노무 제공의 실질이 대법원이 제시한 10여 개의 유형적 징표(사용자의 지휘·감독, 근무시간의 구속력, 기본급 존부 등)[53]에 얼마나 부합하는지를 종합적으로 고려해 결정되므로,

---

50 노동법실무연구회, 앞의 책, 131-132면.
51 대법원 2018. 4. 26. 선고 2017두74719 판결.
52 노동법실무연구회, 앞의 책, 126-127면.
53 대법원 2006. 12. 7. 선고 2004다29736 판결.
　"근로기준법상의 근로자에 해당하는지 여부는 계약의 형식이 고용계약인지 도급계약인지보다 그 실질에 있어 근로자가 사업 또는 사업장에 임금을 목적으로 종속적인 관계에서 사용자에게 근로를 제공하였는지 여부에 따라 판단하여야 하고, 여기에서 종속적인 관계가 있는지 여부는 업무 내용을 사용자가 정하고 취업규칙 또는 복무(인사)규정 등의 적용을 받으며 업무 수행 과정에서 사용자가 상당한 지휘·감독을 하는지, 사용자가 근무시간과 근무장소를 지정하고 근로자가 이에 구속을 받는지, 노무제공자가 스스로 비품·원자재나 작업도구 등을 소유하거나 제3자를 고용하여 업무를 대행케 하는 등 독립하여 자신의 계산으로 사업을 영위할 수 있는지, 노무 제공을 통한 이윤의 창출과 손실의 초래 등 위험을 스스로 안고 있는지, 보수의 성격이 근로 자체의 대상적 성격인지, 기본급이나 고정급이 정하여졌는지 및 근로소득세의 원천징수 여부 등 보수에 관한 사항, 근로 제공 관계의 계속성과 사용자에 대한 전속성의 유무와 그 정도, 사회보장제도에 관한 법령에서 근로자로서 지위를 인정받는지 등의

플랫폼 종사자가 근로자인지는 개별 사안에 따라 달라질 수밖에 없다. 실제로 최근 하급심 법원은 카카오 대리기사를 근로자가 아니라고 보았지만,54 중앙노동위원회는 타다 드라이버가 쏘카의 지휘·감독 하에 종속적으로 근로를 제공했다는 점을 들어 근로자성을 인정하였다.55

　　플랫폼 종사자가 노동조합법상 근로자에 해당하는지에 대해서도 유사한 기준이 적용된다. 대법원은 노동조합법상 근로자에 해당하는지는 특정 사업자에 대한 소득 의존도, 필수적 노무의 제공 여부, 지휘·감독의 존부 등을 종합적으로 고려하여 판단하되, 노동조합법상 근로자가 반드시 근로기준법상 근로자에 한정되지 않는다고 판시하였다.56 최근 하급

경제적·사회적 여러 조건을 종합하여 판단하여야 한다. 다만, 기본급이나 고정급이 정하여졌는지, 근로소득세를 원천징수하였는지, 사회보장제도에 관하여 근로자로 인정받는지 등의 사정은 사용자가 경제적으로 우월한 지위를 이용하여 임의로 정할 여지가 크기 때문에, 그러한 점들이 인정되지 않는다는 것만으로 근로자성을 쉽게 부정하여서는 안 된다."

54 광주지방법원 2019. 9. 5. 선고 2018나65100 판결(확정).
55 중앙노동위원회 2020. 5. 28.자 중앙2020부해170 판정. 권오성, "타다 드라이버의 근로자성", 노동법률(2020. 9.) 참조.
56 대법원 2018. 6. 15 선고 2014두12598, 12604(병합) 판결.
"노동조합법상 근로자는 타인과의 사용종속관계하에서 노무에 종사하고 대가로 임금 기타 수입을 받아 생활하는 자를 말한다. 구체적으로 노동조합법상 근로자에 해당하는지는, 노무 제공자의 소득이 특정 사업자에게 주로 의존하고 있는지, 노무를 제공받는 특정 사업자가 보수를 비롯하여 노무제공자와 체결하는 계약 내용을 일방적으로 결정하는지, 노무제공자가 특정 사업자의 사업 수행에 필수적인 노무를 제공함으로써 특정 사업자의 사업을 통해서 시장에 접근하는지, 노무제공자와 특정 사업자의 법률관계가 상당한 정도로 지속적·전속적인지, 사용자와 노무제공자 사이에 어느 정도 지휘·감독관계가 존재하는지, 노무제공자가 특정 사업자로부터 받는 임금·급료 등 수입이 노무 제공의 대가인지 등을 종합적으로 고려하여 판단하여야 한다(대법원 1993. 5. 25. 선고 90누1731 판결, 대법원 2006. 5. 11. 선고 2005다20910 판결 참조). 노동조합법은 개별적 근로관계를 규율하기 위해 제정된 근로기준법과 달리, 헌법에 의한 근로자의 노동3권 보장을 통해 근로조건의 유지·개선과 근로자의 경제적·사회적 지위 향상 등을 목적으로 제정되었다. 이러한 노동조합법의 입법 목적과 근로자에 대한 정의 규정 등을 고려하면, 노동조합법상 근로자에 해당하는지는 노무 제공관계의 실질에 비추어 노동3권을 보장할 필요성이 있는지의 관점에서 판단하여야 하고, 반드시 근로기준법상 근로자에 한정된다고 할 것은 아니다(대법원 2011. 3.

심은 스마트폰 앱을 활용해 서비스를 제공하는 대리운전 기사는 비록 근로기준법상 근로자는 아닐지라도, 대리운전 서비스업체로부터 어느 정도의 업무상 지휘·감독을 받았고 자신들이 노무에 대한 대가로 대리운전비를 지급받았으므로 노동조합법상 근로자에는 포함된다고 판단하였다.57

나. 입법론에 관하여 – 근로기준법에 AB 5를 도입하는 방안

국내에서는 몇 년 전부터 노동법 및 노동정책 연구자들을 중심으로 캘리포니아 주 AB 5를 한국에도 도입해야 한다는 논의가 있었다. 불안정한 지위에 있는 플랫폼 종사자를 보호하기 위해 근로기준법상 근로자의 개념을 확대하고, 근로자성에 대한 입증책임을 사용자에게 전환하자는 것이다. 구체적으로 근로기준법 제2조 제1항 제1호를 아래와 같이 개정할 수 있다는 의견이 제시되기도 하였다.58

제2조(정의) ① 이 법에서 사용하는 용어의 뜻은 다음과 같다.
1. "근로자"란 직업의 종류와 관계없이 임금을 목적으로 사업이나 사업장에 근로를 제공하는 자를 말한다. 다만, 다음의 각 호에 모두 해당하는 경우에는 그러하지 아니하다. 다음의 각 호에 대해서는 노무를 제공받는 타인이 증명하여야 한다.
   가. 노무 제공과 관련하여 계약상으로나 실질적으로나 타인의 지휘·감독으로부터 자유로울 것
   나. 노무 제공이 타인의 사업의 통상적 범위 밖에서 수행될 것
   다. 노무제공자가 타인을 위해 수행하는 업무와 동종의 분야에서 본인이 독립적으로 사업을 영위할 것

[표 4] 국가인권위원회 보고서(2019)가 제시한 근로기준법 제2조 개정안

한국의 근로기준법에 AB 5를 도입하기 위해서는 좀 더 논의가 필요해 보인다. 우선 한국의 고용보호법제는 미국의 고용보호법제와 보호

---

24. 선고 2007두4483 판결, 대법원 2014. 2. 13. 선고 2011다78804 판결, 대법원 2015. 6. 26. 선고 2007두4995 전원합의체 판결 참조)."
57 부산지방법원동부지원 2019. 11. 14 선고 2019가합100867 판결(대법원 2020다267 다267491호 계류 중).
58 김철식 외, 플랫폼노동자 인권상황 실태보고서, 국가인권위원회 연구보고서, 2019, 186면 등.

수준이 다르다. 2019년 발표된 OECD의 고용보호지수(strictness of employment protection)에 의하면, 정규직 근로자 개인에 대한 고용보호지수(individual dismissals, regular contracts)의 경우 한국은 2.37으로 OECD 평균인 2.26보다 높지만 미국은 1.30에 불과하다.[59] 미국은 원칙적으로 근로자 개인에 대한 임의해고가 가능하므로 사업주가 독립계약자를 근로자로 전환하더라도 고용관계의 유지 여부에 대해 유연성을 가질 수 있다. 반면, 한국은 '근로자'가 되는 경우 정당한 이유 없이 해고할 수 없다(근로기준법 제23조). 이처럼 개인사업자(독립계약자)인 플랫폼 종사자를 근로자로 전환할 경우 발생하는 법적·경제적 효과가 다르므로, 미국의 AB 5를 한국에 도입하여 근로자의 범위를 확대하고자 할 때에는 그 효과에 대한 비교·분석이 선행될 필요가 있다.[60]

디지털 플랫폼의 고용창출 효과에 대한 보다 면밀한 검토도 필요하다. 디지털 플랫폼을 통해 노동력을 유연하게 제공할 수 있는 기회가 생기면서 비경제활동인구의 노동시장 참여가 높아지는 측면이 있다. 예를 들어, 2016년 미국 상무부 조사에 의하면 우버 기사 중 절반 이상이 과거 운송 서비스에 종사한 경험이 없었다고 한다.[61] 2019년 국가인권위원회 실태조사에는 현재 플랫폼 종사자의 19.8%가 플랫폼 노동을 시작하기 전까지 경제활동을 하지 않았다고 응답하였다.[62] 같은 조사에서 디지털 플랫폼을 통해 '가사돌봄' 서비스를 제공하는 노동자들은 소득(3.18점), 노동강도(3.48점), 건강과 안전(3.50점)에 대한 만족도가 평균보다 상당히 높게 측정되었는데,[63] 이는 기존 노동시장에 진입하기 어려웠던

59 OECD, Employment Protection Database, 2019. Version 4(2013–2019) 기준. https://stats.oecd.org/Index.aspx?DataSetCode=EPL_R
60 캘리포니아주에서 AB 5 도입에 찬성하는 견해로 Chang Wook Min, "Rising Income Inequality and the Future of Work in Digital Platforms: Uber and California Assembly Bill 5", Berkeley Public Policy Journal (2020. 7. 2) 참고.
61 한국은행, "글로벌 긱 경제(Gig Economy) 현황 및 시사점", 국제경제리뷰 2019-2호(2019), 16면.
62 김철식 외, 앞의 책, 80면.
63 김철식 외, 앞의 책, 104–111면.

노동자들이 디지털 플랫폼을 통해 자신들의 여가 시간대에 추가적인 소득을 창출할 수 있는 기회를 쉽게 찾을 수 있었기 때문이라고 짐작된다. 한국에 AB 5가 도입되어 플랫폼 종사자들이 원칙적으로 근로자로 전환될 경우에도 디지털 플랫폼에서 고용창출 효과가 유지될 수 있는지, 만약 아니라면 고용률 상승을 유보하면서 얻을 수 있는 사회적 이익이 구체적으로 무엇인지에 대한 논의가 필요해 보인다.

물론, 일자리의 양과 질은 어느 정도 상충관계(trade-off)에 있다고 볼 여지도 없지 않다. 디지털 플랫폼은 '일자리'가 아닌 '일거리'를 제공할 뿐이며, 그러한 '일거리'만으로는 플랫폼 종사자들이 최소한의 생계도 유지하기 어렵다는 비판도 제기되고 있다. 플랫폼 종사자의 노동조건에 주의를 기울여야 한다는 점에 대해 공감한다. 다만, 한국의 플랫폼 종사자들이 미국의 우버 기사처럼 '최저임금'에도 미치지 못하는 소득을 얻고 있는지에 대해서는 객관적인 진단이 필요해 보인다. 예를 들어, 한국고용정보원의 2018년 플랫폼노동 조사에 따르면 대리운전·퀵서비스·음식배달·택시운전 등 4개 직종의 종사자들이 플랫폼을 통해 얻는 소득은 월 평균 163.9만 원이었고, 플랫폼을 포함하여 노동시장 전체에서 얻은 소득은 월 평균 282.5만 원이었다.[64] 국가인권위원회의 2019년 플랫폼노동 조사에 의하면, 대리운전·퀵서비스·음식배달·플랫폼택배·화물운송·가사돌봄·웹툰웹소설·전문프리렌서 8개 직종의 종사자들이 플랫폼을 통해 얻는 소득은 월 평균 152.7만 원이었고 전체 소득은 월 평균 234.1만 원이었다.[65] 2018년과 2019년 한국의 최저임금은 각각 월 평균 1,573,770원 및 1,745,150원이다. 위 2개 기관의 조사 대상자들은 직종별로 월 근무시간이 다르고 서비스 제공에 드는 비용도 상이하므로, 이들의 '시간당 실질 보수'(실 수령액 = 소득 − 비용)가 일반 근로자의 '시간당 최저임금'보다 낮을지에 대해서는 추가적인 조사가 진행될 필요가 있다.

---

64 김준영 외, 플랫폼경제종사자 규모 추정과 특징 분석, 한국고용정보원, 2018. 플랫폼을 통한 소득 이외에 별도 소득이 존재한다는 것은 이들이 겸업을 하고 있다는 의미이다.
65 김철식 외, 앞의 책, 91면.

한국 플랫폼 종사자들의 '시간당 실질 보수'가 일반 근로자의 '시간당 최저임금'보다 일부 높다고 하더라도, 이들의 전반적인 소득 수준이 높다고 단정할 수는 없다. 플랫폼 종사자들의 처우를 개선할 필요성은 존재한다. 다만, 이들의 처우를 개선하는 방법으로 플랫폼 종사자의 법적 지위를 개인사업자에서 근로자로 전환하는 것이 효과적일지는 다소 의문이다. 미국은 우버 기사들의 실질 보수가 법정 최저임금에도 미치지 못한다는 점이 복수의 연구 결과로 밝혀졌기 때문에 AB 5가 우버 기사의 처우를 개선할 수 있는 효과적인 정책 대안이라고 평가할 여지가 있다. 하지만 한국 플랫폼 종사자들이 이미 법정 최저임금 수준 이상을 받고 있다면, '처우 개선'을 위해 AB 5를 도입할 실익이 미국보다는 크지 않다고 볼 수도 있다. 오히려 한국에서 플랫폼 종사자로 분류되는 직종의 전반적인 숙련도(skill)가 낮은 것이 아닌지, 이들의 숙련도 및 노동력의 가치를 높이기 위한 직업교육 등을 어떻게 실시할 것인지 등을 검토하는 것이 처우 개선을 위한 보다 효과적인 정책 대안일 수 있다.

플랫폼 종사자의 처우 개선이 필요하다는 주장에는 단순한 '저소득'뿐만 아니라 근무환경이 전반적으로 열악하다는 내용도 포함되어 있다. 특히 플랫폼 종사자들이 형식적으로는 근무시간에 구애받지 않고 자유롭게 일하는 것처럼 보이나, 실질적으로는 알고리즘이나 고객평점제도에 의해 통제를 받고 있다는 지적은 경청할 만하다.[66] 그러나, 해석론과 입법론은 분리하여 판단할 필요가 있다. 즉, 플랫폼의 알고리즘을 통한 업무지시를 업무수행에 대한 상당한 지휘·감독으로 볼 수 있거나, 플랫폼이 고객평점제도를 실질적인 인사평가제도로 활용하여 이를 토대로 플랫폼 종사자를 징계 또는 해고하는 정도에 이른다면, 현재 대법원의 근로자성 판단 법리에 따라 해당 플랫폼 종사자를 근로자로 인정할 수 있다.[67] 지금 법원의 실무가 '알고리즘을 통한 지휘·감독'을 인정하는 데

---

66 선담은, "자유롭게 일한다는데 … 수수료 몇백원에 끌려다닐 뿐", 경향신문(2020. 10. 30.).
66 선담은, "자유롭게 일한다는데 … 수수료 몇백원에 끌려다닐 뿐", 경향신문(2020. 10. 30.).
67 참고로 독일 연방노동법원은 2020. 12. 1. 앱을 통해 슈퍼마켓 등에서 상품 진열을

너무 인색하다면 대법원이 판례 변경 등을 통해 디지털 기술을 통한 지휘·감독의 범위를 좀 더 확대할 수도 있을 것이다(해석론). 그런데 ABC 검증을 반영해 근로기준법을 개정하면, 비록 사업주가 플랫폼 종사자를 지휘·감독하지 않더라도 그 플랫폼 종사자가 하는 업무가 사업주의 '통상적인 사업 범위'에 포함된다면 근로자로 인정되는데(A요건 미충족, B요건 충족), 이러한 결과가 플랫폼과 플랫폼 종사자 모두에게 바람직한지 좀 더 논의가 필요해 보인다.

한편, 한국에서 이루어지고 있는 플랫폼 노동에 대한 문제 제기는 '비정규직' 문제와 중첩되는 부분이 있다. 한국의 비정규직 문제는 '처우 개선'뿐만 아니라 '고용 안정' 문제를 포함하고 있으며, 비정규직을 정규직으로 전환하자는 논의는 전자보다는 후자에 중점을 두고 있다고 볼 여지가 있다. 그런데 비정규직과 정규직의 고용보호 격차가 클수록 정규직 일자리를 창출하기가 어려울 뿐만 아니라 노동시장의 이중구조가 심화될 가능성도 커진다.[68] 사업주 입장에서는 한 번 정규직 근로자를 채용하면 정년까지 고용관계를 유지해야 할 수 있으므로 정규직 일자리의 숫자를 늘리는 데에 주저할 수 있는 것이다. 게다가 디지털 플랫폼을 통해 제공되는 서비스는 대개 "특정한 프로젝트 또는 기간이 정해진 단위 업무(task)를 수행하기 위해 노동력이 유연하게 공급되는 경제환경"을 전제로 하는 이른바 '긱 경제'(gig economy)의 특성을 지닌다.[69] 한국의 고용보호

확인하는 업무에 종사하는 플랫폼 종사자를 근로자(employee)라고 판단하였고, 영국 대법원은 2021. 2. 19. 우버 기사들이 최저임금 등의 적용을 받는 노무제공자(worker)라고 판시하였다. 각국 법원에서 관련 법리 및 사실관계에 따라 플랫폼 종사자를 근로자 또는 노무제공자로 인정하는 것은 해석론의 영역이다. 우리 법원도 개별 사안에서 플랫폼 종사자가 제공하는 근로의 실질을 고려하여 근로자 해당성을 판단하고 있다. 개인사업자로 오분류된 플랫폼 종사자를 해석을 통해 근로자로 인정하는 것은 법원의 중요한 기능이다.

68 참고로, OECD는 정규직과 비정규직으로 나뉘어 있는 한국 노동시장의 이중구조를 해소하기 위해서는 정규직과 비정규직 간의 고용보호 등 격차를 줄여야 한다고 권고하고 있다. OECD, OECD Economic Surveys KOREA, 2016, p.13.

69 한국은행, 앞의 글, 4면.

법제 하에서 플랫폼 종사자의 고용안정성을 정규직 근로자 수준으로 보장하면서 디지털 플랫폼 비즈니스를 유지할 수 있을지, 있다고 하더라도 그 비즈니스를 통해 창출된 양질의 '정규직 일자리'가 가져다 주는 사회적 효용이 기존 '개인사업자 일자리'가 창출하는 사회적 효용보다 클지에 대해서는 추가적 논의가 필요해 보인다.

AB 5는 근로자성 판단기준이 간명하고 사용자에게 입증책임을 전환70한다는 점에서 상당한 시사점을 준다. 다만, AB 5를 한국의 근로기준법에 도입하더라도 '적용 예외'를 어떻게 설정할 것인지에 대해서는 보다 깊은 고민이 필요하다. 플랫폼 종사자로 분류될 수 있는 사람은 매우 다양하다. 국제노동기구(ILO)는 디지털 노동 플랫폼의 종류를 '지역기반형'(local-based)과 '웹기반형'(web-based)으로 구분하고 있다.71 전자는 배달, 운송, 청소 등 특정 지역에서 고객을 대면하여 물리적 서비스를 제공하는 플랫폼이고, 후자는 웹툰 제작, 데이터 입력 등 모든 작업이 온라인을 통해서만 진행되는 플랫폼이다. 지역기반형 플랫폼 종사자들의 직종도 다양하고, 특히 웹기반형 플랫폼 종사자들 중에는 근무시간에 구속받지 않고 싶어하는 프리랜서들이 많다. 이들을 어떤 기준에 따라 ABC 검증을 적용받지 않는 '예외 직종'으로 분류할 것인지에 대한 명확하고 공정한 기준을 설정하기는 쉽지 않아 보인다. 실제로 미국 AB 5에 의하면 특정 언론매체에 1년에 35회 이상 기고하는 '프리랜서 작가'(freelance writer)는 ABC 검증이 적용되어 근로자가 되지만[Sec. 2750.3.(c)(2)(B)(ⅹ)], '보조금 신청서 작성자'(grant writer)는 예외 직종에 포함되므로 독립계약자 지위를 유지한다[Sec. 2750.3. (c)(2)(B)(ⅴ)].72

---

70 근로관계를 입증할 서류는 근로자가 아닌 사용자 측에서 보관하고 있을 가능성이 높으므로 근로자 측에 근로자성에 대한 모든 입증책임을 부담지우는 것은 바람직하지 않다고 생각한다. 일정한 요건을 갖추면 근로자성에 대한 입증책임을 사용자에게 전환하도록 하거나, 영미식 디스커버리 제도를 도입하는 방식으로 이 문제를 해결할 필요성이 있다.

71 ILO, Digital labour platforms and the future of work, 2018, p.4.

72 같은 맥락에서 뉴욕타임즈 2019. 12. 31.자 신문기사도 '예외직종' 판단 기준이 모호하다고 지적하고 있다. Nellie Bowles & Noam Scheiber, California Wanted to

예외 직종을 판단하는 기준이 불분명하다면 형평의 문제가 제기될 수 있다.

3. 플랫폼 노동에 대한 사회보장법의 규율

가. 현행법의 해석 및 적용에 관하여

우리나라는 근로기준법상 근로자와 개인사업자 사이에 '특수형태근로종사자'(이른바 '특수고용직' 또는 '특고')라는 제3의 유형을 두고 있다. 현행법상 산재보험이나 고용보험 등 사회보험은 원칙적으로 근로기준법상 근로자에게만 제공된다. 그런데 산재보험법[73] 제125조 제1항[74]은 "계약의 형식에 관계없이 근로자와 유사하게 노무를 제공함에도 「근로기준법」 등이 적용되지 아니하여 업무상의 재해로부터 보호할 필요가 있는 자" 중 ① 주로 하나의 사업에 그 운영에 필요한 노무를 상시적으로 제공하고(전속성, 계속성), ② 노무를 제공하면서 타인을 사용하지 않으며(비대체성), ③ 대통령령으로 정하는 14개 직종[75]에 종사하는 자를 '특수형태근로종사자'로 정의하고 있다. 즉, 산재보험법은 근로기준법상 근로자에 해당하지는 않지만 산재보험시스템에 포함할 필요가 있는 '유사 근로자' 중 일부를 특수형태근로종사자로 분류하여 별도의 법적 보호를 제

Protect Uber Drivers. Now It May Hurt Freelancers, The New York Times(2019. 12. 31.).

73 「산업재해보상보험법」

74 제125조(특수형태근로종사자에 대한 특례) ① 계약의 형식에 관계없이 근로자와 유사하게 노무를 제공함에도 「근로기준법」 등이 적용되지 아니하여 업무상의 재해로부터 보호할 필요가 있는 자로서 다음 각 호의 모두에 해당하는 자 중 대통령령으로 정하는 직종에 종사하는 자의 노무를 제공받는 사업은 제6조에도 불구하고 이 법의 적용을 받는 사업으로 본다.
1. 주로 하나의 사업에 그 운영에 필요한 노무를 상시적으로 제공하고 보수를 받아 생활할 것
2. 노무를 제공함에 있어서 타인을 사용하지 아니할 것

75 2020. 11. 현재 특수형태근로종사자로 인정되는 직종은 보험설계사, 건설기계운전자, 학습지 교사, 골프장 캐디, 택배 기사, 대출 모집인, 신용카드 회원모집인, 퀵서비스 기사, 대리운전 기사, 방문판매원, 대여제품 방문점검원, 방문강사, 가전제품설치원, 화물차주이다(산재보험법 시행령 제125조).

공하고 있다. 특수형태근로종사자들은 보험료징수법76에 따라 산재보험료를 사업주와 각각 2분의 1씩 부담하되(법 제49조의3 제2항), 산재보험의 적용제외를 신청할 수 있다(산재보험법 제49조의3 제5항).

특수형태근로종사자에 관한 입법은 정부가 IMF 외환위기 이후 노동계와 경영계의 요구를 절충하는 과정에서 이루어졌다. 1999. 3. 임금근로자 중 임시·일용 근로자의 비중이 최초로 50%를 넘어서는 등 노동시장에서 비정형근로자들이 확산되었다. 정부는 2000. 10. '비정형근로자 보호대책'을 발표하여 "학습지교사, 골프장 캐디, 보험설계사 등 근로계약이 아닌 민법상 도급, 위임 등의 형태로 노무를 제공하는 이른바 특수고용관계 종사자의 경우 경제적 종속관계가 있는 등 보호 필요성이 있으므로 이들에 대해서는 '근로자에 준하는 자' 개념을 신설하여 대통령령으로 정하는 일부 규정을 적용"하겠다고 선언하였다.77 이후 노사정위원회에서 특수형태근로종사자에 대한 보호 방안을 논의하였는데, 당시 노동계는 노동법을 개정하여 근로자의 개념을 확장하자고 주장하였고 경영계는 개인사업자인 특수형태근로종사자에게 노동법을 적용할 수는 없으므로 대신 경제법적 보호를 제공하자고 하였다.78 결과적으로 정부는 2007년「특수형태근로종사자에 대한 거래상 지위남용행위 심사지침」을 제정하는 한편, 같은 해 산재보험법을 개정하여 레미콘 기사, 보험 설계사, 골프당 캐디, 학습지 교사 등 4개 직종을 특수형태근로종사자로 인정하고 산재보험에 임의로 가입할 수 있도록 하였다.

플랫폼 종사자는 특수형태근로종사자에 포함되어 산재보험의 혜택을 받을 수 있을까. 특수형태근로종사자 해당성 또한 개별 사안에서 특정한

76「고용보험 및 산업재해보상보험의 보험료징수 등에 관한 법률」

77 노동부, 비정형근로자 보호대책, 2000. 10. 4. 여기서 '비정형근로자'란 정규직이 아닌 모든 형태의 노동자를 지칭한다(기간제, 단시간, 파견, 도급, 용역, 호출, 재택, 가내 근로자 포함)

78 도재형 외, 특수형태근로종사자보호를 위한 입법적 방안 연구, 대통령 소속 경제사회발전노사정위원회, 2013, 6면. 위 글에서 '경제법적 보호 방안'이란 표현이 사용되는데 이는 특수형태근로종사자에게 공정거래법상 보호(불공정거래 규제, 표준계약서 적용 등)를 제공하는 방안으로 보인다.

플랫폼 종사자가 산재보험법상 ① 전속성·계속성, ② 비대체성, ③ 대통령령으로 정한 직종 요건을 갖추었는지에 따라 달라질 것이다. 앞서 언급한 사례에서 대법원은 배달앱 음식배달원은 근로기준법상 근로자에 해당하지 않지만, 산재보험법상 특수형태근로종사자의 직종 중 하나인 ③ '택배원'에 해당하므로 산재보험의 적용을 받아야 한다고 판시하였다.[79] 또한 대법원은 배달앱 음식배달원이 산재보험법상 특수형태근로종사자의 ① 전속성(= 주로 하나의 사업장에 근무) 요건을 갖추었는지를 판단하면서 "소속 배달원들이 다른 배달 업체의 스마트폰 애플리케이션을 이용할 가능성이 있다는 사정만으로 배달원의 '전속성'을 부정할 수는 없다"고 판단하였다.[80]

나. 입법론에 관하여 – 특수형태근로종사자에 대한 산재보험·고용보험 확대

특수형태근로종사자는 미국에 존재하지 않는 제도이다. 미국의 경우, 근로자(employee)는 통상 주 정부의 법률에 따라 산재보험의 적용을 받지만 독립계약자(independent contractor)는 그렇지 않다.[81] 한국이 '유사 근로자'에게도 산재보험을 제공하고 있다는 점에서 미국보다 더 진일보한 사회보장시스템을 갖추고 있다고 평가할 수도 있겠다.

다만, 현재의 산재보험법은 플랫폼 종사자를 업무상 재해로부터 보호하기에 부족해 보인다. 산재보험법의 적용 대상을 원칙적으로 근로기준법상 근로자로 한정해야 할 필연적 이유는 없다. '근로자'이든 '유사 근

---

79 대법원 2018. 4. 26. 선고 2016두49372 판결.
80 대법원 2018. 4. 26. 선고 2017두74719 판결.
81 예컨대 캘리포니아의 경우 산재보험 관련 별도의 법령은 없고, 캘리포니아 노동법전 (California Labour Code) 3200-6002조에서 산재 관련 내용을 규정하고 있는데, 적용대상은 기본적으로 근로자(employee)이고 여전히 근로자와 독립계약자 사이의 양자택일 접근법을 취하고 있으므로 독립계약자에게 산재보상이 적용될 여지는 아직 없다. 박찬임 외, 특수형태근로종사자 등 산재보험 적용확대 및 보험료 부과방안 연구, 한국노동연구원, 2017, 128면.

로자'이든 사업장에서 근무하면서 발생하는 재해 위험에 노출되는 것은 다르지 않기 때문이다. 만약 입법기술적으로 부득이 산재보험의 원칙적 적용 대상을 근로자로 제한해야 한다고 하더라도, 특수형태종사근로자의 요건으로 ① 전속성을 요구하는 것이 바람직한지는 의문이다. 현행법상 근로자는 몇 개의 사업장에서 근로를 제공하더라도 근로자성(=산재보험 자격요건)이 부정되지 않으며,[82] 비전속성은 대학강사 등 시간제 근로자의 일반적 특성이기도 하다.[83] 근로자가 아닌 특수형태근로종사자에게만 전속성 요건을 요구하는 것은 역차별일 수 있다.

플랫폼 노동은 업무의 비전속성과 초단기성이 특징이다. 특히 스마트폰 앱을 통해 복수의 플랫폼으로부터 일감을 받는 플랫폼 종사자들이 적지 않다. 현행법의 ① 전속성 요건을 그대로 유지하면 앞으로도 상당 수의 플랫폼 종사자들이 산재보험법의 적용 대상에서 제외될 것이며, 달리 전속성 요건을 유지해야 할 필연적 이유도 보이지 않는다. 이미 여러 연구자들이 지적하였듯이, 산재보험법의 전속성 요건은 폐지하고 '건별 보험료 부과 방식'을 도입하는 방안을 검토할 필요가 있다. 이 경우 복수의 플랫폼업체에 건별로 노무를 제공하는 특수형태근로종사자들도 산재보험법의 보호를 받을 수 있게 된다.[84] 그리고 산재보험의 실질적 적용 범위를 넓히기 위해서 현재의 임의 가입 제도도 재검토할 필요가 있다.

더 나아가, 특수형태근로종사자들에게 산재보험뿐만 아니라 고용보험의 혜택을 제공하는 것도 고려될 필요가 있다. 현재 시행 중인 고용보험법에 따르면 특수형태근로종사자는 고용보험의 적용 대상이 아니다. 그런데 특수형태근로종사자는 근로기준법상 해고제한이 적용되지 않으므

---

82 예를 들어 철도하역근로자는 몇 개의 화주와 일하고 있지만, 그들이 주로 하나의 사업에 근로를 제공하지 않는다는 이유로 근로자성이 부정되지는 않는다. 박찬임외, 특수형태근로종사자 등 산재보험 적용확대 및 보험료 부과방안에 대한 연구, 한국노동연구원(2017. 12.), 140면.

83 윤애림, 특수형태노무제공자 고용보험 적용의 쟁점, 노동법학 제70호(2019. 6.), 296면.

84 박찬임 외, 앞의 책, 143면; 이병희 외, 특수형태근로종사자 고용보험 적용방안, 한국노동연구원, 2017, 38면; 이승렬 외, 플랫폼 종사자 보호를 위한 법·제도적 방안 마련 연구, 경제사회노동위원회, 2018, 123면 등 참조.

로 언제든지 실직할 우려가 있고, 플랫폼 종사자들은 더욱 그러하다. 그런 점에서 특수형태근로종사자의 실업 또는 급격한 소득감소의 위험을 보장하기 위한 사회안전망을 구축할 필요성이 있다. 관련하여 정부의 '전국민 고용보험 로드맵'에 따라 2021. 1. 15. 고용보험법이 개정되어 노무제공자도 2021. 7. 1.부터 고용보험의 혜택을 받을 수 있게 되었다.[85]

4. 플랫폼 노동에 대한 공정거래법의 규율

플랫폼 종사자를 근로자로 볼 수 없더라도, 개인사업자 지위를 인정하면서 노동법적 보호의 일부 또는 그와 유사한 수준의 보호를 제공하는 방안을 검토할 수 있다. 우선 시애틀 시의 '2015년 단체교섭 조례'처럼 개인사업자에게도 단체교섭권을 인정하여 플랫폼 종사자와 플랫폼 사업자의 교섭력을 대등하게 만드는 방안이 있다. 다만, 이 방안은 개인사업자의 담합을 제한하는 공정거래법의 일반 법리와 충돌할 여지가 있다. 또한 플랫폼 사업자의 '거래상 지위남용'을 규제하여 플랫폼 종사자의 개별적 계약조건을 보호하는 방안이 있다. '거래상 지위남용'은 미국 경쟁법에 존재하지 않는 법리로, 한국은 이미 특수형태근로종사자에게 적용되는 거래상 지위 남용 지침을 제정하여 공정거래법적 보호를 제공하고 있다.

가. 현행법의 해석 및 적용에 관하여 – 공정거래법과 '거래공정화 특별법'

① '담합'과 '단합'의 경계 – 부당한 공동행위와 노동3권의 행사

플랫폼 종사자들이 노동조합 또는 이에 준하는 결사체를 결성하는 행위는 시장의 가격형성기능을 침해하는 '담합'(談合)인가, 아니면 노동3권 행사를 위한 '단합'(團合)인가. 플랫폼 종사자들이 개인사업자의 지위를 지닌다면 이들의 집단적 행위는 '담합'이 된다. 공정거래법은 사업자

---

85 관계부처 합동, "모든 취업자를 실업급여로 보호하는 전국민 고용보험 로드맵"(2020. 12. 23.).

가 다른 사업자와 공동으로 부당하게 "가격을 결정·유지 또는 변경하는 행위"(price fixing)를 부당한 공동행위의 한 유형으로 규제하고 있다(법 제26조 제1항 제1호[86]). 실제로 공정거래위원회는 건설관련 각종 협의회나 연합회 등이 구성원에게 판매가나 임대가, 근로조건 등을 권고·강요하는 행위에 대해 과징금을 부과해 왔다.[87] 노동조합법상 근로자가 아닌 특수 형태근로종사자 등도 형식적으로는 "(개인)사업자"이므로, 이들 개인사업 자들이 집단적으로 플랫폼 사업자에게 지불하는 수수료의 액수 등 결정 한다면 부당한 공동행위의 규제를 받을 우려가 있다.

문제는 부당한 공동행위의 적용 대상인 '(개인)사업자'의 범위가 모호 하다는 데 있다. 일례로 특수고용형태종사자는 형식적으로 개인사업자이 지만 노무제공의 실질에 따라 노동조합법상 근로자의 지위를 인정받을 수도 있다.[88] 노동조합법상 근로자 지위가 인정되면 노동3권이 보장되므 로 이들에게 공정거래법상 부당한 공동행위 규정을 적용할 수는 없을 것 이다. 그런데 앞서 살펴보았듯이 노동조합법상 근로자에 해당하는지 여 부는 개별 사안에 따라 달라진다. 만약 일부 플랫폼 종사자들이 노동조 합 설립 신고를 하지 않거나 노동조합 설립 신청을 거부당해 '법외노조' 로 활동하는 경우, 이들에게 곧바로 공정거래법상 부당한 공동행위 규정

---

86 「독점규제 및 공정거래에 관한 법률」
　　제19조(부당한 공동행위의 금지) ① 사업자는 계약·협정·결의 기타 어떠한 방법으로
　　도 다른 사업자와 공동으로 부당하게 경쟁을 제한하는 다음 각 호의 어느 하나에 해
　　당하는 행위를 할 것을 합의(이하 "부당한 공동행위"라 한다)하거나 다른 사업자로 하
　　여금 이를 행하도록 하여서는 아니된다.
　　1. 가격을 결정·유지 또는 변경하는 행위 (이하 생략)
　　제26조(사업자단체의 금지행위) ① 사업자단체는 다음 각호의 1에 해당하는 행위를
　　하여서는 아니된다.
　　1. 제19조(부당한 共同行爲의 금지) 제1항 각호의 행위에 의하여 부당하게 경쟁을 제
　　한하는 행위
87 대한전문건설신문, "협의회·연합회, '가격·근로조건' 결정에 과징금", 2014. 7. 14.
　　http://www.koscaj.com/news/articleView.html?idxno=74834 .
88 부산지방법원동부지원 2019. 11. 14 선고 2019가합100867 판결(대법원 2020다267
　　다267491호 계류 중).

을 적용하여 과징금(법 제22조)이나 벌칙(법 제66조 제1항 제9호)을 부과한다면 논란이 될 수도 있다. 법외노조가 노동조합법상 근로자성을 다투는 소송을 제기해서 추후 법원으로부터 근로자성을 확인 받을 수도 있기 때문이다.

물론, 공정거래위원회는 예외적으로 "거래 조건의 합리화"를 위한 사업자들의 공동행위를 "인가"할 수 있다(법 제19조 제2항 제5호). 공동행위에 대한 인가제도는 앞선 시애틀 시 사례에서 연방대법원이 제시한 Midcal 검증의 두 번째 요건인 "주 정부에 의해 적극적으로 감독 받아야 할 것"(actively supervised by the state)과 유사한 규제라고 볼 수 있다. 그러나 노동조합법상 근로자성을 다투고 있는 특수형태근로종사자들에게 법 제19조에 따라 "인가"받기를 요구하는 것이 타당한지는 의문이다. 노동법적 관점에서 보면, 공동행위에 대한 인가는 노사자치의 '내용'에 국가가 개입하는 것이므로 노동3권을 침해하는 규제일 수 있기 때문이다.[89]

② 불공정한 거래관계에 대한 규제 – 거래상 지위남용과 특고 심사지침
우리 공정거래법은 불공정거래행위의 한 가지 유형으로 '거래상 지위남용'을 규정하고 있다(법 제23조 제1항 제4호). 특정 사업자가 '시장지배적 지위'를 지니지 않더라도, 그 사업자가 자기의 '거래상 지위'를 부당하게 이용하여 상대방과 거래하는 행위는 규제의 대상이 된다. 대법원은 공정거래법이 거래상 지위 남용을 규제하는 취지는 "현실의 거래관계에서 경제력에 차이가 있는 거래주체 간에도 상호 대등한 지위에서 법이 보장하고자 하는 공정한 거래를 할 수 있게 하기 위하여 상대적으로 우월적 지위에 있는 사업자에 대하여 그 지위를 남용하여 상대방에게 거래상 불이익을 주는 행위를 금지시키고자 하는데 [있다]"라고 판시하였다.[90]

---

89 노동조합법은 본래 헌법 제33조가 규정한 노동3권을 '보호'하기 위해 만든 법률로서, 국가는 사용자가 근로자의 노동3권 행사를 방해할 때(부당노동행위) 등에 한하여 개입할 수 있다. 사용자 측과 근로자집단이 체결하는 단체협약의 내용은 노사자치 원칙에 따라 양측이 자율적으로 결정하는 것이 원칙이다.
90 대법원 2000. 6. 9 선고 97누19427 판결.

시장지배적지위의 남용은 수평적 경쟁관계에서 '경쟁제한성'이 위법성의 본질이지만, 거래상 지위의 남용은 수직적 거래관계에서 '거래내용의 불공정성'이 위법성의 본질이다.[91]

미국의 경쟁법은 거래상 지위의 남용을 규제하는 일반 규정을 두고 있지 않다. 시카고 학파의 영향을 받은 미국의 경쟁법은 시장 경쟁을 제한하거나 소비자후생을 저해하는 행위에 중점을 두고 있으며, 수직적 거래관계에는 계약자유의 원칙이 유지된다는 입장을 견지하는 것으로 보인다.[92] 국내에서도 거래상 지위남용 규제는 경쟁과는 완전히 무관한 사인간의 거래에까지 적용될 수 있으므로 공정거래위원회가 개입할 성질의 것이 아니라고 보는 견해가 있다.[93] 그러나 우리 헌법은 제119조 제2항에서 "경제주체 간의 조화"를 통한 경제의 민주화를 위하여 "경제에 관한 규제와 조정"을 할 수 있다고 규정하고 있다. 원·하청 관계 등에서 경제주체 간 교섭력의 차이로 인해 불공정거래가 발생하는 경우, 국가가 거래 상대방을 보호하기 위한 조치를 취하는 것은 우리 헌법질서에 어긋나지 않는다.

거래상 지위남용은 수직적 거래관계에서 "상대방의 의사결정의 자유"를 보호하기 위해 민법상 계약자유의 원칙에 수정을 가하는 제도이다.[94] 그렇다면 거래에서 어떤 요건이 갖추어져야 상대방의 의사결정의 자유가 '침해'될 정도에 이르렀다고 볼 수 있을까. 거래상 지위의 남용은 ① 사업자가 '거래상 지위'를 지니고 있고(거래상 지위의 존재), ② 그 거래상 지위를 부당하게 이용한 행위가 공정한 거래를 저해할 우려가 있어

---

91 김건식·원세범, 거래상 지위남용 규제의 필요성 및 개선 방안, 한국공정거래조정원, 2018, 8면.

92 김건식·원세범, 앞의 책, 55-56면.

93 변동열, "거래상 지위의 남용행위와 경쟁", 저스티스 제34권 제4호(2001), 197-98면.

94 박성진은 "우리 다수설은 상대방의 의사 결정의 자유를 거래상 지위남용 규제의 중요한 보호 법익으로 보고 있고, 대법원 1993. 7. 27. 선고 93누4984 판결 등은 '자유의사를 부당하게 억압하였다고 볼 자료도 없는 점에서 … 거래상 우월적 지위에 있다고 보기는 어렵다.'고 판시한 바 있다"고 하였다. 박성진, "공정거래법상 거래상지위 판단기준 개선 방안에 관한 소고", 경쟁법연구 제41호(2020), 444-45면.

야 성립한다(위법성의 존재). ① 거래상 지위 요건에 관하여, 「불공정거래
심사지침」은 '계속적 거래관계가 존재'(고착화, lock-in)하고 '일방의 타방
에 대한 거래의존도가 상당'하여야 한다는 기준을 제시하였고[6. (3)], 대
법원은 거래상 지위의 존부는 시장의 상황, 당사자간 사업능력의 격차,
상품의 특성 등을 종합적으로 고려하여 판단해야 한다고 밝혔다.95 ② 위
법성 요건에 관하여, 「불공정거래 심사지침」은 거래상 지위를 가진 사업
자의 행위가 '거래내용의 공정성을 침해하는지' 및 '합리성이 있는 행위인
지'를 일반적 판단 기준으로 제시하면서, 구체적인 거래상 지위남용 행위
의 유형(구입강제·이익제공강요·판매목표강제·불이익제공·경영간섭)에 따
라 위법성 판단기준을 추가로 제시하고 있다[6. (4)]. 대법원은 거래상
지위남용의 유형 중 '불이익제공'이 문제된 사례에서, 당해 행위의 목적
과 경위, 상대방의 불이익, 경쟁 제약의 정도, 거래 관행 등을 종합하여
전체적인 관점에서 위법성을 판단해야 한다는 입장을 밝혔다.96

　　공정거래위원회는 2007. 8. 1. 「특수형태근로종사자에 대한 거래상
지위남용행위 심사지침」(이하 '특고 심사지침')을 제정하였다. 특고 심사지
침은 산재보험법상 특수형태근로종사자에 대한 거래상 지위남용 행위를
규율하기 위한 특칙의 성격을 지닌다. 특고 심사지침은 ② 위법성 요건
중 '거래내용의 불공정성'에 대한 판단기준을 일부 보완하면서 개별 행위
유형별 위법성 판단기준을 추가로 제시하였다(Ⅳ. 행위유형별 위법성 판단
기준). 특히 '거래내용의 불공정성'을 판단할 때 (ⅰ) 특수형태근로종사자
가 제공하는 노무의 실질이 '근로계약' 또는 '도급계약' 중 어디에 더 가
까운지, (ⅱ) 특수형태근로종사자와 유사한 업무를 수행하는 근로자가 있
는지, (ⅲ) 특수형태근로종사자가 사업자에게 경제적으로 종속되어 거래
를 회피하거나 부당조건을 거절할 수 없었는지 등을 특별히 고려해야 한
다고 규정하였다(Ⅲ. 거래내용의 불공정성 판단기준). 그리고 산재보험법상

---

95 대법원 2000. 6. 9. 선고 97누19427 판결.
96 대법원 2002. 5. 31. 선고 2000두6213 판결. 거래상 지위남용의 유형 중 '불이익
　　제공'과 관련된 판결례이다.

특수형태근로종사자에 해당하지 않더라도, 상대방에게 '거래상 지위'가 인정되는 경우에는 특고 심사지침상 '행위유형별 위법성 판단기준'이 준용될 수 있다(Ⅱ. 지침의 적용범위 7.).

공정거래위원회는 2019. 9. 30. 특고 심사지침을 개정하여 개별 행위유형별 법 위반 행위의 예시를 추가하였다. 이는 플랫폼을 매개로 일하는 특수형태근로종사자를 보다 두텁게 보호하기 위한 조치로 보인다. 구체적으로 ⅰ) 과도한 콜 수행 횟수 등 목표를 부과하고 이를 달성하지 못하는 경우 일방적으로 계약을 해지하거나 배차를 현저하게 제한하는 등 계약해지에 준하는 제재를 가하는 행위(예: 대리기사 등), ⅱ) 업무수행 중 발생한 사고가 특수형태근로종사자의 과실에 의한 것이 아님에도 불구하고, 그 책임을 모두 특수형태근로종사자에게 부담시키는 행위(예: 택배 기사, 퀵서비스 기사, 대리운전 기사, 건설기계 기사 등), ⅲ) 계약서에 기재되어 있는 수수료율, 운임단가 등 지급대가 수준 및 지급기준 등을 계약기간 중에 일방적으로 특수형태근로종사자에게 불리하게 변경하는 행위, ⅳ) 사업자가 특수형태근로종사자에게 자신이 사용하지 않는 다른 프로그램을 사용하지 못하도록 강제하고 다른 프로그램을 사용할 경우 계약을 일방적으로 해지하거나 배차를 현저하게 제한하는 등 제재를 가하는 행위(예: 대리운전기사 등) 등이 위법행위의 예시로 추가되었다.

결국 플랫폼 사업자가 플랫폼 종사자에 대하여 ① '거래상 지위'를 지니고 있고, 플랫폼 사업자의 행위가 ② 공정거래법령이 정한 '거래상 지위 남용행위'로서 위법성을 갖추고 있다고 판단된다면 "2년 이하의 징역 또는 1억 5천만 원 이하의 벌금"에 처하거나, 공정거래위원회로부터 소정의 과징금을 부과받게 될 수 있다.[97] 관련하여 ① 산재보험법상 특수형태근로종사자를 사용하는 사업자는 거래상 지위가 인정되므로, 그 사업자가 ② 특고 심사지침에 예시된 유형의 남용행위를 하면 제재를 받게 될 가능성이 높다. 그런데 산재보험법상 특수형태근로종사자가 아니라 개인사업자인 플랫폼 종사자와 거래하는 사업자에 거래상 지위 남용 규

---

97 공정거래법 제67조 제2호, 제24조의2 제1항.

제를 적용할 수 있을지 분명치 않다. 무엇보다 ① 사업자의 '거래상 지위'를 인정하기가 쉽지 않아 보인다. 앞서 살펴보았듯이 「불공정거래 심사지침」은 '계속적 거래관계가 존재'(고착화, lock-in)하고 '일방의 타방에 대한 거래의존도가 상당'하여야 거래상 지위가 인정된다고 규정하면서,[98] "거래상지위는 민법이 예상하고 있는 통상적인 협상력의 차이와 비교할 때 훨씬 엄격한 기준으로 판단되어야 한다"는 입장을 밝히고 있다.[99]   그런데 복수의 플랫폼에 별도의 설비 투자 없이 자신의 노동력만을 제공하는 대다수의 플랫폼 종사자들에게 '고착화' 현상이 발생하였거나, 특정 플랫폼에 대한 '매출액' 의존도가 상당하다고 단정하기는 어려워 보인다.

③ 공정거래법과 노동법의 수렴 – '거래공정화 특별법'

한편, 공정거래법 이외에도 거래상 지위남용을 규제하기 위한 특별법들이 있다. 하도급법, 가맹거래법, 대규모유통업법, 대리점법[100]은 기본

---

98 「불공정거래 심사지침」 6. 거래상 지위 남용

(3) 거래상 지위 여부

(가) 거래상지위가 인정되기 위해서는 우선, 계속적인 거래관계가 존재하여야 한다.

① 계속적 거래를 하는 경우에는 통상 특화된 자본설비, 인적자원, 기술 등에 대한 투자가 이루어지게 된다. 이렇게 고착화(lock-in) 현상이 발생하면 상대방은 우월적 지위에 있게 되어 이를 이용하여 불이익한 거래조건을 제시하는 것이 가능해지고 그 상대방은 이미 투입한 투자 등을 고려하여 불이익한 거래조건 등을 수용할 수 밖에 없는 상황이 된다.

② 계속적 거래관계 여부는 거래관계 유지를 위해 특화된 자본설비, 인적자원, 기술 등에 대한 투자가 존재하는지 여부를 중점적으로 검토한다. 예를 들어 거래상대방이 거래를 위한 전속적인 설비 등을 가지고 있는 경우에는 거래상지위가 있는 것으로 볼 수 있다.

(나) 거래상지위가 인정되기 위해서는 또한, 일방의 타방에 대한 거래의존도가 상당하여야 한다.

① 거래의존도가 상당하지 않은 경우에는 계속적 거래관계라 하더라도 거래처 등을 변경하여 불이익한 거래조건을 회피할 수 있으므로 거래상지위가 인정되기 어렵다.

② 통상 거래의존도는 일방 사업자의 전체 매출액에서 타방 사업자에 대한 매출이 차지하는 비중을 중심으로 검토한다.

(다) 계속적 거래관계 및 거래의존도를 판단함에 있어 그 구체적인 수준이나 정도는 시장상황, 관련 상품 또는 서비스의 특성 등을 종합적으로 고려하여 판단한다.

99 「불공정거래 심사지침」 6. 거래상 지위 남용 (1) 금지 이유

적으로 하도급거래, 가맹사업거래, 대규모유통업에서의 거래, 대리점거래에서 발생하는 거래상 지위남용 등 불공정거래행위를 규제하기 위해 제정되었다(이른바 '거래공정화 특별법'). 각 특별법에서 규제하는 행위의 유형 및 공정거래법과의 관계를 살펴보면 아래와 같다.

구분	하도급법	가맹사업법	대규모유통업법	대리점법
규제대상 행위유형	거래상 지위남용	거래거절 고객유인, 거래상 지위남용 구속조건부거래 재판매가격 유지행위	거래상 지위남용, 구속조건부거래	거래상 지위남용
공정거래법과의 관계	배타적 적용 (제28조)	배타적 적용 (제38조)	우선적 적용 (제4조)	우선적 적용 (제4조)

[표 5] 거래공정화 특별법의 규제대상 행위유형 및 공정거래법과의 관계
*신영수, "거래공정화규제체계상 '대리점법'의 지위와 역할", 경쟁법연구(2017), 16면에서 재인용.

거래상 지위남용에 관한 규제는 노동법상 규제와 유사한 측면이 있다. 계약당사자 일방(사용자, 원청 회사)이 상대방(근로자, 하청 회사)보다 우월한 지위에 있을 때, 민법상 계약자유의 원칙을 일부 수정하여 상대방의 지위를 보호하는 조치를 취하고 있기 때문이다. 관련하여, '거래공정화 특별법'은 공정거래법이 정한 유형의 거래상 지위남용 이외에도 거래당사자 간 교섭력 차이를 보완하기 위해 노동법적 접근법을 차용하고 있는 것으로 보인다. 예를 들어, 노동법은 사용자에게 ① 법령에 명시된 근로조건을 기재한 근로계약서를 작성하여 근로자에게 교부하도록 규정하고 있고(근로기준법 제17조), ② 임금을 근로자에게 적확하게 지급하도록 하고 있으며(근로기준법 제43조, 직접·전액·정기·통화 지급 원칙), ③ 근로

---

100 각 법률의 명칭은 「하도급거래 공정화에 관한 법률」, 「가맹사업거래의 공정화에 관한 법률」, 「대규모유통업에서의 거래 공정화에 관한 법률」, 「대리점거래의 공정화에 관한 법률」이다.

자에게 지급할 임금의 최저선을 명시하고 있고(최저임금법), ④ 근로자를 임의로 해고하지 못하도록 하고(근로기준법 제23조, 제24조), ⑤ 법정 근로시간을 정한 후 연장근로에 제한을 가하고 있다(근로기준법 제50조, 제53조). 또한 ⑥ 근로자가 노동조합을 설립하여(노동조합법 제10조), ⑦ 그 노동조합으로 하여금 사용자와 단체교섭을 할 수 있도록 하였고(노동조합법 제29조, 제30조), ⑧ 근로자의 노동3권 행사를 방해하는 사용자의 부당노동행위를 규제하고 있다(노동조합법 제81조). 이상 ① 내지 ⑧에 언급된 노동법(개별적 근로관계, 집단적 노사관계)의 기본 아이디어는 아래와 같이 '거래공정화 특별법'에 상당 부분 차용되어 있다.

구분	하도급법	가맹거래법	대규모유통업법	대리점법
근로계약서의 작성 및 교부 (근기 17)	서면의 발급 및 서류의 보존(3) 표준하도급계약서의 사용(3-2)	가맹계약서의 기재사항(11)	서면의 교부 및 서류의 보존 등(6)	대리점거래 계약서의 작성의무(5)
임금의 지급 (근기 43)	선급금의 지급(6) 하도급대금의 지급 등(13), 하도급대금의 직접지급(14)		상품대금의 지급(8)	
최저임금 (최저임금법)	부당한 하도급대금의 결정 금지(4) 감액금지(11)		상품대금의 감액 금지(7)	
해고의 제한 (근기 23, 24)	부당한 위탁취소의 금지(4)	가맹계약의 갱신 등(13) 가맹계약해지의 제한(14)		
근로시간 (근기 50, 53)		부당한 영업시간 구속 금지(12-3)	부당한 영업시간 구속 금지(15-2)	

단결권 (노조 10)		가맹사업자단체 의 거래조건 변경협의(14①)		
단체교섭권 (노조 29, 30)		가맹사업자단체 의 거래조건 변경협의(14②, ③)		
부당노동행위 (노조 81)		가맹사업자단체 의 거래조건 변경협의(14⑤)		

[표 6] 거래공정화 특별법과 노동법의 관계101

나. 입법론에 관하여 – 특수형태근로종사자에 관한 특별법 등

공정거래법에서 플랫폼 종사자를 보호하는 방안은 특수고용형태근로종
사자에 대한 규정을 정비하는 것에서 출발하여야 하지 않을까 한다. 특수
형태근로종사자는 인적 종속성은 약하지만 사업자에게 경제적으로 종속되
어 노무를 제공하는 '유사 근로자'이므로, 이들에게 단체교섭권을 보장하여
사업자와 대등한 지위에서 수수료 교섭 등을 하게 할 필요가 있다. 국제노
동기구(ILO)는 특수형태근로종사자들처럼 '모호한 고용관계'(ambiguous
employment relationship)에 있는 사람들에 대해서도 단결권 등 노동기본
권을 보호하도록 하고 있고, 국가인권위원회도 2017. 4. 6. 고용노동부장
관에게 법률을 제·개정하여 특수형태근로종사자의 노동3권을 보장할 것을
권고하였다.102

이를 위해서는, 우선 특수형태근로종사자에게 공정거래법상 부당한
공동행위의 규제 적용 여부를 분명히 할 필요가 있다. 특수형태근로종사
자가 추후 법원에서 노동조합법상 근로자 지위를 인정받게 되면 부당한

---

101 이 표에서 열거된 거래공정화 특별법상 조항들은 노동법의 기본 아이디어를 '차용'한
것이지, 노동법의 법리를 그대로 적용한 것은 아니다.
102 국가인권위원회 상임위원회 결정, "특수형태근로종사자의 노동기본권 보호를 위한
권고 및 의견표명", 2017. 4. 6.

공동행위에 대한 규제 처분이 사후적으로 위법해질 수도 있다. 공정거래법을 개정해 특수형태근로종사자를 부당한 공동행위의 주체에서 제외할 수도 있겠지만, 입법기술적으로 현행 「공동행위 심사기준」을 개정하여 부당한 공동행위의 성립 요건인 '2 이상 사업자'에서 특수형태근로종사자를 제외하는 방안이 좀 더 현실적일 수 있다(Ⅱ. 공동행위의 성립).[103]

동시에 특수형태근로종사자에게 단체교섭권을 적극적으로 보장하는 방안도 생각해 볼 수 있다. ⅰ) 노동조합법을 개정하여 노동3권의 행사 주체에 특수형태근로종사자를 포함하는 방안, ⅱ) 현재 입법예고[104]된 「온라인 플랫폼 중개거래의 공정화에 관한 법률」에 특수형태근로종사자의 단체교섭권에 관한 내용을 추가하는 방안(가맹거래법 제14조와 유사한 방식), ⅲ) 특수형태근로종사자에 관한 별도의 특별법을 제정하여 이 특별법에서 단체교섭권 등을 보장하는 방안이 있다. 그런데 ⅰ)의 경우 특수형태근로종사자에 대해 '집단적 노사관계법'의 보호만을 제공할 수 있을 뿐 다른 '개별적 근로관계법' 또는 '공정거래법'적 관점의 보호를 제공하기 위해서는 별도의 법개정이 필요하고, ⅱ)의 경우 법의 적용 대상인 플랫폼 사업자의 범위에 제한[105]이 있다는 한계가 있다. 앞서 살펴보았듯이 특수형태근로종사자에 관한 사회보험(산재보험, 고용보험) 제도에도 개선이 필요하다는 점을 고려하면, ⅲ)의 특별법을 제정하여 특수형태근로종사자에 대한 종합적인 보호 방안을 규율하는 것이 바람직할 수 있다.[106]

---

103 물론 이 방안을 택하더라도 '특수형태근로종사자가 아닌 플랫폼 종사자'에게 공정거래법상 부당한 공동행위의 규제는 여전히 적용될 수 있다. 다만, 앞서 살펴보았듯이 산재보험법에서 전속성 요건을 폐지하는 등의 방식으로 특수형태근로종사자의 범위를 확대하면 '유사 근로자'의 상당수가 이 범위에 포섭될 수 있게 된다. 따라서 이 방안을 택하면 유사 근로자에게 '부당한 공동행위' 규제를 잘못 적용하는 문제를 어느 정도 해소할 수 있을 것이다.

104 공정거래위원회 2020. 9. 28.자 보도자료 "공정위, 「온라인플랫폼 공정화법」 제정안 입법예고" 및 관련 제정안 참조.

105 법률안 제3조(적용범위) 제2항에 의하면 플랫폼 사업자 중 '매출액'(100억 원 이내의 범위에서 대통령령으로 정하는 금액 이상) 및 '중개거래금액'(1000억 원 이내의 범위에서 대통령령으로 정하는 금액 이상) 요건을 충족한 사업자에게만 해당 법률이 적용된다.

106 관련하여 플랫폼 종사자에 대한 별도의 특별법을 제정하자는 논의도 있으나, 그보다

특히 현행 특고 심사지침의 내용 중 일부는 법률에 규정할 필요가 있다. 특고 심사지침은 사업자가 특수형태근로종사자와 거래를 한다는 사실만으로 '거래상 지위'를 인정하고 있는데, 이는 사업자의 직업수행의 자유를 제한하는 것이므로 법률유보원칙에 따라 법률에 좀 더 명확한 근거를 두는 것이 바람직하다. iii)의 특별법에서 사업자의 특수형태근로종사자에 대한 거래상 지위남용 행위에 대해서는 이 특별법이 공정거래법보다 우선 적용됨을 밝힌 후, 구체적 행위의 유형 또는 기준을 법률에 명시하거나 하위 시행령 또는 특고 심사지침에 위임하는 것도 방법이겠다.

결국 특수형태근로종사자 특별법은 '근로자'와 '개인사업자' 사이에 있는 노무제공자를 보호하는 기본법이 될 것이다. 이 특별법에서는 ① 우선 전속성 요건 등을 폐지하여 특수형태근로종사자의 범위를 현행 산재보험법보다 넓힐 필요가 있다. 이 경우 현재의 플랫폼 종사자 중 상당수가 이 특별법의 보호 범위에 포함될 수 있다. 이후 ② 개별적 근로관계법적 관점에서 계약서 교부, 수수료 지급 보장, 최저보수의 설정, 부당한 위탁취소 및 영업시간의 제한 등을 규율하고, ③ 집단적 노사관계법적 관점에서 특수형태근로종사자에게 단체교섭권을 부여하여 사업자에 대한 교섭력을 높이도록 할 수 있다.107 ④ 공정거래법적 관점에서는 '거래상 지위남용' 규정을 통해특수형태근로종사자에 대한 구입강제 · 이익제공강요 · 판매목표강제 · 불이익제공 · 경영간섭 등의 불공정거래행위를 규율할 수 있을 것이다. 나아가 ⑤ 이 특별법을 통해 새롭게 정의된 특수형태근로종사자에게 산재보험법과 고용보험법 등 사회보장법의 보호도 제공할 수 있다.

특수형태근로종사자 특별법과 관련하여 두 가지 사항을 추가로 지적하고 싶다. 첫째, 근로자와 개인사업자 사이에 '제3의 지위'(유사 근로자)

는 특수형태근로종사자 일반을 보호하는 법제를 정비하는 방향으로 접근하는 것이 좀 더 바람직하다고 생각한다.

107 이는 특수형태근로종사자에게 노동법(근로기준법, 노동조합법)을 적용하자는 취지가 아니라, 노동법적 관점(개별적 근로관계법, 집단적 노사관계법)을 적용하여 특수형태근로종사자에 대한 보호를 제공하자는 취지이다.

를 일반화하는 입법례 자체에 반대하는 입장이 있다. '유사 근로자' 유형
이 보편화되면 본래 '근로자'로 분류되어야 할 사람들이 '유사 근로자'로
그 지위가 하락하게 될 위험이 있으므로,[108] 개인사업자를 보호하기 위해
서는 '유사 근로자'의 유형을 만드는 것보다 '근로자'의 범위를 확대하는
것이 좀 더 바람직하다는 취지의 견해이다. 일리가 있는 지적이나, 한국
의 상황에서도 그런 '유사 근로자로의 지위 하락'이 현실화될 것이라는
실증적 예측이나 분석은 없어 보인다. 한국은 고용보호법제가 엄격하여
근로자와 개인사업자 간 법적 지위의 차이가 크다. 한국 고용보호법제의
수준을 유지한 채 근로자의 범위를 확장하는 것보다, 특수형태근로종사
자의 범위를 늘려 이들에게 노동법 등의 보호 중을 일부를 실효적으로
제공하는 것이 개인사업자의 법적 지위를 향상시키는 데 도움이 될 수
있다고 생각한다.

둘째, 특수형태근로종사자의 최저보수(minimum compensation)를
보장하는 방안을 검토할 수 있다. 특수형태근로종사자는 근로자가 아니
므로 이들에게 지급되는 수수료 등은 임금(wage)이 아니고, 이들에게는
최저임금(minimum wage)이 적용되지 않는다. 다만 유사 근로자들에게
도 최저임금에 준하는 수준의 노동소득을 보장한다면 플랫폼 등에서 확
산되는 경제주체 간 경제적 불평등을 일부 완화할 수 있을 것이다. 앞서
살펴본 미국 시애틀 시는 '2019년 최저보수 조례'를 통해 우버·리프트
기사의 최저보수를 측정하는 연구용역을 실시하였고, 그 연구용역 결과
에 따라 기사들이 유류비 등 비용을 제외한 후 대기업 근로자의 최저임
금 정도의 수입을 얻을 수 있도록 최저보수의 액수를 정하였다. 우리나
라도 연구용역 등을 실시하여 특수형태근로종사자의 현재 보수 수준 등
을 분석한 후, 필요 시 각 직종별 최저보수를 정할 수 있을 것이다.

---

108 Cherry, M. A. & Aloisi, A. (2017). "Dependent Contractors" In the Gig
    Economy: A Comparative Approach," American University Law Review,
    66(3), 656면 이하. 이 논문은 실제 이탈리아에서 개인사업자를 보호하기 위해 '유사
    근로자(*lavoro parasubordinato*)' 유형을 도입하였는데, 사용자들이 근로자를 대체하
    여 유사근로자를 사용하는 현상(arbitrage, 차익거래)이 발생했다고 한다.

Ⅴ. 나가며

이상에서 살펴보았듯이 미국의 '플랫폼 노동'에 관한 입법례는 한국에 많은 시사점을 준다. 미국 캘리포니아 주의 AB 5나 워싱턴 주 시애틀 시의 조례들은 '독립계약자'로 일하는 우버 기사가 다른 '근로자'들이 받는 최저임금에도 미치지 못하는 수준의 저소득을 올리고 있다는 문제 상황에서 입안되었다. 캘리포니아 주는 우버 기사의 법적 지위를 근로자로 전환하여 최저임금, 연장근로수당, 실업보험 등을 직접 적용하는 방안을 선택하였고, 워싱턴 주 시애틀 시는 우버 기사의 지위를 독립계약자로 유지하되 그들에게 단체교섭권을 부여하거나 최저보수를 보장하여 근로자들과 유사한 수준의 법적 보호를 제공하려고 하였다. 어떤 입법례가 '플랫폼 종사자'의 일자리를 보전하면서 그들의 처우도 개선할 수 있는 방안인지 분명하지는 않다. 다만, 디지털 플랫폼에서 '자본 편향적 기술발전'으로 인해 심화되는 불평등을 막기 위한 규율이 필요하다는 점에 대해서는 어느 정도의 공감대가 형성된 것으로 보인다.

국제노동기구(ILO)는 2019년 '일의 미래를 위한 100주년 선언문'을 발표하면서 기술 혁신, 인구 및 기후 변화, 세계화 시대를 맞이하여 불평등을 극복하여 '모두를 위한 양질의 일자리'를 보장할 것을 촉구하였다. 한국에서도 그 동안 노동법 연구자들을 중심으로 플랫폼 노동에 대한 많은 논의가 있었다. 물론 진정한 근로자가 개인사업자로 오분류(misclassification)되는 것을 방지하는 것이 가장 중요하다. 다만 기존의 노동법, 산재보험법 및 고용보험법, 공정거래법상 규율만으로 디지털 플랫폼에서 일하는 '플랫폼 종사자'들에게 충분한 보호를 제공하기는 어려워 보인다. 이를 해결하기 위한 다양한 방안이 있겠지만, 한국 고용보호 법제의 수준, 산재보험법상 특수형태근로종사자의 입법례, 공정거래법상 거래상 지위 남용 법리 등을 종합하여 보면 '특수형태근로종사자 특별법'을 제정하여 '유사 근로자'에게 노동법 등 보호의 일부를 제공하는 것이 효과적이고 현실적인 접근법으로 보인다. 공정거래법 전문가들 사이에서도 플랫폼 노동에 대한 더 많은 논의가 이루어지기를 기대해 본다.

참고문헌

I. 단행본·연구보고서

김건식·원세범, 거래상 지위남용 규제의 필요성 및 개선 방안, 한국공정거래
　　　조정원, 2018.

김준영 외, 플랫폼경제종사자 규모 추정과 특징 분석, 한국고용정보원, 2018.

김철식 외, 플랫폼노동자 인권상황 실태보고서, 국가인권위원회, 2019.

노동법실무연구회, 근로기준법주해 제2판 제1권, 박영사, 2018.

도재형 외, 특수형태근로종사자보호를 위한 입법적 방안 연구, 대통령 소속
　　　경제사회발전노사정위원회, 2013.

박찬임 외, 특수형태근로종사자 등 산재보험 적용확대 및 보험료 부과방안에
　　　대한 연구, 한국노동연구원, 2017.

이병희 외, 특수형태근로종사자 고용보험 적용방안, 한국노동연구원, 2017.

이승렬 외, 플랫폼 종사자 보호를 위한 법·제도적 방안 마련 연구, 경제사회
　　　노동위원회, 2018.

임종률, 노동법(제13판), 박영사, 2015.

최유성·안혁근, 공유경제 유형에 따른 규제개혁 대응전략, 한국행정연구원,
　　　2018.

Mishel, L., "Uber and the labor market: Uber driver's compensation,
　　　wages, and the scale of Uber and the gig economy",
　　　Economic Policy Institute (2018. 5.).

ILO, Digital labour platforms and the future of work, 2018.

Daugareilh, I., Degryse, C., & Pochet, P., The platform economy
　　　and social law: Key issues in comparative perspective,
　　　Working Paper, European Trade Union, 2019.

OECD, OECD Economic Surveys KOREA, 2016.

OECD, Gig Economy Platforms: Boon or Bane?, 2019.

Ⅱ. 논문

박성진, "공정거래법상 거래상지위 판단기준 개선 방안에 관한 소고", 경쟁법연구 제41호(2020).

박재연, "기술혁신으로 인한 새로운 서비스 규제 방안", LAW & TECHNOLOGY 제 13권 제4호(2017. 7.).

변동열, "거래상 지위의 남용행위와 경쟁", 저스티스 제34권 제4호(2001).

심종섭, "미국과 호주의 사례분석을 통한 TNC 도입의 경제적 효과와 시사점", 이슈페이퍼 2019-11, 한국교통연구원(2019. 12.).

윤애림, 특수형태노무제공자 고용보험 적용의 쟁점, 노동법학 제70호(2019. 6.).

이다혜, "미국 노동법상 디지털 플랫폼 종사자의 근로자성 판단 – 2018년 캘리포니아 대법원 Dynamex 판결을 중심으로 –", 노동법학 제72호(2019. 12.).

한국은행, "글로벌 긱 경제(Gig Economy) 현황 및 시사점", 국제경제리뷰 2019-2호(2019).

Chen, M. Keith & Sheldon, Michael, "Dynamic Pricing in a Labor Market: Surge Pricing and Flexible Work on the Uber Platform", The 2016 ACM Conference (2016. 7.).

Cherry, M. A. & Aloisi, A., "Dependent Contractors" In the Gig Economy: A Comparative Approach," American University Law Review, 66(3)(2017)

Elliott, Rebecca E., "Sharing App or Regulation Hack (Ney)?: Defining Uber Technologies, Inc.", The Journal of Corporation Law, 41(3) (2016).

Min, C. W., "Rising Income Inequality and the Future of Work in Digital Platforms: Uber and California Assembly Bill 5", Berkeley Public Policy Journal (2020. 7. 2).

Zoepf, S., Chen, S., Adu, P. & Pozo, G., "The economics of ride-hailing: Driver revenue, expenses and taxes", MIT Center for Energy and Environmental Policy Research (2018 3.).

색인

필진 소개

김지홍

서울대학교 법과대학 졸업
미국 University of Columbia Law School LL.M.(법학석사)
사법시험 제37회 / 사법연수원 제27기 수료
법무법인(유) 지평 파트너변호사

장품

서울대학교 정치학과 졸업
미국 University of California Davis School of Law LL.M.(법학석사)
사법시험 제49회 / 사법연수원 제39기 수료
법무법인(유) 지평 파트너변호사

민창욱

고려대학교 철학과 졸업
서울대학교 법학전문대학원 졸업
미국 University of California Berkeley
Goldman School of Public Policy M.P.A.(공공정책학 석사)
변호사시험 제1회
법무법인(유) 지평 파트너변호사

김승현

서울대학교 경제학부 졸업
서울대학교 법학전문대학원 졸업
영국 University of Oxford International Human Rights Law Summer School 수료
변호사시험 제5회
법무법인(유) 지평 변호사

박상진

연세대학교 정치외교학과 졸업
서울대학교 법학전문대학원 졸업
변호사시험 제7회
법무법인(유) 지평 변호사

플랫폼 경쟁법

초판발행	2021년 3월 15일
지은이	법무법인(유) 지평 공정거래팀
펴낸이	안종만 · 안상준
편 집	정수정
기획/마케팅	조성호
표지디자인	조아라
제 작	고철민 · 조영환
펴낸곳	(주) **박영사**
	서울특별시 금천구 가산디지털2로 53, 210호(가산동, 한라시그마밸리)
	등록 1959. 3. 11. 제300-1959-1호(倫)
전 화	02)733-6771
f a x	02)736-4818
e-mail	pys@pybook.co.kr
homepage	www.pybook.co.kr
ISBN	979-11-303-3881-1 93360

copyright©법무법인(유) 지평 공정거래팀, 2021, Printed in Korea

정 가   10,000원